編著者
高橋英治

著　者
伊藤吉洋
今川嘉文
大川済植
坂本達也
古川朋雄

プリンシプル
会社法

PRINCIPLE

弘文堂

はしがき

　平成17年に成立した会社法は、あまりにも精緻にできていて、これを学ぶ者にとって、この法律を貫く「プリンシプル」(「原理」や「原則」と訳される) が何であるかについて把握することが困難であるという欠点がある。本書は、会社法を貫く「プリンシプル」を解明するものである。

　諸君にとって、試験において、自分が考えたこともない問題について解答を求められることはしばしばある。会社の従業員となった諸君が、法学部出身ということで会社の法務部門に配属された場合でも、会社法のスペシャリストとして取り扱うのは、大学で習ったことのない問題である。諸君が弁護士や裁判官らの実務家になっても、日常で出会うのは、これまでの法学部や法科大学院などでの教育ではっきりとは教えられていない問題である。このような問題は、裁判実務や学界においても、はっきりとした答えがない場合が多い。実に、こういう場面こそ、諸君が大学などで会社法を学んだことの真の意味が問われているのである。本書を通して会社法の「プリンシプル」を修得した諸君ならば、未知の会社法上の問題に出会っても、「プリンシプル」からすると、この問題については、こういう結論になる、と自己の見解を提起できる。まさに、かかる原則論に立った見通しが立つか否かが、未知の問題に対する勝負の分かれ目である。本書は、法律家が会社法上の問題を考える上で、「プリンシプル」に基づいた正当な見解を提起するための導きの糸となることを目指している。しかし、諸君からは、そうはいっても、「プリンシプル」を知っただけでは、実際に学部の期末試験で出題される事例問題を解けないのであって、本書を読んでも講義の単位はとれないのではないか、という疑問も提起されるかもしれない。そこで、本書は、事例問題の解き方という最終章において、本書ではじめて会社法を学ぶ法学部学生諸君を読者として想定して、事例問題の解くための技術につき解説している。

本書は、学界の最前線で御活躍されている先生方との共同作業により誕生した。我々は、本書の執筆方針を共有し、執筆の具体的なあり方等について議論を重ねた。

　本書の刊行に当たり、弘文堂の高岡俊英氏には、格別のご配慮を賜った。高岡氏の御尽力がなければ、本書は世に出ることはなかった。執筆者を代表し、篤く御礼申し上げる。

　本書が諸君の会社法の学習に役に立ち、本書で会社法の「プリンシプル」を体得された諸君が社会でこれから活躍することを祈念する。

令和2年8月

執筆者を代表して

高橋　英治

Ⅰ　総　論

第1章　会社法と会社——概念と目的

1　会社法とは何か

　会社法とは、会社の設立、組織、運営および管理に関する法律である（1条）。会社の「設立」とは、会社という法人を成立させる手続を意味する。「組織」とは、会社構成員の権利義務および株主総会や取締役会等の会社の機関を意味する。「運営」とは会社の意思決定およびその執行を意味する。「管理」とは、清算等の運営以外の会社の諸活動を意味する。会社法1条は、会社法の定義および適用順序を示したものであり、会社の成立過程から消滅に至るまでの各事項については、他の法律（例えば、金融商品取引法）に特別の定めがある場合を除き、会社法の適用があるとする。会社法は会社に関する包括的法律（法典）である。

　形式的意義の会社法とは平成17年に制定された「会社法」という法律を指す。実質的意義の会社法とは、会社関係者の保護の機能を有する会社に関する諸規範を指し、会社法以外に、会社法に属する各種法務省令（会社法施行規則、会社計算規則等）、主に上場会社に適用がある金融商品取引法の一部（開示規制、内部者取引規制、公開買付規制等）、またはソフトローとしての経済産業省と法務省の指針（「企業価値・株主共同の利益の確保又は向上のための買収防衛策に関する指針」）、東京証券取引所のコーポレートガバナンス・コード等がこれに含まれる。

　会社法は実質的意義の商法の中心に位置する。しかし、会社法が独立の法典となり、保険法も独立の法律となった今日、商法典の持つ意義は従来よりも少なくなってきている。わが国において実質的意義の商法に関する議論を支えてきた諸条件は近年大きく変化しており、現在、実質的意義の

商法に関する議論を、会社法を核とした新しい体系の下で再構築すること
が求められている。

2　会社法の目的

（1）　会社法の目的——会社構成員と利害関係者の利益の調和

　会社とは、経営学的には、人的資源と物的資源とを統合して社会的価値
を生み出す制度である。従業員関係については労働法が規律する。会社法
は、出資者である「社員」と会社債権者の利害に関する事項を規律する。会
社法でいう「社員」とは、読者の方々が日常使っている「会社員」のこと
ではなくて、会社に対する「出資者」のことを意味する。読者の方々は日
常会話で「○○社」から内定をもらって「○○社」の社員になるという意
味での「会社員」は、会社法上「従業員」ないし労働法上「労働者」とい
われる。

　会社法は会社を巡る利益調整のための法である。社員と会社債権者の利
益は通常一致する。すなわち、会社が利益を上げれば社員は持分の増加と
いう形で利益を得て、会社債権者は自己の債権の引き当てとなる会社財産
が増加する。しかし、両者の利益が衝突する局面もある。例えば、会社が
利益の分配を行う場合、社員はできるだけ多くの分配に与りたいと望むで
あろうが、会社債権者にとっては、会社財産の確保がその重要な関心事と
なる。会社法は、資本金の制度や計算規定を整備して両利益の調整を図る。
また、社員相互の利益の調整が問題となる局面も存在する。多数派社員と
少数派社員の利益衝突が、その典型例である。会社が少数派株主の利益の
犠牲の下において多数派株主を利することがないように、会社法は、株主
平等の原則（109条1項）を規定して、株主間の利益の調整を図る。

　会社法は、経営組織に関する法であり、組織における機関の職責と個人
的利益との衝突、すなわち利益相反の適切な解決を導く。すなわち、会社
法は取締役の利益相反に対処する規定（356条・361条）を置くことにより、取
締役が自己の利益のために株主の利益を侵害しないように規制を行う。

（2）　利害関係者の保護と会社の競争力

　会社法は、自国の会社の競争力向上を指導理念として立法・解釈するべ

きか、それとも会社関係者の保護を指導理念として立法・解釈するべきか、について対立がある。現在、会社法の国際的統一という動きはなく、会社法に関し各国は独自の規制を置く。日本においても、自国に会社設立が行われるように、会社法を規制緩和するという傾向が近年みられる。しかし、その一方で、会社法の理念は会社関係者の保護にあり、会社の不祥事が絶えることがないことに鑑み、会社法の規制は強化されるべきであり、安易に緩和されるべきではないという考え方も存在する。会社法は、自国の産業の育成・発展のための「規制緩和」と会社関係者の保護という「規制強化」の間で常に揺れ動いてきた。会社法の歴史は、規制緩和の下にバブル経済が生まれ、バブルがはじけて規制が強化される、という繰り返しであった。

　会社関係者の利益を適切に保護しない会社法は競争力を失う。投資家および債権者の信頼を得てこそ、会社は発展する。現代の会社法学は、一方において、会社関係者の適切な保護の調和点を明らかにすることにより、会社に対する投資家および債権者の信頼を確保する必要があると同時に、他方において、規制緩和を大胆に推し進め、自国に投資を誘引するという2つの相反する要請を同時に実現するという課題を抱えている。今後の立法の方向としては、パソコンで作業するだけで会社を設立できる「オンライン設立」を導入して会社設立の規制緩和を進めるとともに、より実効的な少数派株主および会社債権者の保護を実現しなければならない。

　各国の経済的結びつきは年々緊密化し、世界の共同体としての性格は強まっている。将来的には、特に経済的に結びつきの緊密な国の間で、それぞれの国の会社法の内容を調整し、その国に存在する企業の競争条件を均一化する傾向は一層強まるであろう。かかる状況下において、経済の国際化に伴い、会社法の比較研究の必要性は増大している。

　わが国の会社法は、その源点において比較法学の産物であった。ヘルマン・ロェスレルは、わが国の商工業に先進国と同じ土台を与えるため、わが国の商法典を起草した。その際、ロェスレルは、六ヶ国以上の外国商法典の最新動向を調査し、世界最新の原理に基づく商法典を日本において作り上げようとした。今後、わが国の会社法学は、かかる商法典の原点の精

神に立ち返り、外国法研究を進め、会社法上の制度の国際的調和を実現するとともに、外国の優れた新しい制度は積極的に導入し、わが国の企業が外国企業との国際的競争の中で勝ち残っていけるようにしなければならない。

3　会社の概念

　会社とは「営利社団法人」である。平成17年会社法前においては、会社を営利社団法人であると定義する規定が存在した（旧商52条・54条、旧有限1条）。平成17年会社法は会社につきこれを「法人」とするという規定を置くにすぎないが（3条）、会社が営利社団法人であり続けることには変更がない。

（1）　会社の営利性

　会社は営利団体である。その営利性とは、「対外的活動によって獲得した利益を社員に分配する」ことを目的とするという意味である。会社は、営利を目的とする団体であるという意味で、公益法人や協同組合と区別される。一般的には、営利性とは収益活動を行うことを指すが、会社の属性としての営利性とはかかる一般的な意味での営利性とは異なる。例えば、公益社団法人は、その公益事業の実施に要する適切な費用を補うため、収益を生む事業を行うことができる（公益社団法人及び公益財団法人の認定等に関する法律14条）。したがって、公益社団法人は営利事業もなしうる。

　学校法人である私立大学がホテルを経営し、宗教法人である寺院が駐車場や宿坊を経営している例があることは諸君もご存じであろう。公益法人も、本業である教育のための事業や宗教活動の実施に必要な費用を補うために、営利事業を行うことができるのである。

　収益事業をなしうるか否かは、会社と公益社団法人を区別する基準にはならない。公益法人では、公益事業に要する費用を補うためにのみ収益事業が認められている点が、収益事業により獲得した利益を社員に分配することを目的とする会社との相違点である。一般社団法人では、社員に剰余金または残余財産の分配を受ける権利を与える旨の定款規定は無効である（一般社団及び一般財団法人に関する法律11条2項）。これに対し株式会社の定款が、株主に剰余金の配当を受ける権利および残余財産の分配も受ける権利も与

えない旨定める場合、かかる定款規定は無効である（105条2項）。すなわち、株式会社では株主は上記いずれかの権利を有することが会社存立の条件とされており、これにより株式会社が営利性の要件を具備しなければならないことが法律上明確になっている。

協同組合は、組合員を取引の相手方とする「対内的活動」を通じて、組合員に直接利益を与えることを目的とする。協同組合は、組合員以外の者を相手に「対外的事業活動」をしない点で、会社とは異なる。

生活協同組合（例えば大学生協など）を例にして考えてみよう。組合員（加入している学生）は「よりよいものをより安く」購入することを通じて、購入の都度生活協同組合から直接利益を受ける。例えば、生活協同組合では、構成員は組合員になり、組合員証を発行してもらい、生活協同組合を利用する。生活協同組合が得た利益は、組合員が、利用分量に基づいた利益の割戻しの形で、分配される。生活協同組合は、このように、基本的には、組合員が利用することで「内部的に」利益を上げて、これを、商品をより安く提供する、あるいは利用分量に基づいた利益の割戻しという形式で、組合員に還元する。生活協同組合が、不動産業や金融業などの「対外的活動」を行うことは、基本的にない（消費生活協同組合法10条参照）。これに対して、株式会社は、定款に記載してある事業を行うが、その事業は、株主が利用する事業でなくてもよい。その意味で、株式会社の事業は、会社の構成員たる株主の利用する「対内的」なものではなく、通常は「対外的」なものなのである。

(2) 会社の社団性

会社が「社団」であるとは会社が複数人の結合体であるという意味である。社団性との関係では、社員が一名である会社である「一人会社」が認められるかが問題となる。会社法の下では、一人会社の設立および存続が認められている。

一人会社においても一人社員が有している持分の一部を他社に譲渡すればいつでも複数人の社員から構成される社団となりうる。この意味で一人会社は「潜在的社団」であると解されている。

(3) 会社の法人性

(ア) **会社法上の法人概念** 会社法3条は、会社は法人とすると規定する。ここでの「法人」とは「権利義務の主体となす能力を有するもの」という意味である。すなわち、本条項における法人とは自然人以外で権利能力を有する主体という意味である。

(イ) **法人格否認の法理**

(a) **法人格否認の法理とは何か** 会社とその構成員たる社員が独自の法人格を有することにより、社員の債務に対して会社は責任を負わないという原則（分離原則）が基礎づけられる。さらに会社独自の法人格により株式会社や合同会社においては会社の債務に対し社員は責任を負わないという原則（有限責任原則）も基礎づけられる。法人格否認の法理とは、かかる法人格の属性の一部である分離原則または有限責任原則を、当該事案限りで否認することを指す。

実質的には個人企業である小規模閉鎖会社や親会社の一部門が子会社化したものについて、その法形式のみを重視してこれを常に法人として取り扱うことは、第三者との関係で正義・公平に反する場合がある。法人格否認の法理とは、かかる場合、裁判所が特定の事案限りで、会社と支配株主・社員とを同一視することにより妥当な結論を導く法理である。法人の設立が不法の目的に基づいてなされたとき、裁判所は会社の解散を命ずることができるが（824条1項1号）、法人格の否認の法理は、かかる会社の解散命令を異なり、会社の法人格を全面的に剥奪するのではなく、法人格の属性の一部である分離原則や有限責任原則を当該事案に限りにおいて否認する法的技術であり、その法的根拠は、会社を法人とする会社法3条の目的論的解釈に求められる。

最高裁によると、法人格が否認される場合としては、法人格の形骸化事例と法人格の濫用事例の2つの類型がある（最判昭44年2月27日民集23巻2号511頁、最判昭48年10月26日民集27巻9号1240頁）。

法人格が形骸化している場合とは、広義の一人会社の場合のように株主・社員と会社とが実質的に同一であるのみならず、会社が会社として守るべき手続や規定を遵守していない場合をいう。例えば、①会社と社員間

における財産の混同、②会社の会計が区別されていないこと、③営業活動の混同、④株主総会や取締役会を開催していないなど会社の運営に関する規定を遵守していないこと等が積み重なり、法人格形骸化が認められる。法人格形骸化については、濫用の意図の立証は必要でない。裁判上認められた法人格形骸化の例としては、次の山世志商会事件（最判昭44年2月27日民集23巻2号511頁）が代表例である。

　これは次のような事件であった。本件店舗の所有者であるＸはＹ会社と本件店舗の賃貸借契約を締結した。Ｙ会社は電器具類販売業を営んでいたが、税金対策上株式会社組織を用いていたにすぎず、実質的には、その代表取締役Ａの個人企業であり、Ｘとしては、電気屋が会社組織か個人組織か明確に認識せずに要するに電気屋のＡと契約したものであった。昭和41年の初頭、ＸはＡに対して本件店舗を明け渡すように申し入れたところ、Ａは同年8月19日までに明け渡す旨の念書をＸに差し入れた。右期日を過ぎてもＡが本件店舗を明け渡さないため、ＸはＡを被告として店舗明渡請求訴訟を提起した。この訴訟の係属中、ＸＡ間で、本件店舗を明け渡す等の和解が成立した。しかし、Ａが右和解成立後、和解の当事者はＡであり、会社の使用している部分は明け渡さないと主張したため、ＸはＹ会社を被告として本件建物の明け渡し等を求める本件訴訟を提起した。

　最高裁は、「株式会社は準則主義によって容易に設立され得、かつ、いわゆる一人会社すら可能であるため、株式会社形態がいわば単なる藁人形に過ぎず、会社即個人であり、個人即会社であってその実質が全く個人企業と認められるが如き場合を生ずるのであって、このような場合、これと取引する相手方としては、その取引がはたして会社としてなされたか、または個人としてなされたか判然しないことすら多く、相手方の保護を必要とする……このような場合、会社という法的形態の背後に存在する実態たる個人に迫る必要を生じるときは、会社名義でなされた取引であっても、相手方は会社という法人格を否認して恰も法人格のないと同様、その取引をば背後者たる個人の行為であると認めて、その責任を追求することを得、そして、また個人名義でなされた行為であっても、相手方は敢て商法504条を俟つまでもなく、直ちにその行為を会社の行為であると認めうるのであ

る……今、本件についてみるに、……Yは株式会社形態を採るにせよ、その実体は背後に存するA個人に他ならないのであるから、XはA個人に対して右店舗の賃料を請求し得、また、その明け渡し請求の訴訟を提起し得るのであって、XとAとの間に成立した前示裁判上の和解は、A個人名義にてなされたにせよ、その行為はYの行為と解し得るのである」と判示した。

(b) **法人格の濫用とは何か** 法人格の濫用の要件としては、社員が会社を支配していること（支配の要件）、および会社形態が法秩序からみて是認されない目的で濫用されていること（濫用の要件）が必要である。法人格の濫用の代表的事例は、法律上あるいは契約上の義務を回避するために会社制度を濫用した事例である、日本築土開発事件（最判昭48年10月26日民集27巻9号1240頁）である。この事例は、取引の相手方に対し会社が負っている債務の履行手続を遅らせるため、いわば「嫌がらせ」のために、同一商号をもった新会社を設立して、自らは解散して別の商号をもった会社となった点に、法人格の「濫用」が認められたものである。事例は複雑であるが、全体を理解しないと、いかにして法人格が濫用されたかが判然としないので、以下では順を追って事例を説明する。

「日本築土開発株式会社」という商号の株式会社が、Xから借りている建物の一室について、賃貸料を支払わなかったために、賃貸借契約を解除された。この株式会社の代表取締役Aは、本件居室の明渡しおよび延滞賃料支払債務の履行手続を誤らせ時間と費用を浪費させるための手段として、商号を日本築土開発株式会社から「石川地所株式会社」に変更して、その登記をし、同時に、「日本築土開発株式会社」という商号をもち、代表取締役、監査役、本店所在地、営業所、什器備品および従業員が、石川地所株式会社と同一である株式会社を新たに設立した。しかし、商号変更と新会社設立の事実は、賃貸人Xに通知しなかった。これにより、形式的には、本件居室の明渡し・延滞賃料支払債務は、石川地所株式会社に帰属し、「日本築土開発株式会社」は新会社であるが故に上記債務は帰属しないこととなった。この事実を知らなかったXは、日本築土開発株式会社を相手方として、居室の明渡し、延滞賃料支払を求める訴訟を提起した。Aは、原審

における約１年にわたる審理の期間中も、商号変更および新会社設立の事実についてなんら主張せず、また「日本築土開発株式会社」が、本件居室を賃貸し、賃貸借契約解除の通知を受けていたことをそれぞれ認めていたにもかかわらず、いったん口頭弁論が終結された後、弁論の再開を申請し、その再開後はじめて、「日本築土開発株式会社」が新会社であることを明らかにし、前記自白は事実に反するとしてこれを撤回し、「日本築土開発株式会社」の債務について「石川地所株式会社」が責任を負ういわれはないと主張した。

　最高裁判所は、「株式会社が商法の規定に準拠して比較的容易に設立されることに乗じ、取引の相手方からの債務履行請求手続を誤らせ時間と費用を浪費させる手段として、旧会社の営業財産をそのまま流用し、商号、代表取締役、営業目的、従業員などが旧会社のそれと同一の新会社を設立したような場合には、形式的には新会社の設立登記がなされていても、新旧両会社の実質は前後同一であり、新会社の設立は旧会社の債務の免脱を目的としてなされた会社制度の濫用であって、このような場合、会社は右取引の相手方に対し、信義則上、新旧両会社が別人格であることを主張することができず、相手方は新旧両会社のいずれに対しても右債務についてその責任を追求することができるものと解するのが相当である」と判示した。

　学説上、法人格否認の法理に賛同する者は多い。しかし、法人格否認の法理は内容の確定していない一般条項であり、私法上の解釈の手段が尽きた場合に援用されるべきものである。例えば、最高裁のリーディングケースである山世志商会事件については、本件は当事者の確定の問題であり岸清一（A）という名称はY会社の名義でもあるとする和解契約の弾力的解釈または商法504条の解釈により適切に解決できたのであり、最高裁がこの法理を導入して解決したことに対しては、疑問も提起されている。

　法人格否認の法理は、その法的構成に意義があるというより、現行法の不備な点を明らかにするという点に真の意義があり、新たな立法や解釈論で解決されるまでの過渡的理論である。

（4） 会社の権利能力

　会社の権利能力（法人格）は、法によって与えられたものである以上、法による制限を受ける。例えば、解散し清算中の会社および破産手続開始の決定を受けた会社は、清算・破産の目的の範囲内でのみ権利を有し義務を負う（476条・645条、破産35条）。また、会社は、その性質上、身体上の自由権、親権、扶養を受ける権利、相続権等、自然人のみがその主体となりうる権利を享有することができない。

　判例・学説上、争点となるのが、会社の権利能力が定款所定の目的によって制限されるか、という問題である。出発点となるのが、民法34条であり、「法人は、法令の規定に従い、定款その他の基本約款で定められた目的の範囲内において、権利を有し、義務を負う」と規定する。判例・通説は、民法34条は、法人に関する一般的通則規定であり、営利法人に対しても適用されると解する。その根拠は、第1に、会社は一定の目的を持った団体であるから、その権利能力が目的によって制限されると考えるのが自然である、第2に、定款所定の目的に従って会社が業務活動を行うことを前提に社員は出資しているから、かかる社員の期待を保護しなければならない、第3に、会社の目的は登記されるから（911条3項1号参照）、会社の権利能力が定款所定の目的によって制限されると解しても、会社の取引相手の利益を害するおそれは少ない、等にある。

　現在、最高裁は、定款の目的の範囲内の行為とは、定款に明示された目的自体に関する行為に限定されるものではなく、目的を遂行するうえで直接または間接に必要な行為も含まれるとし、目的に必要であるか否かは、当該行為が目的遂行上現実に必要であったか否かによるのではなく、行為の客観的な性質に即し、抽象的に判断されなければならないという立場をとる（最大判昭45年6月24日民集24巻6号625頁〔八幡製鉄政治献金事件〕）。

　会社に対する民法34条の適用可能性に関する学説の見解は、分かれている。多数説は、民法34条の適用を認めつつ、目的の範囲を広く解する。これらの学説には、目的の範囲の行為に関し「目的達成に必要な行為」のみならず、「目的の達成に有益な行為」または「目的に反しない限り一切の行為」等を含むと解するものもあるが、その狙いとするところは取引が無効

とされる事態を回避するという点にあり、基準の適用結果は判例と大きく異ならない。

　かかる民法34条適用説に対して、民法34条適用否定説もかつて有力であった。この説は、形式的には、民法34条を会社に準用する明文の規定がないことを理由とするが、実質的には会社と取引する第三者の利益を守るという動的安全の保護を理由としている。

　しかし、平成16年改正民法34条が、規定の文言上「法人」に適用されると明言しており、この法人には営利法人が含まれると解さざるを得ないから（民33条2項）、会社の権利能力が定款所定の目的により制限されないと解することは、現行法上は極めて困難である。

第2章 会社の種類

1 株式会社

　会社とは、株式会社、合名会社、合資会社または合同会社をいう（2条1号）。会社は、以上の4種類である。会社法は、このうち合名会社、合資会社または合同会社を「持分会社」と総称し、これらの会社に関する規定を第三篇に置き、可能な限り同一のルールを適用しようとしている。

　株式会社の特徴は、株式と株主有限責任に求められる。株式会社では、社員の地位が「株式」という割合的単位の形をとり、社員は各自の株式の引受価額を限度とする「有限責任」を負う。

　株式会社における、細分化された割合的単位の形式をとる「社員」の地位を株式という（ここでいう社員とは、「出資者」を意味する。株式会社ではその出資者である社員は「株主」と呼ばれ、持分会社ではそのまま「社員」と呼ばれる）。株式会社において社員の地位が割合的単位となっているからこそ、投資家は安心して株式会社に投資することができ、株式市場の形成も可能となる。個々の社員ごとに違った内容の社員の地位が定められているならば、上場株式会社のような多数の社員が参加する団体では内部関係を適切に処理できず、また社員の地位の円滑な譲渡も困難になる。

　株式会社の株主は、会社債権者に対しては何らの責任も負わず、単に会社に対して一定額の出資義務を負担するにすぎない(104条)。これを株主の有限責任という。株主の有限責任は株式会社にとって不可欠なものであって、定款または株主総会の決議によっても、この株主有限責任原則を破り、引受義務以外に義務を課すことできないと解されている。

　株主は会社債権者に対して何らの責任も負わないわけだから、会社債権者の保護のためには、会社に一定の金額の財産が確保されていることが必要になる。株式会社における資本金とは、株主の有限責任（104条）の結果として必要となる会社財産を確保するために基準となる一定の金額を意味する。会社財産と資本金とは概念上区別されなければならない。資本金とは会社財産の確保を目的とした抽象的数値である。これに対して会社財産

は、現実に会社が保有している財産であり、会社の経営状態により変動する。

2　合名会社・合資会社

　合名会社とは、その社員全員が無限責任社員からなる会社である（576条2項）これに対して、無限責任社員と有限責任社員との双方からなる会社を合資会社という（576条3項）。

　合名会社と合資会社とは、会社の業務執行において差異はない。合名会社の全社員が原則として業務執行権限を有するのと全く同じように、合資会社の有限責任社員も原則として業務執行権限を有する（590条1項、平成17年改正前商法の下では合資会社の有限責任社員には業務執行権限がなかった）。ただし、合名会社・合資会社において、業務執行社員を定款で定めることができる（591条）。また、法人も合名会社・合資会社の無限責任社員となることができる。

　合名会社・合資会社は、法形式的には、法人であるが、その実質は組合である。合名会社・合資会社において、定款の変更等の重要事項の決定には、総社員の一致が必要である（585条1項・594条1項・607条1項2号・637条・641条3号・781条1項・802条1項・813条1項）。また、合名会社・合資会社の社員は、その責任の種類にかかわらず、原則として業務執行権限を有する（590条1項）。また、合名会社・合資会社の社員は、やむをえない事由があるときは、定款の定めの有無にかかわらず、いつでも退社することができる（606条3項）。

　合名会社と合資会社とは別の種類の会社であるが、社員の責任が異なるだけで、両者に質的な違いは存在しない。それゆえ、合名会社の一部の社員を有限責任社員とする定款変更をすることにより、合名会社は合資会社となる（638条1項2号）。同様に、合資会社の社員の全員を無限責任社員とする定款変更をすることにより、合資会社は合名会社となる（638条2項1号）。

3 合同会社

　合同会社とは、社員全員が有限責任であるが、会社の内部関係について
は組合的規律が適用される新しい会社類型である。

　合同会社では、出資時の全額払込主義が採られているため（578条）、社員
の出資が未履行であるという事態は生じない。したがって、合同会社にお
いては、会社債権者と直接法律関係に立つのは法人である合同会社であり、
社員と債権者との間には直接の法律関係が存在しない。合同会社において
は、株式会社と同じように、社員の間接有限責任が実現している。合同会
社の社員の出資は、金銭その他の財産に限られる（576条1項6号かっこ書）。
また、剰余金処分の制限（628条・632条）、計算書類の作成・開示（617条・625
条）等の債権者保護の手続は、株式会社と同様の規制が採られている

　合同会社の内部関係については、民法上の組合のルールが適用される。
合同会社においては、合名会社・合資会社と同じように、重要事項の決定
は総社員の一致によることが原則である（585条1項・594条1項・607条1項2
号・637条・641条3号・781条1項・802条1項・813条1項）。また、合同会社の社
員は原則として業務を執行する権限を有する（590条1項）。社員の退社の自
由も確保されている（606条3項）。

　合同会社と株式会社とでは、次の点で異なっている。まず、第一に、株
式会社では、会社の機関として、社員（株主）の意思決定機関である「株主
総会」および業務執行機関として「取締役」を設ける必要があるほか、社
員（株主）の権利の内容には「株主平等の原則」（109条1項）が原則として適
用され、これらの規定は強行規定であると解されているのに対し、合同会
社においては、契約自由の原則が妥当し、機関設計と社員の権利内容につ
いては強行規定がほとんど存在せず、定款自治に委ねられている。第二に、
株式会社においては、株主の個性を問わないため、株式譲渡自由の原則が
採用されるのに対し（127条）、合同会社では、誰が社員であるかについて他
の社員は重大な利害関係を有するため、持分の譲渡につき原則として他の
社員の全員の一致が要求されている（585条1項）。

第3章　会社の分類

1　人的会社・物的会社

　人的会社とは、会社財産よりも社員の個性が重視される会社をいう。人的会社の典型は合名会社である。合名会社では、各社員が会社債権者に対し直接・連帯・無限の責任を負い（580条1項）、各社員が業務執行権および会社代表権を有する（590条1項・599条1項）。したがって、合名会社では、だれが社員であるかが決定的に重要な意味を持つ。

　これに対して、社員の個性よりも、会社財産が重視される会社のことを物的会社という。物的会社の典型は株式会社である。株式会社では、社員は会社に対して出資額を限度とする有限責任を負う（104条）、会社債権者に対しては直接責任を負わない。株式会社の債権者が頼みにできるのは会社財産だけである。したがって、株式会社の場合は、誰が社員であるかより、会社にどれだけ財産があるかが重要である。さらに株式会社では、社員の地位とは別に、意思決定機関として「株主総会」、また業務執行機関として「取締役」等が設置される（第三者機関）。

　典型的な人的会社である合名会社と物的会社の典型である株式会社の中間に、合資会社と合同会社が存在する。合資会社は、外部関係について物的会社の面も持った人的会社であり、一部の社員が有限責任である。合同会社は、すべての社員が有限責任であるという点では物的会社の要素を持つが、その内実が法人格を有する「組合」であるという点では人的会社の要素を持ち、両者の中間に位置づけられる。

2　公開会社・取締役会設置会社・大会社

　公開会社・取締役会設置会社・大会社は、株式会社に関する分類である。

　平成17年会社法においては、株式の種類ごとに譲渡制限を付すことができる。これにより、①全く株式に譲渡制限が付されていない会社、②株式の一部について譲渡制限が付された会社、③株式の全部について譲渡制限が付された会社、が生じうるが、「公開会社」とは、①および②を指す（2

条5号）。すなわち、すべての種類の株式について譲渡制限のない会社のみならず、一部の種類の株式についても譲渡制限がある会社も「公開会社」である。一般的には、公開会社とは、その株式が証券市場において流通し市場価格が形成されている会社を指す。会社法上の公開会社とは、かかる一般的な用語法における公開会社とは異なる点に注意する必要がある。

　「取締役会設置会社」とは、取締役会を置く株式会社または会社法の規定により取締役会を置かなければならない株式会社を指す（2条7号）。平成17年会社法においては、従来の有限会社にあたる「取締役会のない株式会社」が通則とされ、取締役会設置会社は特則とされる（326条2項・327条1項参照）。取締役会設置会社では機関設計に関する法律上の強制が存在する（327条2項、本書第2章参照）。取締役会のない株式会社の機関構成は、定款自治に大幅に委ねられ（326条2項）、取締役会のない株式会社の取締役は最低1人でもよいこととなっている（326条1項）。平成17年改正前においては、株式会社の取締役は3人以上でなければならなかったため（旧商255条）、法的には問題の多い名目的取締役等が生ずる結果となっていた。平成17年会社法の下では、名目的取締役の数は減少すると予想される。

　「大会社」とは、資本金の額が5億円以上または負債の合計額が200億円以上の会社をいう（2条6号）。大会社では機関設計に関する法律の強制が存在する（328条、本書第2章参照）。

3　親会社・子会社

　子会社とは、会社がその総株主の議決権の過半数を有する株式会社その他の当該会社がその経営を支配している法人として法務省令で定めるものをいう（2条3号）。親会社とは、株式会社を子会社とする会社その他の当該株式会社の経営を支配している法人として法務省令で定めるものをいう（2条4号）。

　平成17年会社法における親子会社の定義では、①対象となる範囲を株式会社に限定せず、②判断要件として、議決権の過半数という形式的基準ではなく、経営を実質的に支配しているか否かという実質的支配基準が採用されている点が注目される。ただし、平成17年会社法の親子会社の実質基

準について法務省令により詳細な形式的基準が設けられている（施行規則3
条3項）。

Ⅱ 各 論

第1章 株 式

1 総 説——株主と会社との関係における株式の意義

　株式会社（以下、「会社」という）は、その会社の発行する「株式」を有する者である「株主」によって構成される営利社団法人である。ここにいう株式は、会社における社員たる地位、すなわち「社員権」をいう。このような社員権を表章する株式は、経済社会に散在する多数の一般投資家から容易に出資を可能にし、会社と社員との法律関係を簡便に処理するべく、均等に細分化された割合的単位の形をとっている。

　会社の株主になるためには、会社の設立時の発行株式や成立後の新株発行の際に、会社の発行する株式の引受人として設立時（または成立後）の発行株式につき、その出資に係る金銭の全額を払い込むか（これを「株金全額払込制」という）、または金融商品取引市場等における株式売買取引を通じて他人の株式を譲り受ける必要がある。しかし、会社との関係においては、出資会社の株主名簿にその氏名、住所を記載・記録して初めて、株主として会社に対抗できる（株主名簿の名義書換〔130条〕）。

　会社の株主になれば、その持分に比例した様々な権利が与えられる（株式の持分均一主義・持分複数主義）。株主の保有する株式は、株式不可分の原則によって1個の株式をさらに分割することは許されないのに対し、その株式を数人で共有することは認められる（106条参照）。会社は、株主としての資格に基づく法律関係において、株主を、その有する株式の内容および数に応じて、平等に取り扱う必要がある（株主平等の原則〔109条〕）。

　会社法は、「株主の責任は、その有する株式の引受価額を限度とする」と定めている（104条）。したがって、株主は、不法行為責任を負う場合は別に

して、会社に対しては出資に係る全額を払い込むべき出資義務を負うのみであって、株主になってからは会社の債権者に対する責任を一切負わない（これを「株主有限責任の原則」という）。このように、株主は、会社に対し、間接有限責任しか負わないので、会社の債権者を保護するという観点から、原則として会社からの株主への出資の払戻し（退社制度）は認めていない。そこで、株主の投下資本回収の方法として、株主の有する株式を原則として自由に他人に譲渡することを認めている（株式譲渡自由の原則〔127条〕）。

2 株主の権利

　会社における社員として、株主は、会社に対して様々な権利を行使することができる。株主の権利は、その特質上、大まかに分類して、①自益権・共益権、②単独株主権・少数株主権に分けることができる。

（1）　自益権と共益権

　⑺　**自益権**　　自益権は、株主が会社から直接に経済的利益を受けることを目的とする権利をいう。これには、①剰余金配当請求権（105条1項1号、453条〔対比〕）、②残余財産分配請求権（105条1項2号、502条〔対比〕）、③株式買取請求権（116条・182条の2・192条・469条・785条・797条・806条）、④取得請求権付株式の取得請求権（107条1項2号、108条1項5号〔対比〕）、⑤株券発行会社における株券交付請求権（215条）、⑥名義書換請求権（133条1項）などがある。このうち、①②の各権利につき、会社の定款で別段の定めをすることができるが（108条1項1号・2号）、同一種類の株式の内容として、①②の全部を与えないこととする定款の定めは無効であると解されている。これは、会社は、事業活動によって得た利益を株主に分配することを目的とする社団法人であるからである。

　⑻　**共益権**　　株主が、会社の経営に参与し、または会社の経営を監督・是正することを目的とする権利を「共益権」という。株主は、株主総会を通じて、会社の基本的事項に関する意思決定に参与するので（295条1項・3項）、共益権の中核をなすものが議決権であるといえる（105条1項3号・308条）。このような株主の議決権行使に関連するものとして、株主提案権である議題提案権（303条1項）・議案提出権（304条）・議案の要領記載請求

権（305条1項）のほか、質問権（314条）、累積投票請求権（342条）、株主総会招集権（297条4項）がある。これらは、株主が株主総会を通じて会社経営に関する基本方針の決定に参与するために必要な権利である。また共益権のうちで、会社の経営を監督・是正することを目的とする権利（これを「監督是正権」という）として、募集株式の発行等の差止請求権（210条）、株主総会決議の取消訴権（831条）、会社の組織に関する行為の無効の訴えの提起権（828条）、議事録等各種書類等の閲覧謄写請求権（**図表3**参照）などがある。

(2)　単独株主権と少数株主権

(ア)　**単独株主権**　　また株主の権利は、単独株主権と少数株主権とに分けることもできる。単独株主権とは、単元未満株式を除き、1株の株式を有する株主であっても、株主として行使できる権利をいう（**図表1**参照）。前記2(1)(ア)の自益権に属する権利はすべて単独株主権である。ただし、単独株主権の行使要件として、一定期間の保有要件が課されるものもある。

図表1　単独株主権のまとめ

	株主の権利の内容	保有期間の要件
単独株主権	①株主総会の議決権（308 I） ②取締役会非設置会社株主の議題・議案の要領記載請求権（303 I・305 I 本文） ③質問権（314） ④議事録等の各種書類等の閲覧謄写請求権（318等） ⑤累積投票請求権（342） ⑥募集株式の発行等の差止請求権（210） ⑦募集新株予約権の発行の差止請求権（247） ⑧組織再編等の差止請求権（784の2・796の2・805の2） ⑨会社の組織に関する行為の無効の訴えの提起権（828） ⑩株主総会の決議取消しの訴えの提起権（831）	要件なし
	⑪取締役・執行役の違法行為差止請求権（360・422） ⑫株主代表訴訟提起権（847）	行使前6か月
	⑬旧株主による責任追及等の訴えの提起権（847の2）	組織再編行為の効力発生日前6か月

注）ローマ数字は条文の項数を表す（以下の表も同様）

図表2　少数株主権のまとめ

株主の権利の内容	議決権数または株式数の要件	保有期間要件
少数株主権	①総会招集請求権（297）	総株主の議決権の3％以上	行使前6か月
	②取締役会設置会社株主の議題提案権・議案の要領記載請求権（303Ⅱ・305Ⅰただし書）	総株主の議決権の1％以上または300個以上	
	③総会検査役選任請求権（306）	総株主の議決権の1％以上	
	④業務・財産状況調査検査役選任請求権（358）	総株主の議決権の3％以上または発行済株式の3％以上	要件なし
	⑤役員等の責任免除に対する異議権（426Ⅶ）	総株主の議決権の3％以上	
	⑥会計帳簿閲覧請求権（433）	総株主の議決権の3％以上または発行済株式の3％以上	
	⑦多重代表訴訟提起権（847の3）	総株主の議決権の1％以上または発行済株式の1％以上	行使前6か月
	⑧役員・清算人の解任請求権（854・479Ⅱ）	総株主の議決権の3％以上または発行済株式の3％以上	
	⑨一定の募集株式発行等における株主総会決議要求権（206の2第4項・244の2第5項）、	総株主の議決権の10％以上	要件なし
	解散請求権（833）	総株主の議決権の10％以上または発行済株式の10％以上	要件なし

共益権のうち、少数株主権に属する一部の権利（**図表2**）を除き、株主の経営参与権および経営監督是正権に属するほとんどの権利は単独株主権である（**図表1**）。

　(イ)　**少数株主権**　　少数株主権は、少数派株主の権利濫用を防止し、株主総会の安定的な運営を図るべく、一定の行使要件（総株主の議決権総数の一定割合以上または発行済株式の一定数以上の株式を有する株主）を満たした株主の

図表3　各種書類等の閲覧謄写請求権のまとめ

閲覧謄写請求権の対象		閲覧謄写請求権者（注1）（注2）
定款（31）		（会社成立前）発起人 （会社成立後）株主・債権者・親会社社員
株主名簿（125）		株主・債権者（拒絶理由あり）・親会社社員
代理権を証明する書面等（310Ⅶ）		議決権を行使できる株主
株主総会議事録（318）		株主・債権者・親会社社員
取締役会議事録（371）		株主（ただし監査役会設置会社、監査委員会等設置会社、指名委員会等設置会社の株主は裁判所の許可を得る必要がある）、債権者・親会社社員
監査役会議事録（394）・監査等委員会議事録（399の11）・監査委員会議事録（413）		株主・債権者・親会社社員のいずれも裁判所の許可
計算書類等（442）		株主・債権者・親会社社員
会計帳簿（433）		少数株主権（拒絶事由あり）・親会社社員
株式の併合、全部取得条項付種類株式の取得対価等、株式等売渡請求に関する書面等	事前開示書面（171の2・179の5・182の2）	株主
	事後開示書面（173の2・179の10・182の6）	株主または効力発生日に株主であった者もしくは（株式等売渡請求に関する書面等の場合は、キャッシュ・アウトされた者を含む）
組織変更・組織再編に関する書面等	事前開示書面（775・782・794・803）	株主、債権者（ただし、当該組織再編について利害関係を持たない債権者には権利なし）
	事後開示書面（791・801・811・815）	

注1）閲覧謄写請求権者のうち、株主・債権者は、営業時間内いつでも各種書類等を閲覧謄写できる。ただし、監査役会設置会社、監査委員会等設置会社、指名委員会等設置会社の株主は裁判所の許可を得なければ、取締役会議事録（371）を閲覧謄写できない。さらに監査役会議事録（394）・監査等委員会議事録（399の11）・監査委員会議事録（413）の場合は、株主・債権者・親会社社員のいずれも裁判所の許可を得なければ、当該書類を閲覧謄写できない。

注2）親会社社員とは、親会社（2条4号）の株主その他の社員をいう（31条3項）。閲覧謄写請求権者のうち、親会社の社員は、裁判所の許可を得ないと、各種書類等の閲覧謄写請求はできない。

みが行使できる権利をいう。一般に株主総会は、資本多数決の原理により、多数派株主の影響を受ける代表取締役等によって招集されるから（296条3項）、少数派株主の利益が害されるおそれがある。それゆえ、共益権のうち、少数株主権に属する権利（**図表2**）は、一般に少数派株主の共通の利益を保護するための性質を有するものとして理解される。

3 株式の内容と種類

（1） 特別な内容の株式の必要性（107条）

　後述のように会社法は、会社の取引の相手方（債権者）を保護する観点から、原則として株主の退社（持分の払戻し）を認めていない。そのため、株主が会社に投じた出資金を回収する手段として、株式を他人に自由に譲渡することができる制度を設ける必要がある（株式譲渡自由の原則〔127条〕）。しかし、少数の限られた株主によって設立された中小企業にみられる同族会社のような場合は、会社にふさわしくない者を排除することによって、会社の経営を安定的に運営することを望むニーズが多い。会社法は、かかる中小企業のニーズに応えるべく、公開会社（2条5号）でない会社（非公開会社）の発行する全ての株式の内容についての特別の定めを置くことを認めている（107条1項）。

　　（ア）　**特別な内容の株式および発行手続き**　　公開会社でない会社は、発行する全ての株式の内容として、①譲渡による株式の取得につき会社の承認を要すること（107条1項1号）、②株主が会社に対して株式の取得を請求することができること（同条1項2号）、③一定の事由が生じたことを条件として会社が株式を取得すること（同条1項3号）に関する事項については、定款で定めることができる（同条2項）。①のような内容の定めを置く株式を譲渡制限株式（2条17号）、②のような定めを置く株式を取得請求権付株式（同条18号）、③のような内容の定めを置く株式を取得条項付株式（同条19号）という。とくに取得請求権付株式および取得条項付株式の内容としては、取得請求できる旨や会社による取得事由のほか、株式と引換えに当該株式会社の社債、新株予約権、新株予約権付社債、他の財産を交付するときは、その内容、数、算定方法等を定める必要がある（107条2項2号3号）。

公開会社は、事業途中において譲渡制限の定めを置くことによって非公開会社に変更しようとする場合は、譲渡制限株式とすることにより株主の投下資本回収の機会を奪うことになりかねないから、厳格な定款変更の手続き（株主総会の特殊決議〔309条3項1号〕）を経る必要がある。なお、会社は、定款変更によって②のように取得請求権付株式とする場合は株主総会の特別決議（466条・309条2項11号）を、③のように取得条項付株式とする場合は株主全員の同意を得る必要がある（110条）。

（2）　種類株式

　（ア）　**種類株式の必要性**　　会社に自ら出資をしようとする投資家の中には、例えば、剰余金配当などの経済的利益を追求することだけを目的とする一般投資家がいる一方で、経済的利益の追求に加えて出資会社への経営に共に参与することを強く望む法人投資家も多く存在しており、そのニーズはより多様化している。また会社にとって種類株式の発行は、2以上の種類の株式を発行することによって資金調達の便益を図ることが可能となるメリットもある。会社法は、かかる投資家のニーズに応えるべく、会社が、定款の定めにより内容の異なる2以上の種類の株式を発行することを認めており、2以上の種類の株式を発行する会社を種類株式発行会社と呼んでいる。

　（イ）　**種類株式の具体例（108条）**　　具体的には、会社は、①剰余金の配当価額、配当条件等について、他の株式と異なる内容の種類株式である「参加的・非参加的優先株式」（ここにいう参加的か非参加的かの区分は、定款所定の優先配当金の受領後、残余の分配可能額の配当に参加できるか否かによる）、②残余財産の分配価額、分配条件等について、他の株式と異なる内容の種類株式である「累積的・非累積的優先株式」（ここにいう累積的か非累積的かの区分は、ある事業年度に定款所定の優先配当金全額の支払いが行われなかった場合の不足分につき、翌期以降の分配可能額から補てん支払いを受けるか否かによる）、③ある一定の決議内容について議決権がない「議決権制限種類株式」、および、すべての決議事項について議決権がない「完全無議決権種類株式」、④譲渡による株式の取得につき会社の承認（株主総会または取締役会）を要する「譲渡制限種類株式」、⑤株主が会社に対して株式の取得を請求することができる「取得請求

権付種類株式」、⑥一定の事由が生じたことを条件として会社が株式を取得することができる「取得条項付種類株式」、⑦株主総会の特別決議により会社が株式を取得することができる「全部取得条項付種類株式」、⑧株主総会等において決議すべき事項のうち、通常の株式総会の決議のほか、当該種類の株式の種類株主によって構成される種類株主総会の決議を必要とする「拒否権付種類株式」、⑨当該種類の株式の種類株主によって構成され種類株主総会で選任することを要する「取締役（監査等委員会設置会社にあっては、監査等委員である取締役またはそれ以外の取締役）または監査役の選任に関する種類株式」（いわゆるクラス・ボーディング）について、内容の異なる2以上の種類の株式を発行することができる（108条1項）。ただし、前記⑨については、指名委員会等設置会社でない非公開会社に限って発行が認められる（同条同項ただし書）。

　(ウ)　**種類株式の発行手続き**　　会社は、種類株式の発行により、既存の株主の利益を害するおそれがあるから、種類株式については、種類株式に関する事項（108条2項、ただし3項）、および、発行可能種類株式総数について定款で定める必要がある（同条2項）。会社は、前記③のように、議決権を行使することができる事項について異なる定めをすることができる。しかし公開会社の場合は、議決権制限株式が発行済株式総数の1/2を超えたときは、会社は、遅滞なく、議決権制限株式の数を発行済株式の総数の1/2以下にするための必要な措置をとる必要がある（115条）。会社法115条の定めるねらいは、公開会社である種類株式発行会社における議決権制限株式の総数を規律することによって、会社の経営支配の適正化を図るためである。その理由は、会社の発行済株式総数に対する議決権制限種類株式の割合が高くなりすぎると、理論的には少数の株主による会社支配が可能となり、資本多数決の原則に矛盾するような問題が生じうる可能性があるからである。

　種類株式発行会社は、既に発行されたある種類の株式を取得条項付種類株式へと変更するための定款の定めを設ける場合、または取得条項の内容を変更するための定款変更を行う場合には、通常の定款変更の手続き（466条・309条2項11号）に加え、当該種類株主全員の同意を得る必要がある（111

条1項)。また種類株式発行会社は、ある種類の株式の内容として「譲渡制限種類株式」の定款の定めを設ける場合には当該種類の種類株主総会の特殊決議（111条2項1号・324条3項1号）、または、「全部取得条項付種類株式」の定款の「定めを設ける」場合には当該種類の種類株主総会の特別決議を得る必要がある（111条2項1号・324条2項1号）。さらに、取得請求権付株式と引換えに「譲渡制限種類株式」を、または、取得条項付株式と引換えに「全部取得条項付種類株式」を交付する場合は、取得請求権付株式の種類株主もしくは取得条項付株式の種類株主を構成員とする種類株主総会の決議を得なければならない（111条2項2号・3号）。会社法上、かかる厳格な手続きを求める理由は、種類株式発行会社では、種類株式の発行によって既存株主の利害関係に大きく影響するだけではなく、様々な場面において異なる種類の株主との間に生じうる利害を解消し、各種の権利を調整する必要性があるためである（321条ないし325条参照）。会社は、前記の特別な内容の株式を発行するときと同様に、種類株式を発行するときは、一定の事項（株式の種類および種類ごとの数）について株主名簿を作成する必要がある（121条2号）。

　なお種類株式発行会社は、前記の①ないし⑨以外の事項を種類株式の内容とすることはできないが、同一種類の株式の同一項目についてであれば、相互に異なる内容の権利を設計することが可能であり、さらに同一種類の株式においてではあるが異なる内容の複数の項目を任意に組み合わせるような仕組みを設計することもできる。

　　(エ)　**反対株主の株式買取請求**　　前述のように、会社が、すべての株式について「譲渡制限株式」とする定款の変更、または、ある種類の株式の内容として「譲渡制限種類株式」もしくは「全部取得条項付種類株式」とする定款の変更を行うと、既存の株主の権利および利益に重大な影響を及ぼしかねないので、定款変更の決議に反対する株主（不利益を受ける株主）には、自己の株式を公正な価格で会社に買取ることを請求する権利を認めている（116条1項1号・2号）。

4　株主平等の原則

　会社法109条1項は、「株式会社は、株主を、その有する株式の内容及び

数に応じて、平等に取り扱わなければならない。」と定めており、これを株主平等の原則という。本条により、会社は、株主としての資格に基づく法律関係においては、株主を、その有する「株式の内容に応じて」、「株式数に応じて」、「平等に取り扱う」必要がある。株主平等の原則は、会社法上、強行法規としての法的性質を有するものであるから、同原則に反する定款の定め、株主総会の決議および取締役会の決議、代表取締役等の業務執行行為などは、すべて無効となる。同原則は、多数派株主による資本多数決原則の濫用を防止し、少数派株主の利益を保護するという機能を果たす。

平成17年改正前商法（以下、「旧商法」という）では、現行法のように、同原則を直接に定める規定は存在しなかった。しかし旧商法においても、判例・通説では、議決権、剰余金配当請求権、残余財産分配請求権について「平等の取扱い」がある規定が存することを根拠に株主平等の原則が認められていた。しかし現行法は、旧商法と同様に各株式の権利の内容は同一であることを原則としつつも、その例外として、一定の範囲と条件の下で株式の多様化を認めることによって、会社に資金調達の多様化と支配関係の多様化を与えている。すなわち現行法は、非公開会社に対しては会社法105条の定める権利（剰余金配当請求権、残余財産分配請求権、議決権）に関する事項について定款の定めをもって株主ごとに異なる取扱いを行うこと（これを「属人的定め」という）を認めるとともに（109条2項）、株式の内容についての特別の定め（107条）、異なる種類の株式の内容の多様化を認めている（108条）。これにより、法解釈上、形式的な意味における株主平等の原則に触れるおそれがあるだけでなく、実質的な意味においても株主の平等が侵害され、株主の利益が害されうるのではないかが問題となる。この点、現行法109条1項によれば、同じ内容の株式についてはその持株数に応じて平等に取り扱う必要がある一方で、その反対解釈によって会社の発行する異なる種類の株式を有する種類株主に対しては異なる取扱いをもできると解することができるわけであるから、同原則に反するとは考えられない。

（1）　株主優待制度

株主平等の原則の解釈上の例外は認められるのであろうか。そもそも株主平等の原則は、明文上の強行法規であるから、解釈上むやみにこの例外

を認めるわけにはいかない。ただし、一定の合理性があれば、これを認める余地もあろうかと思われる。会社法109条1項の定める株主平等の原則に関連して特に問題となるものが、「株主優待制度」である。

　株主優待制度とは、会社が、その発行済株式のうちで一定数以上の株式を保有している株主に対し、剰余金配当以外の商品券、金券、サービス券を贈呈する制度をいう。会社の慣行上、多くの会社が同制度を採用しており、その制度の内容も多様化している。同制度のねらいは、会社が、一定数以上の株式を保有する株主に対し、運賃割引、外食、サービスのような経済生活上の便益を供する代わりに、自社の知名度や製品認知度を向上させるとともに、会社の安定株主等を確保することにある。

　このような株主優待制度と前述の株主平等の原則との関係においては、法解釈上の問題点がある。例えば、電鉄会社や興行会社等において、会社が、1000株以上を有する株主に対し、①その持株数に比例しない形で10000円分の金券を付与する場合、または②持株数の1000株ごとに優待商品券1枚を付与するが、その上限を10枚までとするような形で実施している場合について考えてみよう。このような株主優待制度は、一定数以上の株式を有していないと金券を受けられず、またその優待商品券の程度も階段状になっているので、「株式数に応じた」比例的平等とはいえない。したがって、同制度が、会社法109条1項の定める株主平等の原則に反しないかが問題となる。

　一定数以上の株式を有する株主のみが、会社から優待商品券または金券を受ける権利は、株主としての社員権の中には含まれておらず、会社に対する営業上のサービス券等を求める権利に過ぎないから、株主としての資格に基づく法律関係とはいえず、株主平等の原則の適用を受けないと解することも可能である。しかし同制度は、会社の株主であることを前提にしたものであり、株主の地位に基づき、一定数以上の株式を有する株主を対象に優待する以上は、株主平等の原則が適用されると考えるべきであろう。そうすると、同制度は、株主平等の原則に反するか否かが法解釈上問題となる。この点、同制度は、会社の慣行上一定数以上の株式を有する株主のみを対象にしており、しかも株主の持株数に比例しない形で優待商品券を

与えるということにかんがみれば、株主平等の原則に反するといえる。これに対して通説は、同制度は、株主平等の原則に反せず、有効であると解する。

　思うに、株主平等の原則の意味を形式的に解するのではなく、他の株主に不利益を与えるか否かという実質的観点から捉えて解すべきである。一定数以上の株式を有する株主のみに優待商品券等を与える実務上の慣行は、実質的観点からすれば、株主平等の原則に反しない程度の軽微なものであり、かつ株式の数に着目した合理的な内容のものである。また個人株主の増大、顧客の増大などを図る合理的な範囲内で実施される同制度は、合理的な必要性があると考えられから、会社法109条1項に反しないと解すべきとする有効説が妥当である。

5　株式譲渡自由の原則

(1)　趣　旨

　株式の譲渡は、株主が、その社員たる地位を株式売買取引によって他人に移転する行為をいう。株式引受人は、会社（または設立中の会社）に対し、「その有する株式の引受価額の全額の払込み・給付」をする義務（出資義務）を負うのみであり（208条1項〔全額払込主義〕）、株主になってからは会社に対するその他の義務は一切負わない、とされる。すなわち、会社に対する出資義務を果たした株主は、株式の引受価額以外に追加的出資義務を負う必要はなく、よって株主は会社債権者に対して責任を負うことはない（104条〔株主の間接有限責任の原則〕）。さらに会社法は、債権者の利益を保護するという観点から、資本維持の原則を法政策上の問題として重視しており、出資者である株主の退社制度を原則として認めていない。特に社員たる株主の個性は問題にならない公開会社においては、株式について自由譲渡性を認めても不都合はない。そこで、会社法は、株主の投下資本を回収できる唯一の手段として、株主に、原則として、その株式を自由に譲渡することを認めている（これを「株式譲渡自由の原則」という〔127条〕）。なお、株式は、譲渡のほか、相続や合併等による包括承継、株式交換・株式移転、または民事上の強制執行による競売などによっても移転する。

(2) 株式譲渡の制限

このように、株式譲渡自由の原則は、株主の投下資本を回収する手段として必要不可欠な制度ではあるが、①権利株の譲渡、②株券発行前の株式譲渡、③譲渡制限株式の発行、④子会社による親会社株式の取得、⑤自己株式の取得の場面では、株式譲渡の自由を制限する。

(ｱ) 権利株の譲渡制限 　会社成立前（または新株発行前）における株式引受人の地位（これを「権利株」という）の譲渡を制限している。例えば、設立時発行株式の株主となる権利を有する発起人は、「株主となる権利」を他人に譲渡した場合は、成立後の会社に対抗することはできない（35条・50条2項・63条2項・208条4項）。

(ｲ) 株券発行前の株式譲渡の制限 　株券発行会社における株券発行前の株式の譲渡を制限する（128条）。株券発行会社における株式の譲渡の場合は、当事者間における譲渡の効力は有効であるが、譲受人が会社に対抗するためには、譲渡人から株券の交付を受ける必要がある。権利株や株券発行前の株式譲渡を制限する理由は、法政策上、会社の事務処理が煩雑になるのを避ける必要があるからである。

(ｳ) 定款による株式譲渡の制限 　一般に株主の個性が重視される小規模閉鎖的な「非公開会社」（同族会社など）においては、好ましくない者が会社経営に参加するのを防ぐ必要性があることから、定款の定めによる「譲渡制限株式」の発行を認めている（107条1項1号・2項1号）。

(ｴ) 了会社による親会社株式の取得の制限 　会社法は，原則として、子会社による親会社の株式取得を制限している（135条1項）。これは、親会社の経営支配を受ける子会社が親会社株式を取得することによって資本の空洞化が生じるおそれがあるだけではなく、子会社が親会社の経営者の地位保全等に悪用されるなど、後述の自己株式の取得と同様の弊害が生じ、親会社の脱法行為に利用されるおそれがあるからである。そこで、会社法は、①事業の全部を譲り受ける場合、②合併後消滅する会社から承継する場合、③吸収分割により承継する場合、④新設分割により承継する場合、⑤法務省令で定める場合（例えば、子会社が親会社株式を無償で取得する場合など〔施行規則23条〕）においては、子会社が消滅会社（前記②）または他の会社（前

記①および③ないし⑤）から取得した親会社株式を相当の時期に処分すること（135条3項）を前提として例外的に子会社による親会社株式の取得が認められる場合を除いては（同条2項）、会社の財源規制・数量規制の上で認めることは法技術上困難なので、子会社による親会社株式の取得を禁止している。なお自己株式と同様に取得した親会社株式には議決権行使が認められない（308条1項かっこ書）。

㈺　自己株式の取得

㈎　規制と緩和の必要性　　平成13年6月の「商法等の一部を改正する等の法律」（平成13年法律79号。以下、「平成13年改正商法」という）によって、自己株式取得および保有規制が見直された。それ以前（以下「旧商法」という）においては、自己株式取得は「原則禁止」とされてきた。すなわち旧商法では、会社による自己株式の取得は、①出資の払戻しとなるから、資本維持の原則に反し、会社債権者を害する、②取得方法・取得価格によっては、株主平等の原則に反するおそれがある、③会社の経営者側による経営支配の強化に利用されるおそれがある、④株式の価格に影響を与えうる会社の内部情報に精通した取締役等がインサイダー取引を通じて利益を追求することにより、一般投資家の利益を害するおそれがある、といった弊害があるという理由から原則として禁止してきた。しかし、このことは、会社による自己株式の取得を事前に一律に禁止するというのではなく、前記の①ないし④の弊害が生じない限りにおいては、会社による自己株式の取得を例外的に許容してもよいということを意味することでもある。

さらに自己株式の取得については、前記の①ないし④のような弊害がある反面、財界側からは、ⓐ会社が市場に放出されている自己株式を取得することによって、会社の株価を下支えすることが可能であること、ⓑ会社の大株主が株式を放出する際に自己株式を取得することによって、敵対的企業買収から会社を防衛できること、ⓒ会社が取得した自己株式をストック・オプション制度に利用できること、ⓓ株式相互持合い解消の受け皿にもなること、ⓔ合併や会社分割、株式交換などに際して、取得した自己株式を割り当てることによって、企業の組織再編を容易に推進できるなど、自己株式の取得を許容すべき経済的メリットも多くあることが主張されて

きた。

　そこで、かかる財界側からの強い要望などを受けた平成13年改正商法は、旧商法時代に指摘されていた自己株式の取得の弊害に対する対策として一定の手続および財源に関する規制を設けることによって、旧商法の「原則禁止」から「原則自由」へと転換した。平成13年改正商法の自己株式の取得の「原則自由化」に関する規定内容を受け継いだ会社法は、同改正により可能となった取得（株主との合意により有償で取得する旨の株主総会の決議がある場合の取得）を含め、次のように会社が自己株式を取得できる場合を限定的に列挙している。

　　(b)　**自己株式の取得の許容範囲（155条）**　　では、会社は、どのような場合に自己株式を取得できるであろうか。前述のように、自己株式の取得は、そのデメリットとして前記の①ないし④のような弊害がある一方で、前記の@ないし@のような経済的メリットも肯定されるわけであるから、会社による自己株式の取得は、その弊害が生じない範囲内において許容する形を取らざるを得ない。

　会社法は、許容される自己株式の取得の範囲について、「①取得条項付株式の取得事由が生じた場合（107条2項3号イ）、②譲渡制限株式について譲渡承認をしない場合において買取等の請求があった場合（138条1号ハ・2号ハ）、③株主との合意により有償で取得する旨の株主総会の決議がある場合（156条）、④取得請求権付株式の取得請求があった場合（166条1項）、⑤全部取得条項付種類株式の取得決議があった場合（171条1項）、⑥定款の規定に基づく相続人等への売渡し請求による取得（176条1項）、⑦単元未満株式の買取請求があった場合（192条1項の請求があった場合）、⑧所在不明株主の株式の売却において会社が買い取る場合（197条3項）、⑨端数処理手続による株式の買取（234条4項）、⑩他の会社の事業全部の譲受けに伴う取得、⑪合併における消滅会社からの株式の承継取得、⑫吸収分割する会社からの株式の承継取得、⑬法務省令（施行規則27条）で定める場合の取得」を限定的に列挙しており、これ以外のものは認められない、とされる（以上の自己株式の取得の範囲については、155条各号を参照されたい）。

(c)　自己株式の取得の手続

(i)　株主との合意による取得の場合

①　株主総会の普通決議　会社が株主との合意により、当該会社の株式を有償で取得するには、①取得する株式数、②引換えに交付する金銭等の内容とその総額、③取得することができる期間（1年以内）について株主総会で決定する必要がある（156条1項）。ただし、引換えに当該会社の株式等を交付する場合を除く（同条同項2号かっこ書）。これは、取得請求権株式や取得条項付株式の取得と区別するためである。

②　取締役会等の決議　会社は、株主総会（または取締役会）の決議に従って自己株式を取得する都度、①取得する株式数、②1株と引換えに交付する金銭等の内容および数もしくは額またはその算定方法、③引換えに交付する金銭等の総額、④株式の譲渡しの申込期日を決定する必要がある（157条1項・2項、なお決定ごとに均等であることを要する〔同条3項〕）。

③　通知・申込み・承諾　会社法155条3項の「株主との合意による自己株式取得」を行う場合は、株主総会（または取締役会）決定した事項（取得株式数、額、総額、申込期間）を株主に通知する必要がある（158条1項）が、公開会社においては、この通知に代えて公告を行うことができる（同条2項）。

株主総会（または取締役会）で決定した「取得株式数」等の通知を受けた株主は、株式の譲渡しの申込みをしようとするときは、譲渡する株式数を明示して申込みをする必要があり（159条1項）、申込みがあった場合、会社は承諾したものとみなされる（同条2項）。ただし申込総数が取得総数を超えるときは、平等に按分した株式数につき承諾したものとみなされる（同条2項ただし書）。

(ii)　特定の株主からの取得の場合　会社法155条3号の定める「株主との合意により有償で取得する旨の株主総会の決議がある場合」は、会社は「特定の株主」にも通知をすることによって、株主総会の特別決議（他の株主の利益保護）により特定の株主から株式を取得することができる（160条1項・309条2項2号かっこ書）。この場合の特定株主は、特別利害関係人に該当するから、（株主との合意による自己株式の有償取得についての）株主総会に

おいて議決権を行使できない（160条4項）。さらに会社は、特定の株主から、自己株式を取得しようとする場合には、株主間に公平な株式売却の機会を与える必要がある。そこで会社は、その他の株主に対しても株式譲渡の機会を与えるべく、特定の株主に自己をも加えることを株主総会の議案とすることを請求できる旨通知する必要がある（同条2項・3項）。ただし、会社は、定款により株主からの取得請求（株主に議案変更請求権を認める規定。以下、「株主の売主追加請求権」という〔同条2項・3項〕）を排除することができる（164条1項）。ただし、会社が、特定株主から、市場価格のある株式を市場価格の範囲内で取得する場合には、他の株主も取引市場で株式を会社に売却することが可能となるから、株主に議案変更請求権を認める規定（160条2項・3項）を適用する必要はない（161条）。

   (iii)　**相続人等からの取得の場合**　非公開会社が、株主の相続人等から、株式を取得する場合には、他の株主からの買取請求は認められない（162条）。これは、社員の個性を重視する非公開会社において、社員間の人的関係を維持するという特殊な理由が肯定されるからである。当該相続人等が株主総会で議決権を行使した場合または会社が公開会社である場合には、株主の売主追加請求権（160条2項・3項）を認める必要がある（162条2項）。

   (iv)　**子会社からの取得の場合**　親会社が、子会社から、自己株式を取得する場合については、会社法156条の定める「株主との合意により有償で取得する旨の株主総会の決議がある場合」の特則が設けられ、また、157条から160条までの規定は適用されない。すなわち、かかる場合には、①取得ごとの価格等の決定・通知（157条・158条）、②すべての株主の譲渡の申込み等（159条）、③特定の株主からの取得に係る具体的な取得手続に関する規定（160条）は適用されないことになる（163条）。

また子会社は特定株主として特別利害関係人に該当するから、（株主との合意による自己株式の有償取得についての）株主総会において議決権を行使できない（160条4項・135条参照）。会社は、定款により株主からの取得請求（売主追加請求権〔160条2項・3項〕）を排除することもできる（163条）。

   (v)　**市場取引・公開買付けによる株式の取得**　会社が、自己株式を市

場取引または公開買付け（金商27条の2第6項）によって取得する場合においては、会社法156条の定める「株主との合意により有償で取得する旨の株主総会の決議がある場合」の特則が設けられ、また、157条から160条までの規定は適用されない（165条）。すなわち会社は、自己株式の取得のつど各取得事項の決定および株主への通知を要せず、株主の売主追加請求権も認められない（165条1項）。この場合には、会社は、株主総会の特別決議（156条1項の定める各号の事項に関する決議）だけで自己株式を取得することができる。さらに、取締役会設置会社では、取締役会の決議により取得することを定款で定めることも可能であり（165条2項・3項）、その他の手続きを要しない。これは、自己株式を市場取引または公開買付け（金商法27条の2第6項）によって自己株式を取得する経済的メリット（前記の@ないし©）を上場会社・店頭登録会社に与えることにより、経済的活性化を図るための特例措置であり、平成15年改正商法により導入された。

(d) **自己株式取得の財源規制**　　前述のように、会社が株主との合意により、当該会社の株式を有償で取得することは、出資の払戻しとなるため、会社の債権者の利益を害するおそれがある。資本維持の原則からすれば、これを無限に認めるわけにはいかない。そこで、会社法は、剰余金の分配可能額を超えて、自己株式を有償取得することを認めていない。すなわち、前記(オ)(b)の②③（157条1項）⑤〔173条1項〕⑥⑧⑨のほか、子会社からまたは市場取引を通じて自己株式を取得する場合〔163条、165条1項〕）には財源規制の適用を受ける（461条1項1号ないし7号、166条1項ただし書・170条5項・461条2項参照）。その反面、⑦単元未満株式を有する株主から買取請求があった場合（155条7号〔192条1項の請求があった場合〕）、⑪合併における消滅会社から株式を承継取得（155条11号）するなど、不可避的な事情による場合については、財源規制を設けていない。なお事業譲渡等や組織再編に対する反対株主の株式買取請求（469条・785条・797条・806条）、および会社法116条1項の定める反対株主の株式買取請求権に応じる場合の自己株式の取得にも財源規制はない（461条参照。ただし、買取請求に応じて株式を取得した場合の責任につき464条参照）。単元未満株式を有する株主から買取請求があった場合と同様に、出資者の投下資本の回収を保障する必要があるからである。

(e) **自己株式の地位**　　前述のように、会社法は、会社が、株主総会（または取締役会）の決議に基づき、会社自らが発行した自己株式を発行後に取得し、原則として自由に保有・消却（178条）・処分（199条）することを認めている。とくに会社は、ストック・オプションによるモチベーションアップや株式交換による M&A などに備えて取得した自己株式をいわゆる「金庫株」として保有できる。会社法は、実際に保有する自己株式について、会社が無期限かつ数量に制限なく保有し（178条参照）、または処分することを認めている（199条参照）。さらに取締役会の決議により、新株発行として取得した自己株式を再度放出することも、消却することも可能となっている（178条参照）。なお、会社が、取得した自己株式は、会社側の不公正な経営支配の強化に利用されるか、または取締役等によるインサイダー取引によって一般投資家の利益を害するおそれがあるから、議決権その他の共益権、剰余金の配当などは認められていない（308条2項・453条）。

(f) **違法な自己株式取得の効力**　　前述のとおり、市場取引等により自己株式を取得する場合を除き、会社は、株主との合意による自己株式を取得するか、または、特定の株主から自己株式を取得する場合には、前記の会社法の定める取得手続・財源規制に関する157条から160条までの規定による必要がある。これは、会社が、違法な自己株式を取得することによって、他の株主や債権者の利益を害することを防止するためのものである。

　会社が、違法な方法により、自己株式を取得した場合には、刑事罰（963条5項1号）の適用を受けるが、私法上の効力についての明文規定は存しない。そこで、会社による違法な自己株式取得の効力をいかに解すべきかが問題となる。この点については、取得手続規制違反と財源規制違反とに分けて検討する必要がある。まず手続規制違反による自己株式の有償取得の効力については、①会社法は、前記(オ)(a)①ないし④でいう弊害に備えるべく、強行法規としての手続規定を設けて規制しているから、会社法155条以下に定める手続規定に違反する自己株式の有償取得は譲渡人の善意・悪意にかかわらず、原則として無効であると解する（無効説）、②手続規制に違反した自己株式取得は原則として無効であるが、違法な自己株式取得であることにつき相手方が善意である場合には、取引の安全が優先され、会社

は無効を主張できないと解する（相対的無効説）、③民法93条を類推適用し、原則として違法な自己株式取得は有効であるが、相手方が悪意または有過失であるときは、その事実を会社が立証する場合に限って無効となると解する（民93条類推適用説）、といった見解がある。このように、手続規制違反の自己株式取得の効力を巡っては学説上の見解が対立している。株式の譲渡人が、会社による自己株式取得規制違反という内部的事実を知ることは容易なことではないと考えられるから、取引の安全との調和を図るべきであると主張する相対的無効説の方が妥当な見解であると思われる。財源規制（461条1項1号〜7号・166条1項ただし書・170条5項）違反による自己株式取得については、分配可能額を超える剰余金の配当の決議に基づく違法な剰余金の配当が無効であることにかんがみれば、譲渡人の善意・悪意を問わず、無効であると解すべきであろう。

　なお違法な自己株式の取得がなされた場合において、無効を主張することができるのは会社側のみである。譲渡人は、株式の譲渡により自己の利益が得られたはずであるから、譲渡人を保護する必要はない。譲渡人側の無効の主張を認めると、投機の機会を与えることになりかねない。

6　株式の譲渡等

（1）　株券不発行の原則の意義

　株券は、会社の株主の地位や権利（社員権）を表章する有価証券のことをいう。平成17年改正前商法においては、すべての会社は株券を発行する必要があった。しかし、平成16年改正商法により例外的に定款の定めによる株券不発行制度が認められ、平成17年に施行された会社法の下では、株券発行の自由化が図られ、株券の不発行を原則とする。したがって、会社は株券を発行する場合（これを「株券発行会社」という）には、定款で定める必要がある（214条・117条7項）。

　なお、上場会社については、平成21年9月の「社債、株式等の振替に関する法律」の施行に伴い、上場会社の株券はペーパーレス化（電子化）されることにより、株券の発行は廃止された。現在、上場会社における株式の譲渡は、振替株式制度によって実施されている。ここにいう「振替株式制

度」は、従来において株券の存在を前提として行われてきた「社員権」の発生、移転および消滅を、上場会社においては、証券保管振替機構および証券会社等に開設された口座において電子的に行うものをいう。

(2) 株式の譲渡方法およびその効力

(ア) **株券不発行会社**　株券を発行しない会社（以下「株券不発行会社」という）では、株式譲渡の効力は、契約当事者の意思表示のみによって成立する。株券不発行会社において、株式の譲受人が、会社またはその他の第三者に対抗するためには、その氏名等を株主名簿に記載・記録（これを「株主名簿の書換え」という）する必要がある（130条1項）。

(イ) **株券発行会社**　株券発行会社における株式譲渡の効力については、契約当事者間においては意思表示による合意だけでは足りず、株式の譲受人は会社以外の第三者に対抗するためには株式の譲渡人から株券の交付を受けるか（128条）、または会社に対して対抗するためには株主名簿の書換えをする必要がある（130条2項・1項）。自己株式の処分による株式の譲渡を除き、株券の発行前の第三者へ株式の譲渡は、契約当事者間では有効であるが、株券発行会社に対しては、その効力を生じない（128条）。ただし、株券発行会社の株券発行が不当に遅滞された場合は、たとえ株券発行前の株式譲渡取引であっても、株式の譲受人は、株券発行前の契約当事者間における株式譲渡の効力を会社に対しても対抗できると解される（最大判昭47年11月8日民集26巻9号1489頁〔和島興行事件〕）。

(3) 株券発行会社における権利推定的効力と善意取得

会社法は、株券発行会社における株券を占有する者は、株券に係る株式の権利を適法に有するものと推定しており（これを「権利推定的効力」という。131条1項）、かかる効力は会社との関係においても同様である。また善意かつ無重過失で株券を譲り受けた者は、たとえ譲渡人が無権利者であったとしても株式についての権利を取得する（131条2項）。会社は、株券の占有者による株主名簿の名義書換請求に対しては、株券の占有者が無権利者であるという事実について立証をしない限り、その請求を拒むことができない。会社は、株券を紛失した場合、善意取得によって当該株券を占有した者から株主名簿の名義書換の請求に応じた場合には、その者がたとえ無権利者

であっても免責され、この場合において株券を紛失した者は権利を失うことになる(131条2項)。会社法は、株券不所持制度や株券失効制度を設け、株券喪失者の利益保護を図っている。すなわち株券を喪失した者は、その権利を主張するためには、会社に対する株券喪失の登録をする必要がある(223条)。株券喪失登録から1年を経過した日に従来の株券は無効になり(228条1項)、会社は新株券を株券喪失登録者に発行しなければならない(同条2項)。なお株券発行会社における株主は、株券発行会社に対し、株券の所持を希望しない旨を申し出ることもできる(217条1項)。これは、株券所持人の株券喪失のリスクを回避するための制度的措置である。

㋐ 株主名簿

(a) 株主名簿の意義と記載事項　株主名簿は、会社が、株主を把握するために、株主(および株券)に関する事項を記載・記録した帳簿をいう。会社の株主は、その有する権利(例えば、剰余金の配当請求権、議決権行使など、詳細については前記Ⅱ第1章2参照)を反復的・継続的に行使できる。また、とくに公開会社は、株式譲渡自由の原則や株式の有価証券化によって、多数の株主が絶えず変動することを想定している会社である。株主の変動を関知しない会社にとっては、会社からの各種の通知や株主の権利行使をスムーズに行うことが必要となる。そこで会社法は、会社がかかる株主の権利行使等にかかる事務処理を円滑に進めるためには、会社の株主(および株券)に関する事項を固定化し、明確に把握しておく必要があるから、会社に株主名簿の作成を義務付けている(121条)。

(b) 株主名簿の記載事項　会社は、株主(および株券)に関する事項として、①株主の氏名または名称、住所、②株主の有する株式の数(種類株式発行会社においては、株式の種類および種類ごとの数)、③株式を取得した日、④株券発行会社の場合には株券番号を、株主名簿の記載・記録事項として作成しなければならない(121条)。

(c) 株主名簿の備置き・閲覧等　会社は、株主名簿を原則として会社の本店(ただし、定款の定めにより、株主名簿管理人がある場合は、その営業所〔123条〕)に備え置く必要がある(125条1項)。株主・会社債権者は、営業時間内であれば、請求の理由を明らかにして閲覧・謄写をすることができる(同

条2項）。親会社社員は、その権利を行使するため必要があるときは、請求の理由を明らかにして当該会社の株主名簿書面の閲覧・謄写を請求できるが、この場合には裁判所の許可を得る必要がある（同条4項）。

　しかし会社は、①権利の確保・行使のための調査以外の目的での請求を行ったとき、②会社の業務の遂行を妨げ、または株主の共同の利益を害する目的での請求を行ったとき、③請求者が当該会社の業務と実質的に競争関係にある事業を営み、またはこれに従事するものであるとき、④株主名簿の閲覧、謄写によって知り得た事実について利益を得て第三者に通報するための請求を行ったとき、⑤請求者が、過去2年以内において、株主名簿の閲覧または謄写によって知り得た事実について利益を得て第三者に通報したことがあるものであるときは請求者の閲覧請求を拒否できる（同条3項）。会社法125条3項の定める趣旨は、いわゆる名簿屋が会社から名簿を入手することによって経済的利益を追求できる弊害を事前に予防し、なおかつ株主のプライバシー保護を図る必要性があることから、会社が請求者の請求を拒否できる事由を明文で列挙した、とされる。

　　(d)　**株主名簿の効果**　　株主は、名義書換をすればその記載・記録に基づいて株主としての権利を行使できるが、株主名簿の名義書換をしていない限りは、会社に対して自らが株主であることを対抗できない（130条1項）。したがって、会社は、株主名簿に記載・記録した住所にあてて株主に対する通知・催告を行い（126条1項）、株主名簿の記載・記録事項に基づいて株主の権利行使を認めれば足りる。このことは、会社は、株主名簿の記載に従って事務処理をしていれば、原則として免責されることを意味する。

　　(e)　**基準日**　　前述のように、公開会社においては、株主が多数でかつ頻繁に変動することを想定しているから、会社に対して権利行使できる株主を固定化し、会社の株主に関する事務処理を容易かつ明確にすることを要する。そこで、会社法は、会社は、権利を行使する株主を確定する一定の日（これを「基準日」という）を定めたうえ、この基準日に株主名簿に記載・記録されている株主（これを「基準日株主」という）に対し、会社に対する権利を行使させることができると規定している（124条1項）。会社が、基準日を定めたときは、当該基準日の2週間前までに、行使することができ

る権利の内容（剰余金配当、株式の併合・分割、議決権などの権利に関する内容をいう）を定めて、それを公告しなければならない（同条2項・3項）。ただし、基準日より行使できる権利は、長期間、実質上の株主が権利行使できない状況を避ける必要性があることから、基準日から3ヶ月以内に行使するものに限られる（同条2項ただし書）。会社は、行使しうる権利が株主総会の議決権等である場合には、基準日以後の株式取得者に権利行使を認めることができるが（同条4項）、ただし、基準日株主の権利を害することはできない（同条同項ただし書）。これは、例えば4月1日付け（基準日）で合併した場合、それ以降、新たに会社の株主になった者（合併新株の受領者等）にも6月開催の株主総会での議決権行使を認める機会を付与しようとする会社の実務上の要請に応じるものである。しかし、前記のように基準日株主の権利を害することはできないので、基準日株主から株式を譲り受けた者に対しては、議決権の行使を認めることはできないと解される。なぜなら、基準日株主からの株式の譲受人に対しても議決権行使を認めれば、同一株式について複数の者に議決権行使を認められないという株主平等の原則（109条1項）に反するおそれがあるからである。

(f) 株主名簿の名義書換の手続き

(i) **株主の請求によらない場合**　会社は、当然に、①株式を発行した場合、②当該会社の株式を取得した場合、③自己株式を処分した場合、④株式の併合をした場合（併合した株式について）、⑤株式の分割をした場合（分割した株式について）は、株主名簿の名義書換を行う（132条）。

(ii) **株主の請求による場合**

① **株券発行会社の場合**　株券発行会社においては、株券の占有者は、株券を提示することによって単独で株主名簿の名義書換を請求することができる（施行規則22条2項1号）。会社法は、株券占有者の権利推定的効力を認めているから（131条1項）、株券占有者の単独で名義書換を請求することを認めている。

② **株券不発行会社の場合**　株式を取得した者が、会社に対し、株主名簿の名義書換を請求する（133条1項）。この場合には、原則として株式の取得者と株主として株主名簿に記載・記録されていた者（または、その

相続人、一般承継人）が共同して請求しなければならない（同条2項）。このほか、株式取得者が、単独で名義書換を請求できる場合がある。その例として、株式取得者が、株主名簿上の株主に対し、名義書換の請求をすべきことを命ずる確定判決を添付して請求したとき（施行規則22条1項1号）、株式取得者が確定判決と同一の効力を有するものの内容を証する書面その他の資料を提供して請求をしたとき（同項2号）等が挙げられる（同項3号ないし11号参照されたい）。

③　**譲渡制限株式の取得者からの請求のとき**　　会社法134条は、譲渡制限株式にかかる株主名簿の名義書換請求の特則を定めている。すなわち会社以外の者から譲渡制限株式を取得した者は、①当該株式の譲渡が事前に会社により承認されたか、または事後的に承認された場合（同条1号・2号）、②株式取得者が会社による当該株式の指定買取人である場合（同条3号）、③株式取得者が相続その他の一般承継によって当該株式を取得した場合には、株主名簿の名義書換請求を認める。これ以外の場合において譲渡制限株式を取得した者は、会社に対し、株主名簿の書換えを請求することができないと解される（同条柱書）。

(g)　**名義書換未了株主の地位**　　前述のように、株式譲受人は、会社またはその他の第三者に対抗するためには、会社に対して株主名簿の名義書換を請求する必要がある（130条〔株主名簿の確定的効力〕）。本条によれば、株式譲受人が、たとえ実質的権利を有する株主である場合であっても、株主名簿の名義書換が未了である以上、会社に対し、株主としての権利行使を認めるように請求することはできないと解される。この場合に、かかる株主名簿の名義書換未了の株式譲受人を会社は株主として扱うことができるか、または名義書換なしに株主は会社に対する権利を行使することができるかが問題となる。

(i)　**名義書換の不当拒絶**　　前述の会社法130条の定める株主名簿の確定的効力に関連して、会社が株式譲受人からの名義書換の請求を不当に拒絶した場合において、株式譲受人は、会社に対して、実質的権利を有する株主としての権利行使を主張できないであろうか。

この点につき、判例（最判昭41年7月28日民集20巻6号1251頁）・多数説は、株

主名簿の名義書換の義務を怠った会社がその不利益を名義書換未了の株式譲受人に帰するのは信義則（民1条2項）に反するという理由から、会社が株式譲受人の名義書換を不当に拒絶した場合、または会社が過失により名義書換を怠っている場合は、名義書換を請求した株式譲受人は実質的権利を有する名義書換未了の株主として会社に対して権利行使できると解する。したがって、この場合の株式譲受人は、会社による名義書換の不当拒絶に対して、損害賠償請求権を行使することができるだけでなく、招集通知違反による株主総会の決議に瑕疵があるものとして、総会決議の取消しの訴えを提起することもできると考えられる（831条1項1号）。

(ii) **会社側からの権利行使の許否**　次に株主名簿の確定的効力に関連して、会社側から、名義書換未了の株式譲受人を株主として取扱い、株主総会における権利行使を認めた場合、どのように解釈すべきであろうか。

この点につき、会社は、株式譲受人の実質的権利の可否にかかわらず、株主名簿の確定的効力により株主名簿上の株主に権利行使させるべきと主張する見解（否定説＝画一説）と、会社は株式譲渡の事実関係を認めることによって名義書換未了の株主を、自己の危険において権利行使を認めることは可能であると主張する見解（肯定説＝任意説）とが対立する。画一説によると、①会社側が、権利行使できる株主を任意に選択できること、また②株式譲渡人と株式譲受人とのいずれを株主として取り扱うかを恣意的に決めることが可能となってしまうことなどから、会社側は名義書換のない株式譲受人の権利行使を認めるべきではないと主張されている。しかし実質的権利を有する株式譲受人が、株主としての権利行使を求めているのにもかかわらず、株主名簿上の形式的な株主にすぎない株式譲渡人に権利行使させるのは適当であるとはいえず、また株主名簿の名義書換制度の存在意義は会社と多数の株主との間の法律関係を集団的・画一的に処理するための事務上の便宜を図ることにあるから、会社の危険において名義書換未了の株主を株主として取り扱うことができるとする見解（任意説）が妥当であると考える。

(h) **失念株**　前述のように、会社以外の者から株式を購入した場合に、株式譲受人は、会社または第三者に対抗するべく、株主名簿の名義書

換を行う必要がある（130条）。かかる名義書換を行わないがために株主にはならないことを「失念する」といい、株式譲受人（失念株主）が名義書換を忘れている当該株式を「失念株」と呼ぶ。

このような失念株の事案において、たとえ会社の株主割当による株式発行があった場合に、会社から名簿上の株主（株式譲渡人）に株式が割り当てられ、株式譲渡人が引受け・払込みをして新株を取得したときに、株式譲受人（実質的権利を有する株主）は、株式譲渡人に対してその新株を引き渡すよう請求することができるかが法解釈上問題となる。

この点については、①会社に対する効力と、②株式売買契約当事者に対する効力とに分けて考えるべきである。まず前者については、会社法130条の定める株主名簿の確定的効力により、株式譲受人は、会社に対し、新株の割当を受ける権利を主張できないのが原則である（130条）。その反面、後者においては、失念株主である株式譲受人は、名簿上の株主である株式譲渡人に対して、株式の割当を受ける権利を主張できるかが問題となる。判例（最判昭35年9月15日民集14巻11号2146頁）は、一定の時点の株主に新株を引き受ける権利を発行する決議は、実質株主かどうかを問わず、名簿上の株主として記載された者に対して新株引受権を付与することを意味するから、そもそも新株を引き受ける権利は名簿上の株主（株式譲渡人）にあるとして否定している。しかし通説は、対会社における株主資格の問題として、会社が、譲渡人に対し、新株を与えるのは法制度上の趣旨において正当であり、この新株を引き受ける権利が株式譲渡当事者間においていずれの当事者に帰属するかは別問題であり、増資含みの高値で株式を譲渡できる立場にある株式譲渡人が新株のプレミアムをも利得することとなり衡平を欠くことになるから、前記①②を混同する判例は妥当ではないとする。通説に従えば、株式譲受人は、株式譲渡人に対し、新株の引渡を求められないが、株式発行直後の株式の価額と払込金額との差額については不当利得として返還請求できる（民703条）。

（4）　株式の担保化

　㋐　**質権設定方法**　　株式は、有価証券であるから、担保権設定の対象となり得る。例えば、株券発行会社である甲社の株主Ａが質屋Ｂから個人

的資金を借り入れるために、その有する株券を担保に供する場合などがその例として取り上げられる（146条1項・2項参照）。この場合において、Bから資金の借入れのために株券を担保に供するAを「質権設定者」、Aに資金を貸す代わりに株券を手元に留置するBを「質権者」といい、AとBとの間の株式についての質権設定行為を「株式の担保化」と呼ぶ。会社法上、株式の担保化の態様として、①株券発行会社における株券の交付のみによって質権を設定できる「略式質」（146条2項）と、②株主名簿に質権設定上の権利関係を記載しておく必要のある「登録質」とがある。なお株券発行会社においては、登録質の場合、質権設定者Aは株券を質権者Bに引き渡したうえで、甲社の株主名簿にも質権者Bの氏名または名称および住所、ならびに質権の目的である株式を登録しておく必要がある（148条）。

　(イ)　**株式の譲渡担保**　　株式を担保にとる方法としては、前記(ア)①②の質権を設定する方法のほか、民法や会社法の規定が存在しないものの、担保権を設定する方法として「株式の譲渡担保」がある。その例として、株券発行会社である甲社の株主A（担保権設定者）が債権者B（担保権者）から個人的資金を借り入れる際の担保のために、その有する株式をBに譲渡する場合などが挙げられる。このような株式の譲渡担保の方法としては、①株券発行会社においては、AとBとの間の譲渡担保設定の合意に基づいてAがBに株券を交付することによって成立する「略式譲渡担保」と、②略式譲渡担保のうえに株主名簿の名義書換を成立条件とする「登録譲渡担保」とがある。

　(ウ)　**株式質入の対抗要件と効果**　　前記(ア)①の略式質においては、略式質権者Bは、甲社または第三者に自分の質権に基づく権利を主張するためには、質権の目的物である株券を継続的に占有する必要がある（147条2項）。これに対し、前記(ア)②の登録質においては、株券を発行する会社と発行しない会社とで会社その他の第三者に対する対抗要件が異なる。すなわち、株券を発行しない会社においては、株主名簿上の名義書換をしなければ、会社その他の第三者に対抗することができないのに対し（147条1項）、株券発行会社においては、会社その他の第三者に対抗するためには、株式質入による株主名簿の名義書換（同条同項）と質権者による株券の継続占有が必

要になる（同条2項）。

　なお株式の質入の効果として、会社法151条各号の定める取得請求権付株式・取得条項付株式の取得や株式の併合・分割、剰余金の配当などの場合に、会社により与えられる金銭その他の財産に対して、質権者に対して物上代位権が認められている。登録式質権者の場合には、直接会社から物上代位権の目的物となる金銭等（151条参照）を受領し、他の債権者に先立って自己の債権の弁済に充てることができる（154条1項）。しかし債権の弁済期が来ていない場合には、登録式質権者は、金銭等に相当する金額を供託させることによって自己の債権を回収することができる（154条2項）。

7　株式の併合・分割・無償割当て

（1）意　義

　会社の株式が金融商品取引市場で取引されている上場会社においては、その1株あたりの株価が安くなりすぎているか、または発行株式数が多すぎる場合に、会社の株主管理コストの費用等の負担を減らす手段として「株式併合（180条1項）」を、その反対に、当該会社の株式の単位を小さくして安い価格にすることによって、株式売買の活性化を図るべく、会社の株価を下げる手段として「株式分割」（183条1項）を行う場合がある。この株式分割と同様の機能を有する制度として、「株式の無償割当」（185条ないし187条）がある。株式の無償割当は、株主に対して、新たに払込みをさせないでその持株比率に応じて同一の種類または異なる種類の株式を割り当てることをいう。

（2）手続き

　会社は、株式の併合をすることができる（180条1項）。ここにいう株式の併合は、数個の株式を併せてそれよりも少数の株式とすることをいう。その例として、証券取引所で1株50円の銘柄の会社が、10株を1株で併合して、その株価を500円に引き上げるために株式の併合をする場合が挙げられる。しかし株式の併合によっては、端株、単元未満株が生じるなど、既存株主の地位に与える影響も大きい。そこで、会社法は、会社が株式の併合を行う場合は、取締役は株主総会において相応の理由を説明したうえ

（180条4項）、株式の併合の割合等の事項についての特別決議を求めている（同条2項、309条2項4号）。

　これに対して、株式の分割は、会社側にとっては株主が増えることによって、株主管理コストが増大する面はあるが、株式の分割を行う前後において会社の資産の価値は変わらないから、会社の債権者に影響を与えない。とくに株式の分割は、株式の併合と異なり、株主の地位になんら実質的な変動を生じさせないと考えられるので、株主総会での普通決議（取締役会設置会社の場合は取締役会決議）によって行うことを認めている（183条2項）。なお株式の無償割当も、株式の分割と同様に、株主の持株比率に応じて、株主の保有する株式の数が増加するだけであって、会社の時価総額は株式の無償割当の前後において変わらないと考えられるので、株主総会での普通決議（取締役会設置会社の場合は取締役会決議）によって行うことを認めている（186条3項）。

（3）　株式併合の差止請求等による株主の保護

　会社法上、会社が株式の併合を行う場合は、株主の利害に重大な影響を与えるおそれがあるから、前記7(2)のような手続きがとられる。そのほかにも、会社法は、①事前の情報開示、②端数株式の買取請求権、③株式併合の差止請求権、④事後の情報開示によって、株主の利益保護を図っている。

　すなわち会社は、株式の併合をしようとするときは、その決議を行う株主総会の日の2週間前までに、株主（登録株式質権者を含む）に対し、併合の割合、効力発生日などを通知する必要がある（181条）。会社の株式併合により1株未満の端数となる株式を有する株主は、会社に対し、（株式併合の効力発生日の20日前の日から効力発生日の前日までの間に限り〔182条の4第4項〕）自己の有する株式を公正な価格で買い取ることを請求できる（同条第1項）。また株式併合が法令または定款に違反することによって、株主が不利益を受けるおそれがあるときは、株主は、会社に対し、株式併合の差止を請求できる（182条の3）。株式の併合を行った会社は、株主（効力発生日に当該株式会社の株主であった者を含む）の閲覧等の請求に供するために、効力発生日後遅滞なく、株式の併合に関する事項として法務省令で定める事項を記載・記録した書

面等を作成して会社の本店に備え置かなければならない（182条の6）。

　株式の分割については、株主の差止請求権を認める明文上の規定は存在しない。これは、会社が株式の分割を行っても、株式併合の場合と異なり、株主の保有する株式資産に変動を生じさせないからであろう。下級審裁判例（東京地判平17年7月29日判時1909号87頁）は、同様の理由から、会社法210条の定める募集株式発行等の差止請求に関する規定は類推適用されないと否定している。

　確かに株式の分割は、株主の保有する株式資産には影響を与えない仕組みではある。しかし学説は、その手続上において、①株主総会（または取締役会）の決議を欠く（法令または定款に違反する）場合、②公開買付けによる敵対的企業買収から防衛するために行われた株式分割が買収者にとって「著しく不公正な方法」に該当する場合などには、株主が不利益を受けるおそれがあることを否定できないという理由から、会社法210条の類推適用を肯定する。

（4）　手続違反の効果

　株式の無償割当は、会社成立後の株式発行（834条2号）または自己株式の処分（同条3号）にあたるので、株式の無償割当後の法的瑕疵を争う場合には、それらの行為の無効の訴えを提起する必要がある（形成訴訟）。これに対して株式分割の場合は、その性質上、会社成立後の株式発行に該当せず（834条2号）、また会社の保有する自己株式を株主に割り当てられないから自己株式の処分にも該当しないと解される（同条3号）。しかし株式の分割の効果は、株式の無償割当と類似するので、株式分割後の法的瑕疵を争う場合には、株式取引の安全を図る必要性がある。したがって、会社成立後の株式発行（834条2号）または自己株式の処分（同条3号）の無効の訴えが類推適用されると解すべきであろう。

（5）　株式の分割と無償割当の差異

　前記のように、株式の無償割当は、株主の有する株式の数が増加するという視点においては、株式の分割と類似の側面があるが、次のような事項において差異がみられる。

　すなわち会社が株式の分割を行う場合は、異種の株式を株主に交付する

ことはできないので、株主の保有する同一種類の株式の数が増加するのみである。また株式の分割の効力は、株主総会または取締役会の決議で定めた種類の株式がその対象になるわけであるから、自己株式にも効果が及ぶことになろう。しかし株式の分割の場合は、会社の保有する自己株式を株主に交付することは認められない（186条2項参照）。

　これに対して、株式の無償割当の場合においては、会社は、株主に対し、発行済株式と同種の株式または異種の株式のいずれかを交付することができる。会社が保有する自己株式に対しての無償割り当ては認められないが、会社は保有する自己株式を株主に交付することはできる（186条2項参照）。

第2章 機 関

第1節 機関総論

1 会社の機関とは

　会社は法人であり（3条）、定款で定められた目的の範囲内において、権利能力を有する（民34条）。しかし、会社はあくまでも観念的存在であり、自らの肉体を持たない。ゆえに、会社が意思決定や業務執行等を行うには、会社に代わって、会社に属する自然人や会議体が様々な行為を行うことが必要である。このような自然人や会議体を、会社の「機関」という。

　株式会社については、会社法第2編第4章に、機関構成や各機関の権限・義務等に関する定めがある。ここでいう機関は、監査役会設置会社の場合、株主総会・取締役・取締役会・代表取締役・会計参与・監査役・監査役会・会計監査人である（ちなみに、取締役・会計参与・監査役・執行役・会計監査人をあわせて「役員等」という。423条1項）。これらの機関が権限の範囲内において行った意思決定や行動は、会社の意思決定や行動とみなされ、その効果は会社に帰属する。

　そもそも株式会社は、多数の株主から集めた資金を元に経営の専門家である取締役が事業を行う共同事業形態であり、その軸となるのは株主と取締役である。しかし、会社の所有者とされる株主は、実際には会社の事業に関する専門的知識や経験に乏しいことも多い。そこで会社法は、日常の業務執行など専門的な判断は取締役が行い、株主は株主総会を通じて、取締役の選解任を含む会社の基本的な事項を決定することで、取締役に対する監視監督を行うという役割分担を基本としている（所有と経営の分離）。

　もっとも、事業の規模が大きい会社や株主が頻繁に入れ替わる会社では、株主による監視監督が十分に行えない場合もある。そこで、従来より株主に代わる取締役の監視監督機関としての役割を担ってきたのが、取締役会と監査役である。また、会計書類の監査については、専門家である会計監査人も重要な役割を果たしてきた。

なお、上記の機関の全てがどの会社にも置かれるわけではない。同じ株式会社であっても、事業の規模や内容、培ってきた企業文化は様々であり、どの機関構成が最適かは会社によって異なる。そこで会社法は、機関構成の選択については、各会社に広い裁量を与えている。ただし、会社の規模や設置した機関によっては一定の制約がかかる。

　現行の会社法における株式会社の機関構成は、その経営監視体制によって、監査役会設置会社・指名委員会等設置会社・監査等委員会設置会社の３種類が設けられている。これらの機関構成に制度上の優劣はなく、各会社の運用次第で同程度のガバナンスを実現することが可能とされている。もっとも、後述するように、それぞれの機関構成は一長一短であり、その弱点を補うためには、各会社が自社の状況に合ったガバナンスを模索する必要がある。

2　監査役会設置会社

（1）　機関構成とその特徴

　監査役を中心とした監視監督体制は、明治時代の商法制定時から、日本の株式会社の基本形とされてきた伝統的なものであり、現在の株式会社の大多数がこの機関構成を採用している。

　会社法が規定する機関を全て設置した場合には、以下の図のようになる。

図1　監査役会設置会社の機関構成

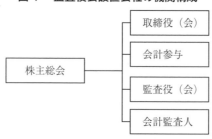

この機関構成では、取締役が、経営方針の決定や日常の業務執行など業務執行に関する権限を一手に担う。取締役が複数の場合には、代表取締役を置いてもよい（なお、取締役会設置会社では必須となる。362条3項）。

　取締役に対する監視監督は、監査役（もしくは監査役会）が中心となって行う。さらに、取締役が作成する計算書類については、作成時に会計参与による補助を受けたり、作成後に会計監査人の監査を受けることができる。会計監査人は、取締役等が作成した計算書類の適法性を監査する者である。会計監査人は、会計の専門家である必要から、公認会計士または監査法人でなければならない（337条1項）。また、会計参与は、計算書類等の作成について、取締役または執行役を補助する者である。会計参与にも会計の専門的知識が必要であることから、公認会計士・監査法人・税理士・税理士法人のいずれかでなければならない（333条1項）。

　これらの機関のうち、株主総会と1名の取締役は全ての会社に置く必要があるが、その他にどの機関を設置するかは、原則として各会社が定款の定めによって自由に決定することができる（326条2項）。しかし、以下の場合には、一定の制約がかかる。

　公開会社（2条5号）では、株式の譲渡が自由にできることから、株主構成が頻繁に変わる可能性があり、株主によるモニタリングが十分に行えないおそれがある。そこで、公開会社では、取締役に対する監督を行わせるため、取締役会の設置を求めている（327条1項）。また、大会社（2条6号）である公開会社には、監査役会を置かなければならない（328条1項）。

　また、強制か任意かにかかわらず、取締役会を置く会社では、監査役を置かなければならない（327条2項本文）。ただし、公開会社でない会計参与設置会社においては、監査役を置く必要はない（同項ただし書）。また、監査役会を置いた場合には、取締役会を置かなければならない（327条1項2号）。

　さらに、会計監査人を置く会社には、監査役を置かなければならない（327条3項）。そして、大会社には会計監査人を置かなければならない（328条1項・2項）。

（2）課　題

　現在の上場会社の多くは監査役会設置会社であるが、この機関構成には、

次のような課題があると指摘される。

　まず、取締役に権限が集中するあまり、大規模な会社では多数の取締役を選任する必要が生じ、取締役会における意思決定の迅速性が阻害されるおそれがある。なお、実務ではこの点に対処するために、執行役員と呼ばれる役職を設ける例が見られる（ただし、後述の指名委員会等設置会社における執行役とは違い、執行役員は会社法上の機関ではない）。

　また、監査役は取締役と違って業務執行権限を持たないため、取締役の業務執行の妥当性について実効的な監査を行うことができない。この問題は、社外取締役を置くことで解消しうる。しかし、監査役会を設置する会社では、監査役の半数以上が社外監査役（2条16号）である必要があり（335条3項）、これにくわえて社外取締役を選任することは、コストや人材確保の点から難しい。

3　委員会型の機関構成

（1）　概　要

　会社法は、前述した監査役会設置会社の課題を克服しうる機関構成として、指名委員会等設置会社と監査等委員会設置会社（以下、あわせて「委員会型の機関構成」という）について定める。委員会型の機関構成には設置すべき機関などについて様々な制約があり、小規模の会社はコスト等の問題から採用しにくいため、以下では上場会社のようにある程度大きな規模を有する会社を想定してもらいたい。

　委員会型の機関構成では、社内の内部統制システムを活用することを前提として、社外取締役を中心に構成される委員会が業務執行者に対する監視監督を行う。取締役が監視監督の権限を持つことで、監査役の権限の弱さを克服できる。また、委員会型の機関構成では、業務執行権限を持つ者と監督権限を持つ者を分離することができ（執行と監督の分離）、取締役への過度な権限集中の問題を解消しうる。

　くわえて、委員会型の機関構成では、監査役を置くことが認められないかわりに、委員会の構成員として一定数以上の社外取締役を選任する必要がある。このことにより、我が国において社外取締役を増加させるという

政策的目的も実現することも期待されている。

(2)　指名委員会等設置会社

　㋐　**機関構成とその特徴**　　指名委員会等設置会社は、アメリカ法を参考に、平成14年の商法改正によって導入された機関構成である。

図２　指名委員会等設置会社の機関構成

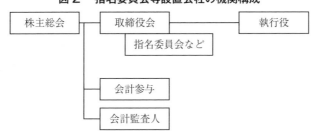

　指名委員会等設置会では、取締役会と会計監査人を必ず置かなければならない（327条5項）。また、監査役は置くことができない（327条4項）。

　指名委員会等設置会社では、取締役は原則として業務執行を行うことができず（415条）、取締役会によって選任される執行役が業務執行を行う（418条）。執行役は取締役である必要はなく、また取締役を兼任してもよい（402条6項）。

　取締役会は、経営の基本方針など会社の業務執行の決定と、執行役等の業務執行の監督を行う（416条1項）。なお、業務執行の決定については，一部を除いて執行役に委任することができ（同条4項）、この場合、取締役会は執行役等の監督に専念することが可能となる。

　また、指名委員会等設置会社では、取締役会の監督権限を果たすため、取締役会の下に指名委員会・監査委員会・報酬委員会が置かれる。

　指名委員会は、株主総会に提出する取締役等の選解任議案の内容を決定する権限を持つ（404条1項。最終的な決定権限は株主総会にある）。

　報酬委員会は、執行役・取締役等の報酬を自ら決定する権限を持つ（同条3項）。具体的には、まず報酬等に関する社内の方針を定め、これに基づいて個別の報酬等の内容を決定する。

監査委員会は、執行役・取締役・会計参与の職務の執行を監査し、株主総会に提出する会計監査人の選解任等に関する議案の内容を決定する（同条2項）。なお、監査委員は、当該会社およびその子会社の執行役等を兼任することはできない（400条4項）。執行役でもある取締役が監査委員となると、実効的な監査が望めないためである。

これらの委員会は、それぞれ3名以上の取締役によって構成され、うち過半数は社外取締役でなければならない（400条1〜3項）。各委員会が社内者のみで構成されると、十分な監督を期待できないことから、委員の独立性を確保するためである。ただし、社外取締役の確保の困難さを踏まえ、複数の委員を兼任することは認められている。ゆえに、2名の社外取締役と1名の社内取締役が指名委員・報酬委員・監査委員の全てを兼任すれば、法定の要件を満たすことができる。

(イ) **課題**　　指名委員会等設置会社は、監査役会設置会社の課題を克服するものとして導入された。しかし、現実には上場会社の2〜3％程度が利用するにすぎない状況が続いている。

その理由としては、監査役会設置会社とあまりに異なるために移行の効果が読めないことや、三委員会の設置など機関構成が厳密に定められており柔軟さに欠けること、さらには、社外取締役を中心とした委員会が強力な権限を握ることに対する実務上の抵抗感などが挙げられる。

(3) 監査等委員会設置会社

(ア) **機関構成とその特徴**　　平成26年改正によって導入された監査等委員会設置会社は、監査役会設置会社と指名委員会等設置会社の中間型といえる。監査等委員会設置会社は、全ての会社が定款規定によって任意に選択できる機関設計である（326条2項）。

会社法が定める全ての機関を設置した場合には、以下の図のようになる。

図3　監査等委員会設置会社

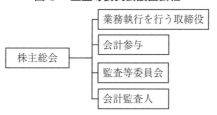

　監査等委員会設置会社では、監査役会設置会社における監査役会の代わ
りに、社外取締役を中心とした監査等委員会が設置される。一方、社外取
締役が中心となって監査等を行うという点では指名委員会等設置会社に近
く、監査等委員会の構成などについては、指名委員会等設置会社の指名委
員会等と同様の規定が置かれている。

　監査等委員会設置会社では、取締役会と会計監査人を必ず置かなければ
ならず（327条1項3号・5項）、監査役は置いてはならない（327条4項）。

　取締役会の下に置かれる監査等委員会は、取締役である監査等委員3名
以上によって組織され、その過半数は社外取締役でなければならない（331
条6項・399条の2第2項）。また、監査の実効性確保の観点から、監査等委員
である取締役は、当該会社やその子会社の業務執行取締役等を兼ねること
ができない（331条3項）。

　監査等委員会設置会社では、監査等委員以外の取締役が業務執行を行う。
すなわち、同じ取締役の肩書を持つ者の中に、業務執行を行う取締役と、
監査等委員となる取締役が存在する。この二種類の取締役は、株主総会に
おいて別々に選任されるが（329条2項）、取締役会は、これら全ての取締役
によって構成される。この点で、監査等委員会設置会社における取締役会
は、必ずしも監督機能に特化した機関とは言えない。もっとも、取締役の
過半数が社外取締役である場合や、定款に定めを置いた場合には、業務執
行の決定の大半を特定の取締役に委任することができる（399条の13第5項・
6項）。

　また、監査等委員は、指名委員会等設置会社における監査委員と同様に、
社内の内部統制部門との連携によって監査を行うことが予定されている。

そのため、常勤の監査委員の設置は必要とされず、全員が非常勤であってもよい（監査役会設置会社では、常勤監査役の選任が必要である。390条3項）。

なお、会社の判断によって、任意に監査等委員会以外の委員会（例えば、指名委員会等設置会社における指名委員会や報酬委員会に相当するもの）を設置することはできる（ただし、任意の委員会であるため、指名委員会等設置会社のような法律上の権限はない）。

　(イ)　**課題**　監査等委員会設置会社は、導入直後から採用する会社が相次ぎ、現在では上場会社の約四分の一に達している。利用が進む理由としては、指名委員会等設置会社と比べて制約が少なく、柔軟な機関構成が可能である点が挙げられる。その一方で、導入当初から、機関構成に関する制約の少なさから十分なガバナンスを実現することができるかを懸念する声もある。

第2節　株主総会

1　会社法上の位置付けと権限

　株主の総意によって会社の意思を決定する株主総会は、株式会社において必置の機関である（なお、種類株式を発行している会社では、種類株主総会を設置する必要があるが、種類株主総会は本節の対象からは除く）。

　株式会社の構成員は株主であることから、その合議体である株主総会は、本来は会社に関する全ての事項について決定する権限を持つ。しかし、株主が会社の事業運営に関する十分な知識や能力を持っているとは限らない。また、あらゆる事項について株主総会での判断を求めると、経営の迅速性が失われるおそれがある。

　そこで会社法は、取締役会設置会社においては、株主総会の権限の一部を取締役会に移すことで、所有と経営の分離の実現を図っている。一般的に規模の大きな会社が多い取締役会設置会社においては、取締役会に会社の意思決定を委ねた方が合理的と考えられるためである。

　取締役会設置会社において、株主総会は、法定決議事項および定款で定めた事項に限って決議をすることができる（295条2項）。主な法定決議事項

としては、①取締役・監査役などの選任・解任に関する事項、②会社の基礎的変更に関する事項（定款変更や合併等）、③株主の重要な利益に関する事項（株式併合や剰余金配当等）④取締役等に判断を委ねると株主の利益が害されるおそれが大きい事項（取締役の報酬の決定等）がある。法定決議事項は、株主総会で決定すべき最小限度の事項であり、その決定を取締役会など他の機関に委ねる旨の定款規定は無効となる（同条3項）。もっとも、株主総会で定めた基本的枠組みの範囲内で、細目的な決定を取締役会などに委ねることは認められる（例えば、役員報酬の個別配分額など）。

一方、法定決議事項以外の事項は、取締役会に決定権限があるが（362条参照）、定款で規定することで株主総会の権限とすることもできる。

これに対して、取締役会非設置会社では、株主総会は会社に関する一切の事項について決議できる（295条1項）。比較的規模が小さい傾向のある取締役会非設置会社では、株主が取締役を務めていることが多く、所有と経営を分離させる実益に乏しいためである。

なお、当然ではあるが、株主総会といえども強行法規に反する決議はできない（このような決議は無効である。830条2項）。また、株主平等原則（109条1項）に違反する決議などは取消しの訴え（831条1項）の対象となる。

コラム1：買収防衛策に関する株主総会決議

敵対的買収に対する防衛策に関しては、主に上場会社において、その決定を株主総会の権限とする定款規定が見られる。例えば、買収防衛策として行う新株予約権の無償割当てについて、株主総会決議を求める場合である（具体例として、最決平19年8月7日民集61巻5号2215頁）。

また、取締役会設置会社において、買収防衛策に関する決定権限は取締役会に残しながらも、買収防衛策の導入の可否についてあらかじめ株主総会での承認を得る例も多い（勧告的決議と呼ばれる）。もっとも、勧告的決議は、株主総会の権限外の事項を扱うものであるため、会社法上の決議としての効力はなく、単に株主の多数の意思を確認したという事実的効力が生じるにすぎない。

2 招集手続

(1) 手続を法定する趣旨

株主総会は、株主にとって自身の意見を経営に反映させる重要な機会である。そこで会社法は、株主総会の招集に関する手続等を定め、株主が株主総会に参加する機会を確実に確保するように求めている（なお、招集手続等の瑕疵は、総会決議の取消事由となる）。

ただし、議決権を行使できる株主全員が同意した場合には、招集手続を経ずに株主総会を開催できる（300条本文）。株主が1人しかいない会社（いわゆる一人会社）においては、当該株主が認めれば、招集手続を省略できる（最判昭46年6月24日民集25巻4号596頁）。もっとも、書面や電磁的方法による議決権行使を認める場合には、あらかじめ株主に議題等を通知する必要があることから、招集手続の省略は認められない（同条ただし書き）。

(2) 招集の時期

株主総会は、毎事業年度の終了後一定の時期に開催しなければならない（296条1項。定時株主総会）。権利行使の基準日を定めた場合には、基準日から3か月以内に開催する必要がある（124条2項）。事業年度ごとに開催させる趣旨は、各事業年度における決算の報告と承認を行わせることにあるが、もちろんその他の事項を決議することもできる。その他、株主総会は、必要がある場合にいつでも招集できる（296条2項。臨時株主総会）。

(3) 招集権者

株主総会の招集権者は原則として、取締役会設置会社では取締役会、取締役会非設置会社では取締役である（298条1項・4項）。

招集権者は、株主総会の招集にあたって、①株主総会の日時・場所、②株主総会の目的事項（議題）、③書面投票・電磁的方法による議決権行使を認めるときはその旨、④会社法施行規則63条が列挙する事項を定めなければならない（298条1項各号）。なお、取締役会設置会社では、②で定めた事項以外は株主総会で決議できないため（309条5項）、当該株主総会において審議すべき事項をこの段階で決定しておく必要がある（ただし株主にも議題の提案権はある。303条）。

もっとも、株主総会を開催する必要があるのに、取締役が招集の決定を

行わない場合もありうる。そこで会社法は、以下の要件を満たす株主にも株主総会の招集権を認める。すなわち、総株主の議決権の100分の3（定款で引き下げ可能）以上の議決権を有する株主は、取締役に対して、株主総会の目的事項と招集の理由を示し、株主総会の招集を請求できる（297条1項）。なお、公開会社では、当該株主は、総株主の議決権の100分の3以上を6か月前（定款で引き下げ可能）から引き続き有している必要がある。この請求に対し、取締役が招集を行わない場合には、裁判所の許可を得て、当該株主が自ら株主総会を招集することができる（同条4項）。

(4) 招集通知

株主総会を招集する際には、株主に出席の機会を与えて準備を行わせるために、株主総会に出席することができる全ての株主に対して、招集通知を行わなければならない（299条1項）。もっとも、当該株主総会において議決権を行使できない株主については、株主総会に参加する権利もないと考えられることから、招集通知を行う必要はない。

(ｱ) **招集通知の期限**　公開会社では、総会の日の2週間前までに招集通知を発する必要がある。これに対して、非公開会社では原則として総会の日の1週間前までに招集通知を発すればよく、取締役会を置かない非公開会社では、さらに定款で期間を短縮することもできる。ただし、非公開会社であっても、書面投票や電磁的方法による議決権行使を認める場合には、招集通知は総会の日の2週間前までに発しなければならない（299条1項かっこ書）。

株主の準備期間を確保する必要から、この期間経過後に招集通知が送付された場合には、決議取消事由が生じる。なお、期間の計算にあたっては、初日不算入の原則（民140条）が適用される。

(ｲ) **招集通知の方法**　株主総会の招集通知は、次の場合には原則として、招集権者が決定した事項（上記(ｳ)①～⑤）を記載した書面をもって行わなければならない（299条2項・4項）。ただし、株主による個別の承諾があれば、書面に代えて、電子メールなどの電磁的方法を用いて招集通知を行ってもよい（同条3項）。

まず、書面や電磁的方法による議決権行使を認める会社では、招集通知

も書面で行わなければならない（同条2項1号）。この場合には、株主にあらかじめ議決権行使のために必要な情報を提供する必要があることから、招集通知の際に、株主総会参考書類や議決権行使書面を提供する必要がある（301条1項・302条1項。なお、電磁的方法による提供についてはコラム2参照）。

また、株主が多数に及ぶ可能性の高い取締役会設置会社では、確実に招集通知を行って株主総会への出席と準備の機会を確保するために、書面による通知が要求される（299条2項2号）。なお、取締役会設置会社における定時株主総会では、招集通知に際して計算書類と事業報告を提供する必要がある（437条、会社計算133条、施行規則133条）。

これに対して、書面や電磁的方法による議決権行使を認めていない取締役会非設置会社については、招集通知の方法に関する定めはない。招集通知の内容も、株主総会の日時や場所は通知する必要があるが、取締役会非設置会社では、あらかじめ通知した事項でなくとも株主総会で決議できることから、招集通知において全ての目的事項を通知する必要はない。

コラム2：電磁的方法による参考書類等の提供

　会社は、個別に承諾を受けた株主に対し、招集通知や株主総会資料、議決権行使書面に記載すべき事項を、書面に代えて電磁的方法で提供することができる（299条3項・301条2項・302条2項）。総会資料の提供についてインターネットを利用することで、印刷費や郵送費の削減等をはかるものであるが、実務上は、個々の株主から承諾を受けるのは煩雑とも指摘されてきた。

　そこで、2019（令和元）年改正では、株主総会資料の電子提供措置に関する規定が追加された（325条の2以下）。電子提供措置をとる旨を定款に定めた会社は、株主の個別承諾を受けることなく、会社法325条の2各号に定める資料（株主総会参考書類等）の内容を電磁的方法で提供できる。なお、上場会社には事実上、電子提供措置の導入が義務づけられる（振替法159条の2第1項）。

　電子提供措置は、会社法325条の3第1項各号に関わる情報について、株主総会の3週間前か招集通知の発送日のいずれか早い日から、株主総会

の日後３か月を経過するまでの間、継続して行われる必要がある（なお、中断が生じた場合につき325条の６）。

　一方、インターネットを利用することが困難な株主を保護するため、株主には書面の交付請求権が認められる（325条の５第１項。招集通知の電子提供に同意した株主は除く）。ただし、書面交付請求は、請求日から１年を経過した後に会社から交付終了の通知等を受けた株主が、催告期間内に異議を述べない場合には失効する（同条４項・５項）。

（5）　総会検査役

　経営権に関する争いがある場合や議案に対する賛否が拮抗する場合には、株主総会が紛糾する可能性がある。総会検査役制度は、このような株主総会において違法・不公正な手続が行われることを防止するとともに、総会後の訴訟に備えて決議の成否に関する証拠を保全することを目的とする制度である。

　株式会社または総株主の議決権の100分の１以上を有する株主（公開会社では、総株主の議決権の100分の１以上を６か月前から保有する株主）は、株主総会に先立って、裁判所に対し検査役の選任を請求することができる（306条）。検査役の役割は株主総会の招集手続と決議の方法について調査することにあり、実務上は弁護士が選任されることが多い。裁判所は、検査役の調査結果の報告を受けて、必要と認めるときには、裁判所は取締役に再度株主総会を招集させたり、調査の結果を株主に通知させることができる（307条）。

3　株主提案権
（1）　概　要

　株主総会における議題や議案は、招集権者である取締役（取締役会設置会社では、取締役会）が用意するのが通常である。ここでいう議題とは、株主総会における目的事項そのものを指す。これに対して、議案とは、議題に対し具体的な内容を持って行われる提案を指す。例えば、株主総会における「取締役１名選任の件」という議題に対して、「Ａを取締役に選任する」といった具体的な提案が議案にあたる。

多くの場合、株主総会の議題や議案は招集権者である取締役が用意するが、株主総会の構成員である株主も議題や議案を提案することができる。株主による提案を認めることで、取締役提案の不十分な点を補うとともに、株主総会の活性化が期待できる。その反面、全ての株主に対して無制限に議題や議案の提案を認めると、株主総会の効率的な運営が妨げられ、本来は時間をかけて慎重に検討すべき事項に十分な時間をかけられないおそれもある。そこで会社法は、会社が招集する株主総会における株主の提案権を認めるとともに、その行使に一定の制約をかけている（303条〜305条）。

(2) 議題の提案

株主が議題を提案する場合の要件や手続は、当該会社における取締役会の有無によって異なる。

取締役会設置会社では、総株主の100分の1以上または300個以上の議決権を6か月前から引き続き保有している株主が、株主総会の会日の8週間前までに請求しなければならない（303条2項。なお、持株要件は複数の株主で満たしてもよい）。

持株要件や保有期間の要件が設けられているのは、濫用防止のためである。ただし、持株割合または持株数、保有期間はいずれも定款の定めによって引き下げることができる（同項かっこ書）。また、非公開会社では株主の変動があまり起こらないため、6か月の保有要件は課されない。

次に、会日の8週間前という提出期限が設けられているのは、取締役会設置会社において株主が提案した議題を決議するには、その議題を招集通知に記載する必要があるためである（309条5項）。ただし、この期限も定款で短縮することができる（303条2項かっこ書）。

一方、取締役会非設置会社については、株主による議題の提案に特に制限はなく、1株しか持たない株主が総会の場で議題を提案することもできる。

なお、当然ながら、株主が提案する議題は、株主総会の権限内の事項でなければならない（295条）。また、株主が提案できる議題は、自身が議決権を行使できるものに限られる（303条1項かっこ書）。

(3) 議案の提案等

株主総会における議案を提案する権利は、株主総会という会議体の構成

員である株主が当然に有すべき権利である。そのため、株主が議案を提案する場合については、特に持株数等の要件はない（304条本文）。

　もっとも、特に株主数が多く互いに面識もない会社において、総会当日にある株主がいきなり議場で議案を提案したとしても、事前に情報を得ていない他の株主にはその意図や内容が十分に伝わらず、否決される可能性が高い。そこで会社法は、株主が取締役に対し、自身が提案しようとしている議案の要領をあらかじめ他の株主に通知するよう請求することを認めている。ただし、この請求を行うためには、議題の提案と同様の要件を満たす必要がある。すなわち、取締役会設置会社では、原則として、総株主の100分の１以上または300個以上の議決権を６か月前から引き続き保有している株主が、株主総会の会日の８週間前までに請求しなければならない（305条１項）。

　一方、次のような場合には、株主による議案の提案や要領の通知請求が制限される。

　まず、分配可能額を超えた剰余金配当を求める議案など、その内容が法令・定款に違反している場合には、議案の提案および議案の要領の通知請求は認められない（304条１号・305条４項１号）。提案しようとする議案と実質的に同一の議案につき、株主総会において総株主の議決権の10分の１以上（定款で引下げ可）の賛成を得られなかった日から３年を経ていない場合も、同様である（再提案の制限。304条４号・305条４項４号）。

　また、近年では株主による議案提案権等の濫用的行使が疑われる事案がみられるようになった（株主が行った多数の株主提案について、その目的が会社を困惑させることにあり、権利濫用にあたるとしたものとして、東京高判平27年５月19日金判1473号26頁）。そこで、2019（令和元）年の会社法改正では、取締役会設置会社において、株主が議案の要領の通知請求を行った場合、会社は、10を超える議案についてはその請求を拒否できることとした（305条４項柱書。なお、株主が10を超える議案を提案すること自体を禁じるものではない）。この場合に、どの議案を通知するかは原則として会社が選ぶことができる。ただし、通知請求を行った株主があらかじめ優先順位をつけていた場合には、それに従わなければならない（同条５項）。

コラム3：議案の要領の通知請求における議案の数え方

　取締役会設置会社において株主が提案した議案について要領の通知請求を行った場合、会社は、10を超える議案についてはその請求を拒否できる（305条4項柱書）。ただし、株主総会における株主の権利を過度に制限しないよう、会社法は、議案の内容によって数え方を区別している。

　例えば、取締役等の選任の場合には、候補者1人につき1個の議案が成立すると理解するのが伝統的な考え方である。しかし、このように数えると、通知請求が認められる議案の上限が10個では、取締役の員数が多い会社の株主には十分な権利が確保されないおそれがある。そこで、要領の通知請求権に対する制限との関係では、取締役等の選任に関する議案は候補者の数に関わらず1個とみなす（同項1号）。

　また、ある目的を達成するためには複数の定款変更を行う必要がある場合、その全てが可決されなければ意味がないこともある。そこで、要領の通知請求権に対する制限との関係では、複数の定款変更議案が出された場合に、異なる議決がされると相互に矛盾する可能性があるものは、まとめて1個の議案とみなす（同項4号）。

4　議決権の行使

（1）　一株一議決権の原則と例外

　株主総会において各株主が有する議決権の数は、原則として1株につき1個である（308条1項本文。一株一議決権の原則）。すなわち、株主総会の議決権は各株主の出資額に応じて付与される。ただし、非公開会社においては、定款規定によって、議決権について株主ごとに異なる取り扱いをすることができる（109条2項。属人的定め）。

　その他、一株一議決権の原則の例外には以下のようなものがある。

　①単元未満株式　　単元株制度を採用する会社では、1単元として定められた株式数ごとに1個の議決権が与えられる（308条1項ただし書）。例えば、100株を1単元とする会社において、200株を保有する株主は2個の議決権を有するが、50株しか保有していない株主には議決権は認められない。

　②議決権制限株式　　議決権制限株式（108条1項3号）については、議

決権の行使が認められる事項が制限される。

③**自己株式**　　不当な会社支配に利用されるおそれから、会社が保有する自己株式には議決権が認められない（308条2項）。

④**相互保有株式**　　会社がその総株主の議決権の4分の1以上を有するなど、会社がその経営を実質的に支配することが可能な関係にある株主（施行規則67条）は、議決権を有しない（308条1項本文かっこ書）。例えば、A社がB社の株式の4分の1以上を持ち、B社もA社の株主である場合には、A社がB社の大株主として大きな影響力を持つことから、B社がA社の株主総会において公正に議決権を行使することが期待しにくい。そこで、A社の株主総会における公正性確保のため、B社による議決権行使は認められない。

⑤**特定の株主からの自己株式取得**　　会社が特定の株主から自己株式を取得する場合には、取得の相手方となる株主は、自己株式取得の承認決議において議決権を行使できない（140条3項・160条4項・175条2項）。取引の当事者の議決権行使を認めると、決議の公正性が害されるおそれがあるためである。

⑥**基準日後に発行された株式**　　議決権行使に関する基準日後に発行された株式には、当該株主総会における議決権は認められない（124条1項参照）。これは、会社側の事務処理上の負担を軽減するためであり、会社側が認めれば、基準日後に株式を取得した株主であっても議決権を行使できる（同条4項本文）。

（2）　議決権の不統一行使

例えば、1人の株主が100個の議決権を持つ場合には、ある議案につき、100個の議決権全てを賛成または反対に投じるのが通常である。しかし、株主名簿上の株主が複数の顧客から株式の信託を受けた信託会社等である場合には、実質的な権利者は顧客と言えるが、顧客によって議案に対する賛否が異なることがありうる。このような場合を想定して、会社法は、株主が議決権を行使する場合に、一部を賛成、残りを反対として行使することを認めている（313条1項。議決権の不統一行使）。

もっとも、議決権の不統一行使が行われると、会社側の事務処理が煩雑

になる。そこで、不統一行使を望む株主が、他人のために株式を保有する者でない場合には、会社は不統一行使を拒絶できる（同条3項）。また、株主が多数となりうる取締役会設置会社では、不統一行使をしようとする株主は、株主総会の日の3日前までに、会社に対して不統一行使をする旨と理由を通知する必要がある（同条2項）。

（3） 議決権の行使方法

議決権は、株主が自ら株主総会に出席して行使するのが原則である。しかし、欠席者が一切議決権を行使できないということになれば、株主としては貴重な経営参加の機会を失うことになり、会社としても、株主総会自体が成立せず重要な事項を決定できないおそれが高まる。そこで会社法は、株主自身が株主総会に出席しなくとも、議決権を行使できる手段を用意している。

　(ア) 代理人による議決権行使　　株主は、代理人を通じて議決権を行使することができる（310条1項前段）。この場合、株主またはその代理人は、会社に対して代理権を証明する書面（委任状）を提出しなければならない（同項後段。会社の承諾があれば、電磁的記録を提出してもよい。同条3項・4項）。提出された委任状は、株主総会の日から3か月間本店に備え置き、株主の閲覧・謄写に供される（310条6項・7項）。なお、株主は、株主総会ごとに、代理人に対して代理権を授与する必要があり（同条2項）、1枚の委任状で複数の株主総会について代理権を授与することはできない。

もっとも、代理人による議決権行使は、次のような形で悪用されるおそれがある。

まず、1人の株主が多数の代理人を出席させた場合、株主総会での議論が混乱するおそれがある。株主総会では資本多数決が採られるとはいえ、人が集まって成り立つ会議体であることから、持株比率は低い株主でも、多数の代理人を出席させることによって、総会の議論に大きな影響を与えるおそれがある。このような問題を防止するために、会社は株主総会に出席できる代理人の数を制限することができる（310条5項）。

また、代理人による議決権行使は、株主以外の者が株主総会に出席する手段として利用されるおそれがある。そこで多くの会社では、定款で代理

人の資格を当該会社の他の株主に限定している。このような制限は、株主から代理人による議決権行使の機会を奪うことにもなりかねないが、判例は、第三者による株主総会の撹乱を防止することの必要性から、代理人を株主に限る旨の定款規定を認めている（最判昭43年11月1日民集22巻12号2402頁）。

ただし、定款で代理人資格が株主に制限されている場合において、株主以外の者を代理人とすることが全く認められないわけではない。

例えば、法人などが株主である場合には、当該法人の職員や従業員が代理人として出席することが多い。このような場合、その職員や従業員は組織の一員として法人の意図にしたがって行動することから、通常は株主総会を撹乱するおそれがないと考えられるためである（最判昭51年12月24日民集30巻11号1076頁）。その他、株主が急病のため株主総会に出席できないときに、親族が代理人として議決権を行使することを認めた裁判例もある（大阪高判昭41年8月8日下民17巻7=8号647頁）。

これに対して、その会社の株主ではない弁護士を代理人とすることが認められるかは、裁判例によって見解が分かれる（議決権行使を認めた例として、神戸地尼崎支判平12年3月28日判時1580号53頁。認めなかった例として、東京高判平22年11月24日資料版商事法務322号180頁）。

(イ)　**書面投票**　　書面投票とは、株主総会に出席しない株主が、議決権を行使するための書面（議決権行使書面）に議案に対する賛否を記入して会社に送付することで、議決権を行使する方法である。書面で行使された議決権の数は、株主総会における出席株主の議決権数に算入される（311条1項・2項）。

書面投票は、会場から遠く離れた場所に住む株主やスケジュールの都合で出席できない株主にも、議決権行使の機会を与える手段として機能する。また、わざわざ時間と費用を使って株主総会に出席しようというインセンティブを持たない株主に対しても議決権行使を促すという効果もある。このような配慮は上場会社など株主の数が多い会社で特に必要となることから、議決権を有する株主の数が1000人以上の会社では、書面投票制度を導入しなければならない（なお、例外について298条2項ただし書、施行規則64条）。

書面投票を認める会社では、株主総会の招集通知に際して、株主に対し

株主総会参考書類と議決権行使書面を交付しなければならない（301条1項）。電磁的方法での招集通知を承諾した株主には、これらの書類に記載すべき事項を電磁的方法によって提供することもできる（同条2項本文）。

株主総会参考書類とは、株主総会に提出される議案の内容も含め、議決権の行使について参考となるべき事項が記載された書類である（記載事項等については、施行規則65条・73条〜94条）。また、議決権行使書面の記載事項等は、会社法施行規則66条1項が列挙している。例えば、議決権行使書面には、議案ごとに株主が賛否（棄権の欄を設ける場合は、棄権も含む）を記載する欄を設けなければならず、役員等の選解任議案については、各役員について個別の欄を設けなければならない（施行規則66条1項イ・ロ）。

なお、会社はあらかじめ、賛否の記載のない議決権行使書面が会社に提出されたときは、各議案について賛成・反対・棄権のいずれかの意思の表示があったものとして取り扱う旨を、議決権行使書面に記載することができる（施行規則66条1項2号）。この場合には、会社提案には賛成、株主提案には反対として扱うことも許される（札幌高判平9年1月28日資料版商事法務155号107頁）。

書面投票は、株主総会の日の直前の営業時間の終了時（取締役・取締役会が定めた時があれば、その時）までに、議決権行使書面を会社に提出して行う（311条1項、施行規則69条・63条3号ロ）。ただし、会社の判断により、総会の当日に到着した議決権行使書面を受け付けることはさしつかえない。また、議決権行使書面を提出した株主も、株主総会に出席できる。この場合には、書面による議決権行使は効力を失う。

なお、提出された議決権行使書面は、株主総会の日から3か月間本店に備え置き、株主の閲覧・謄写に供される（311条3項・4項）。賛否の票数を株主が調査できるようにするためである。

　(ウ)　**電磁的方法による議決権行使**　　電磁的方法による議決権行使とは、株主総会に出席しない株主が、電磁的方法（2条34号かっこ書）を用いて議決権を行使する方法である。取締役（取締役会設置会社においては、取締役会）は、株主総会ごとに、電磁的方法による議決権行使の導入を任意に選択することができる（298条1項4号）。電磁的方法による議決権行使を受けるには、会社にシステム構築や管理などのコストがかかるため、強制はせず、各会社

に判断を委ねている。ただし、電磁的方法による招集通知を承諾した株主に対しては、正当な理由がなければ、会社は電磁的方法による議決権行使を拒んではならない（312条2項）。

　電磁的方法による議決権行使を認める会社は、招集通知に際して、株主に対し株主総会参考書類を提供しなければならない（302条1項）。電磁的方法による招集通知（299条3項）を承諾した株主に対しては、株主総会参考書類に記載すべき事項を電磁的方法により提供することもできる（302条2項本文）。また、議決権行使書面に記載すべき事項については、電磁的方法による招集通知を承諾した株主には必ず、その他の株主にはその求めに応じて、電磁的方法によって提供する必要がある（同条3項・4項）。

　電磁的方法による議決権行使は、株主総会の日の直前の営業時間の終了時（取締役・取締役会が定めた時があれば、その時）までに、議決権行使書面に記載すべき事項を、電磁的方法により会社に提供することで行われる（312条1項、施行規則70条）。電磁的方法によって行使された議決権の数は、株主総会における出席株主の議決権数に算入される（312条3項）。会社の判断により、総会の当日に到着した電磁的方法による議決権行使を受け付けることはさしつかえない。また、電磁的方法によって議決権を行使した株主も、株主総会に出席できる。この場合には、当該株主が行った電磁的方法による議決権行使は効力を失う。

　なお、議決権行使の電磁的記録は、株主総会の日から3か月間本店に備え置き、株主の閲覧・謄写に供される（312条4項・5項）。

（4）　利益供与の禁止

　㋐　**概要**　　株式会社は、何人に対しても、株主（適格旧株主〔847条の2第9項〕や最終完全親会社等〔847条の3第1項〕の株主を含む）の権利の行使に関し、財産上の利益の供与をしてはならない（120条1項。利益供与の禁止）。この規定は、元々はいわゆる総会屋対策として設けられたものである。もっとも、条文上は必ずしも適用場面を株主総会に限定しておらず、あらゆる場面における株主権の行使に関して、会社が株主の判断を歪めるような行為を禁じて会社運営の健全性を確保するとともに、利益供与による会社財産の浪費を防止しようとするものと解することができる。

ここでいう利益供与は、株主の権利の行使に関して行われることが要件であるが、その立証は容易ではない。そこで、会社が特定の株主に対して、無償で財産上の利益を供与したときや、会社が受ける利益が株主に供与した財産上の利益に比べ、著しく少ないときには、利益供与があったものと推定する（同条2項）。

また、利益供与には、子会社の計算によって、株主に財産上の利益が提供される場合も含まれる（同条1項かっこ書）。子会社を通じた規制の潜脱を防止するためである。利益供与の相手方も、株主には限られない。なお、供与される財産上の利益には、金銭以外にも、経済的利益のあるものが広く含まれる。

典型的な事例としては、取締役がある株主に対して、現経営陣にとって望ましい形で権利を行使するよう求め、その見返りとして金銭等を支払うといった場合が考えられる。例えば、株主総会に先立って、取締役が特定の株主に対して会社提案に賛成するよう依頼し、その対価として会社財産から金銭等を渡す場合である。その他、特定の株主に対して、権利を行使しないように求めて金銭等を渡す場合も、利益供与にあたる（最判平18年4月10日民集60巻4号1273頁）。

もっとも、会社が株主に財産上の利益を提供する場合の全てが、禁止されるわけではない。株主総会に参加するインセンティブを与えるために、出席株主の全員に土産品などを渡すような場合は、外形的には利益供与にあたるが、額が社会通念上許容されるものであれば、株主総会の活性化のために許容される可能性がある（東京地判平19年12月6日判タ1258号69頁参照）。

　㈡　**利益供与に関与した者の責任**　　利益供与に関与した者に対しては、厳格な責任が課される。

まず、利益供与を受けた者は、これを会社（またはその子会社）に返還しなければならない（120条3項）。

また、利益供与に関与した取締役は、連帯して、供与した利益の価額に相当する額を会社に対して支払う義務を負う（120条4項本文。無過失責任）。この義務は、総株主の同意がなければ、免除できない（同条5項）。利益供与に関与した取締役には、実際に利益供与を行った者のほか、会社法施行規

則21条が定める者も含まれる。例えば、利益供与が取締役会決議に基づく場合には、決議に賛成した取締役（施行規則21条2号イ）等が、利益供与が株主総会決議に基づく場合には、株主総会に議案を提案した取締役（同条3号イ）や、株主総会で説明を行った取締役（同号ニ）等が含まれる。ただし、実際に利益供与を行った取締役以外の者は、過失がなかったことを証明すれば免責される（120条4項ただし書）。

　さらに、利益供与を行った者や利益供与を受けた者、利益供与を要求した者には、刑事罰が科される（970条1～3項）。また、取締役等を威迫して利益供与を受けた者等の刑事罰は加重される（同条4項）。

5　議　事

（1）　議長の権限

　株主総会の議事運営については、会社法に詳細な定めがないため、各会社の定款や慣習に基づいて行われる。

　株主総会の議長は、株主総会の秩序を維持し、議事を整理する権限を持つ（315項1項）。議長は、通常は定款で定められるが、定款に定めがない場合は株主総会で選任する。

　また、議長は、議長の命令に従わない者等、株主総会の秩序を乱す者を退場させることができる（同条2項）。例えば、議場内でけんかを始めた者や大声で騒ぎ続ける者に対して議長が制止したにもかかわらず、その命令に従わなかった場合には、その者を議長の権限で退場させることができる。

（2）　取締役等の説明義務

　㋐　**説明義務が生じる範囲**　　取締役、会計参与、監査役及び執行役は、株主総会において、株主から特定の事項について説明を求められた場合には、必要な説明を行う義務を負う（314条本文）。これは、株主が議案に対する賛否を判断する上で、必要な情報を得られるようにするためである。

　会議の構成員からの質問に対して、報告や提案を行う者が必要な説明を行うのは、会議として当然の形である。しかし、株主総会では従来、株主がいたずらに質問を繰り返して議事の進行を妨げる例が見られていた。そこで会社法は、取締役等がどのような場合に説明義務を負うかを明確にし

ている。

　取締役等の説明義務は、株主総会において、株主から特定の事項に関する説明を求められたときに発生する。現実には、株主が株主総会の前に事前質問状を送付することがあるが、この場合にも、株主総会での質問がない限り、取締役等に説明義務は発生しない（もっとも、事前質問状には、取締役等に対して準備を促す意味がある。施行規則71条1号イとの関係）。

　ただし、株主総会において株主から説明を求められても、以下の場合には、取締役等は説明を拒絶できる。すなわち、①その事項が株主総会の目的事項と関係がない場合、②質問された事項が企業秘密に関わる場合など、説明をすることで株主共同の利益を著しく害する場合、③会社法施行規則71条で定める場合である（314条ただし書）。

　③については、まず、説明をするために調査が必要な場合が挙げられる（施行規則71条1号柱書）。ただし、株主が株主総会の相当期間前に質問事項を通知していた場合（同号イ）や、調査が著しく容易である場合（同号ロ）には、取締役等は調査の必要性を理由として説明を拒絶することはできない。また、説明をすることで、会社や質問者以外の株主の権利を侵害することとなる場合（同条2号）、当該株主が実質的に同一の事項について繰り返して説明を求める場合（同条3号）、その他、株主が説明を求めた事項について説明をしないことにつき正当な理由がある場合（同条4号）にも、取締役等は説明を拒絶できる。

　　（イ）　**説明義務の履行と違反の効果**　　説明義務が生じた場合には、取締役等は、当該事項について必要な説明を行う必要がある。どの程度の説明が必要かは、株主総会に提出された議題や議案の内容や、株主が実際に行った質問の内容によって異なる。裁判例によれば、平均的な株主が、議題について合理的な判断を下すために必要とされる範囲の説明を行うことが求められる（東京地判平16年5月13日金判1198号18頁）。すなわち、必ずしも質問した株主自身が十分に理解できる内容であることは要求されない。また、必要な内容が含まれていれば、類似の質問を一括して説明してもよい（東京高判昭61年2月19日判時1207号120頁）。

　なお、説明義務を負う取締役等が必要な説明をしない場合や、説明が不

十分である場合には、当該事項に関する決議は取消しの訴えの対象となる（831条1項1号）。また、正当な理由がないのに、株主の求めた事項について説明をしなかった取締役等は、過料に処せられる（976条9号）。

（3）採決

株主総会における質疑や採決は、議長の裁量の元で進められる。

採決の方法についても、定款に特段の規定がないかぎり、議長が適切な方法を決めることができる。例えば、挙手や起立、拍手、記名投票など、議案に対する出席株主の賛否の判定が可能である方法を選択すればよい。もっとも、拍手による採決は、拍手している株主が有する議決権の合計数が判断しづらいため、実際には、すでに書面投票等によって結論が判明しているような場合で用いられる。

なお、株主が提案した議案の採決においては、再提案の制限（304条ただし書）との関係から、賛否の数を明確に算出できるようにする必要がある。

6　決　議

（1）決議要件

株主総会の決議は資本多数決によって行われるが、その要件は決議事項によって異なる。

　（ア）**普通決議**　　議決権を行使することができる株主の議決権の過半数を有する株主が出席する株主総会において（定足数）、その出席株主の議決権の過半数の賛成をもって行う決議を、普通決議という（309条1項）。法令や定款で特に決議に関する定めがない場合には、株主総会決議は普通決議によって行われる。

普通決議の定足数は、定款の定めによって軽減または排除することができる。ただし、取締役・会計参与・監査役の選任・解任の決議（341条）と、公開会社において支配株主の異動を伴う募集株式の発行等の決議（244の2第6項）については、定足数を株主の議決権の3分の1未満に引き下げることはできない。一方、定款で決議要件を加重することもできる。

　（イ）**特別決議**　　会社法309条2項に列挙された事項については、普通決議よりも要件の厳格な特別決議を受ける必要がある。

特別決議の成立には、議決権を行使することができる株主の議決権の過半数を有する株主が出席する株主総会において、その出席株主の議決権の3分の2以上の賛成が必要である。この定足数は、定款で3分の1まで軽減することができる。また、決議に必要な賛成数については定款の定めによって、3分の2以上の割合を定めることができるほか、頭数要件等その他の要件を追加することもできる（309条2項前段かっこ書・同項後段）。

　特別決議が必要となるのは、以下の事項に関する決議である（309条2項）。

・譲渡制限株式を会社が買取る旨の決定・買取人の指定（140条2項・5項）
・特定の株主からの自己株式取得（156条1項・160条1項）
・全部取得条項付種類株式の取得（171条1項）
・譲渡制限株式の相続人等に対する株式の売渡請求（175条1項）
・株式併合（180条2項）
・非公開会社における募集株式の募集事項の決定（199条2項）
・公開会社における募集株式の有利発行（201条1項・199条3項）
・募集株式の募集事項の決定の取締役等への委任（200条1項）
・株式・新株予約権の株主割当て（202条3項4号・241条3項4号）
・取締役会非設置会社における譲渡制限株式の募集の際の割当て（204条2項・205条2項）
・新株予約権の募集事項の決定（238条2項）
・新株予約権の募集事項の決定の取締役等への委任（239条1項）
・募集新株予約権の目的である株式が譲渡制限株式・譲渡制限新株予約権である場合における割当て（243条2項・244条3項）
・累積投票によって選任された取締役・監査役の解任（339条1項）
・役員等の対会社責任の軽減（425条1項）
・資本金の減少（447条1項）
・金銭以外の財産を配当する場合の決議（454条4項）
・定款の変更、事業の譲渡等、解散のための決議（会社法第6章～8章）
・組織変更・合併・会社分割・株式交換・株式移転のための決議（会社法第5編）

　(ｳ)　**特殊決議**　　上記のほか、決議の成立によって株主に特に重大な

影響が生じる事項については、特別決議よりもさらに厳格な決議要件が設けられている。

　まず、会社が発行する全ての株式を譲渡制限株式とする旨の定款変更を行う場合や、合併や株式交換、株式移転に際して公開会社の株主であった者に譲渡制限株式等が交付される場合における合併契約等の承認を行う場合である。この場合には、議決権を行使することができる株主の半数以上（頭数要件）が出席する株主総会において、出席株主の議決権の3分の2以上の賛成が必要となる（309条3項）。

　また、非公開会社において、議決権等につき株主ごとに異なる取扱いをする場合には（109条2項。属人的定め）、総株主の半数以上（頭数要件）が出席する株主総会において、総株主の議決権の4分の3以上の賛成が必要となる（309条4項）。

　以上の特殊決議の定足数と議決要件はいずれも、定款の定めによって加重することはできるが、緩和することはできない。

（2）　株主総会における決議や報告の省略

　総会の決議事項について取締役または株主からなされた提案に対し、議決権を行使できる株主全員が書面または電磁的記録によって同意した場合には、当該提案を可決する総会決議があったものとみなされる（319条1項）。同意の書面または電磁的記録は10年間本店に備え置き、株主や債権者、親会社社員による閲覧・謄写請求に備える必要がある（同条2〜4項）。

　また、取締役が株主の全員に対して株主総会に報告すべき事項を通知した上で、株主総会での当該事項の報告を省略することについて、株主の全員が書面または電磁的記録によって同意したときは、当該事項が株主総会に報告されたものとみなされる（320条）。

（3）　議事録

　株主総会の議事については、議事録を作成しなければならない（318条1項）。議事録に記載すべき事項等は、会社法施行規則72条に定めがある。

　作成した議事録は、本店には株主総会の日から10年間、支店には5年間備え置かれ、株主や債権者、親会社社員による閲覧・謄写請求に備える必要がある（318条2〜5項）。

7 株主総会決議の瑕疵を争う手段

(1) 概 要

決議の手続・内容に瑕疵がある場合には、会社や株主にとって不利益となるおそれがあることから、このような決議の効力は本来は否定されるべきである。しかし、いったん決議が成立したという外観が作られると、当該決議の存在を前提として、様々な関係者との間で取引が進むため、決議が効力を失った場合に社外の多くの者に影響が広がるおそれがある。このような状況において、無効の一般原則に従い、いつでも誰でもどのような方法でも決議の無効を主張できるとすると、取引の相手方が不安定な地位に置かれる（法的安定性の要請）。

そこで会社法は、瑕疵の種類や軽重に合わせた対応ができるよう、株主総会決議の効力を争う手段として、以下の3種類の訴えについて規定している。

(2) 決議取消しの訴え

(ア) 訴えの性質と要件等　決議取消しの訴えとは、株主総会の招集手続や決議の内容などに関する比較的軽微な瑕疵(取消事由)を理由として、決議の有効性を争う訴訟である(831条)。このような瑕疵を理由として常に決議の効力を否定することは、法的安定性の観点からは望ましいものではなく、また関係者が瑕疵を問題としないのであれば、必要性も薄い。そこで会社法は、決議の取消しは訴えによってのみ主張できるとした上で、原告適格や提訴期間を制限し、決議が取り消される場面を限定している。

決議取消しの訴えを提起できる者は、株主や取締役等に限られる（831条1項・828条2項1号かっこ書）。くわえて、株式交換等によって当該会社の株主の地位を失った者も、株式交換等が取消された場合には再び株主となるため、当該決議について原告適格が認められる（831条1項柱書後段）。なお、決議取消しの訴えの被告は、会社である（834条17号）。

決議取消しの訴えでは、原告に訴えの利益があることが必要である。例えば、役員選任決議の取消しの訴えの係属中に、当該役員が任期満了で退任した場合（最判昭45年4月2日民集24巻4号223頁）や、取消しが求められた決議と同内容の再決議を行った場合（最判平4年10月29日民集46巻7号2580頁）に

は、訴えの利益が失われたと判断される。

　決議取消しの訴えは、株主総会の決議の日から3か月以内に提起しなければならず（831条1項）、提訴期間経過後は取消しを求めることができなくなる。提訴期間を制限する趣旨は、早期に決議の効力を確定させて法的安定性を確保することと、決議の有効性に関して会社側に予測可能性を与えることにある。

　また、決議取消しの訴えの係争中に決議の日から3か月が経過した場合には、その訴訟において新たな取消事由に関する主張を追加することは認められない（最判昭51年12月24日民集30巻11号1076頁）。一方、原告が決議無効確認の訴えを提起したが、そこで主張された瑕疵が無効事由ではなく取消事由に該当するものであった場合に、判例は、原告の主張が決議取消の訴えの要件を満たす形で行われていれば、決議取消の訴えが提起されたものと認めている（最判昭54年11月16日民集33巻7号709頁）。

　決議取消しの訴えは形成訴訟であり、決議の取消しを認容する判決の確定によって決議は効力を失う（確定するまでは決議は有効に存在する）。なお、取消判決の効力は、訴訟当事者以外の第三者にも及ぶ（838条。対世効）。また、決議取消しの訴えには会社法839条は適用されないことから、取消判決の効力は決議の日に遡って生じると解される（遡及効）。

　　(イ)　**取消事由**　　決議取消しの訴えは、次の場合に提起することができる。

　　　　　①株主総会の招集手続や決議方法が法令や定款に違反するとき、または著しく不公正なとき（831条1項1号）

　招集手続の法令違反の例としては、一部の株主に対する招集通知もれ、招集通知や添付書類の不備、法定期限経過後の招集通知の送付、取締役会決議を経ていない招集等がある。判例によれば、自分以外の株主に対する招集通知の不備を理由として決議取消しの訴えを提起することもできる（最判昭42年9月28日民集21巻7号1970頁）。

　決議方法の法令違反の例としては、取締役等の説明義務違反、出席株主の定足数不足、株主でない者による議決権行使等がある。

　招集手続や決議方法が著しく不公正な場合の例としては、株主総会の場

所や時刻が株主にとって出席不可能な場合や、従業員株主の協力のもとで一方的な議事進行を行い、一般株主の権利を侵害した場合などがある。

　②決議の内容が定款に違反するとき（831条1項2号）

　決議内容の瑕疵であっても、会社内部の定めである定款違反の場合は、決議内容の法令違反に比べて瑕疵の程度は軽いといえることから、取消事由とされる。例えば、定款に定めた取締役の員数の上限を超えて取締役を選任した場合などである。

　　③特別利害関係人が議決権を行使したことによって著しく不当な決議がされたとき（831条1項3号）

　例えば、取締役の責任を軽減する決議（425条）において、軽減の対象である取締役が株主でもある場合、当該取締役が決議に参加することにより、決議の公正性が害されるおそれがある。このように、当該決議の成立によって、株主としての立場とは異なる利益を得る者（特別利害関係人）が議決権を行使したことによって、著しく不当な決議が成立した場合には、当該決議は決議取消の訴えの対象となる。ただし、特別利害関係人による議決権行使自体が禁止されるわけではない。

　㋩　**裁量棄却**　　株主総会の招集手続や決議方法に法令・定款違反があるとしても、その違反する事実が重大でなく、かつ、決議の結果に影響を及ぼさないと認められる場合には、裁判所は決議取消しの請求を棄却することができる（831条2項）。

　取消事由が軽微な手続的瑕疵にすぎない場合には、決議を取り消して正式な手続きのもとでやり直しても、同じ結果になる可能性が高いためである。もっとも、決議の結果に影響を及ぼさないと考えられる場合でも、会社や株主にとって瑕疵が重大といえる場合には、裁量棄却は認められない（最判平5年9月9日判時1477号140頁）。

（3）　決議無効確認の訴え

　決議の内容が法令に違反する場合には、会社に対して、決議無効確認の訴えを提起することができる（830条2項）。例えば、株主平等原則（109条1項）に反する決議や分配可能額（461条）を超える配当を行う旨の決議、欠格事由（331条1項各号）に該当する者を取締役に選任する決議が行われた場合

である。

　決議内容の法令違反は、手続的な瑕疵に比べて重大であることから、その無効は、一般原則に従い、いつでも誰でも、どのような手段によっても主張することができる。決議無効確認の訴えについても、原告適格や提訴期間について、決議取消しの訴えのような制限はない。なお、決議の無効を確認した判決には、決議取消しの場合と同様、対世効と遡及効が認められる。

（4）　決議不存在確認の訴え

　そもそも株主総会決議が存在しないと評価できる場合には、会社に対して、決議不存在確認の訴えを提起することができる（830条1項）。例えば、株主総会を開催した事実がないのに議事録だけが作成されている場合である。また、株主に対して全く招集通知を行っていないような、重大な手続上の瑕疵がある場合にも、決議の不存在が認められる。その他、有効な選任決議を経ていない取締役を含めた取締役会において株主総会の招集が決定された場合には、正式な招集手続を経たとはいえず、株主総会に株主全員が出席したなどの特段の事情がない限り、そこで行われた決議は不存在とされる（最判平2年4月17日民集44巻3号526頁）。

　決議の不存在もまた、瑕疵が重大であることから、訴えによらなくとも主張することができ、決議取消しの訴えのような原告適格や提訴期間に関する制限はない。なお、決議の不存在を確認した判決にも、対世効と遡及効が認められる。

第3節　取締役

1　総　説

（1）　取締役による経営と会社法

　株式会社では、株主自らが経営を行うわけではない。会社の経営は、株主によって選任された取締役に委ねられる。つまり、株式会社では制度上所有と経営が分離しているのである。

　もっとも、取締役が経営者として経営を行うといっても、細かな問題がある。例えば、取締役となるための資格はあるのか、取締役はどのような手続きを経て選任されるのか、取締役が複数名選任された場合にそれらの取締役はどのように職務を分担するのかなどである。会社法は、これらの点について規定を置いている（2参照）。

（2）　取締役に対する規律づけと会社法

　株主が取締役に会社の経営を委ねるのは、その取締役が経営することによって会社に利益をもたらし、その利益が分配されることを期待するからである（Ⅰ第1章3（1）参照）。しかし、取締役がその期待に応えてくれるとは限らない。

　㋐　**取締役は努力して経営するとは限らない**　　例えば、以下のようなケースを考えてみよう。A・B・Cは、パンの製造・販売をしている株式会社甲の株主によって取締役に選任された。その報酬額は毎年500万円であると決まっていたとしよう。つまり、Aらが努力せずにいて甲社に利益をもたらさなかったとしても、報酬額が500万円未満になることはない。また、Aらが努力して甲社に利益をもたらしたとしても、報酬額が500万円を超えることはない。さらに、Aらは、本人が辞めるといわない限り取締役であり続けることができるとしよう。つまり、努力せずにいても、首になることはない。この場合、Aらは努力して経営しようと思うだろうか。

　このケースの取締役Aらは、努力せずにいても、その報酬額が500万円未満になることはないし、首になることもない。他方で、努力しても、その報酬額が500万円を超えることもない。

そもそも努力して経営するには、自身の労力をかけることが必要になる。Aらもヒトであるから、もし労力をかけるかどうかにかかわらずその報酬の額が変わることはなく、首になることもないのであれば、労力をかけずにむしろ怠けたいと考えるだろう。したがって、努力して経営しようとは思わない可能性が高い。

　　(イ)　**取締役に対するアメとムチの必要性と会社法**　　取締役Aらが努力せずにいるにもかかわらず甲社の株主がそれに対して何もすることができないとしたら、どうなるであろうか。甲社の株主になったとしても利益が分配されることは期待できないのであるから、そもそも甲社の株式を購入して株主になろうと思う投資家はいなくなるだろう。その結果、資本の集中という株式会社制度の目的が実現されなくなってしまう。

　そこで、取締役が努力して経営するように仕向けることが必要になる。そのように仕向ける方法としては、努力せずにいた取締役にはムチを打ち、努力した取締役にはアメを与える（取締役に対する規律づけ）というものがある（**Chart 3-9**参照）。会社法は、それらの方法として用いることができる規定などを置いている（3～8）。

　なお、本節では、公開会社（Ⅰ第3章2参照。公開会社は取締役会設置会社である）であり、監査役設置会社である会社について説明する。

2　取締役の選任・資格などと職務分担
(1)　選任・資格・員数・任期・終任など
　　(ア)　**取締役はどのような手続きを経て選任されるのか**　　取締役は株主総会の決議によって選任される（329条1項）。つまり、取締役は株主によって選任され、経営を委ねられる。その株主総会決議は普通決議（第2節6参照）である（309条1項）。

　なお、選任した取締役が会社に利益をもたらすように経営してくれなければ、株主は利益を分配してもらえない。したがって、取締役を選任する株主総会は、全ての株主にとって自身の利益に関係する重要な場面であり、できる限り多くの株主の意思をその決議に反映させる必要がある。そこで、会社法は、その定足数（第2節6参照）を総株主の議決権の3分の1未満に

することはできないと定めている（341条）。

　(イ)　**選任された取締役と会社との関係**

Chart 3-1　選任された取締役と会社との関係

　取締役に選任された者は、株主との間ではなく、会社との間で任用契約（委任契約）を締結し、会社との間で委任関係に立つ（330条）。

　なお、従業員（法律上は使用人と呼ばれる）は、会社との間で雇用契約（民623条）を締結し、会社との間で雇用関係に立つ。委任契約も雇用契約も、取締役または従業員が、会社に対して役務を提供する（会社で仕事をする）ことを内容としているという点で共通している。もっとも、雇用契約は、従業員が誰かに従属しながら、あまり裁量の余地なく役務を提供することを内容としている（(2)(カ)も参照）。他方で、委任契約は、取締役がある程度の裁量を有しながら役務を提供することを内容としている。従業員と取締役とはその点では差異があるから、区別して考える必要がある。ただ、例えば、営業本部長兼取締役のように、取締役が従業員を兼ねること（使用人兼務取締役になること）は禁止されていない。また、実際に兼ねている例も多い。

　(ウ)　**取締役になることができない者（欠格事由）**　　会社法は、一定の者は取締役になることができないと定めている。例えば、一定の罪を犯し、刑に処せられた者は、一定の期間が経過するまで取締役になることはできない（331条1項3号）。そのような者は取締役として会社を経営するにふさわしくないと考えられるからである。

　(エ)　**取締役になるための資格（株主でなければならないか）**　　会社法は、取締役になるための資格を定めてはいない。つまり、一定の者でなければ取締役になることができない、ということはない。それどころか、会社法は、本節で説明している公開会社では、株主でなければ取締役になることはできない、という内容を定款で定めることはできないと定めている（331条2

Chart 3-2　取締役である者が株主である場合

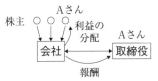

Aさんが取締役として努力して経営すると…
報酬と利益の分配の２つを受け取れる

項）。株主ではないが会社に利益をもたらすことができる有能な人材（例え
ば、ヒットする商品を生み出し続けることができる人材）が、取締役になることが
できるようにするためである。

　ただ、実際には、取締役である者が株主であることは多い。取締役であ
る者が株主であれば、努力して経営することによって会社に利益をもたら
した場合、取締役としての報酬に加えて、その利益も分配してもらえる。
したがって、努力して経営する可能性が高くなる（１(2)⑦のケースを参照）。

　(オ)　**社外取締役になるための資格**　　会社法は、取締役になるための資
格を定めていないが、取締役のうち社外取締役になるための資格を定めて
いる。つまり、一定の者でなければ社外取締役になることはできない（２
条15号）。具体的には、現在、会社の業務執行をしておらず、過去の一定期
間にも業務執行（(2)(イ)参照）をしていなかった者などが、社外取締役にな
ることができる。つまり、業務執行をしている取締役である者などから独
立しており、それらの者などの利益を優先させるおそれがない者であるこ
とが、社外取締役になるための資格である。実際には、他社の経営者で
あった者、弁護士、学者などが社外取締役になることが多い。

　(カ)　**公開会社では取締役は何人いるのか（員数）**　　取締役会設置会社で
は、取締役会という会議体を構成するために、取締役は３人以上でなけれ
ばならない（331条５項）。公開会社は取締役会設置会社であるから（327条１
項１号）、公開会社には３人以上の取締役がいることになる。

㈔　取締役はいつまで経営することになっているのか（任期）

　⒜　取締役の任期

Chart 3-3　株主総会開催日と取締役の任期

取締役の任期

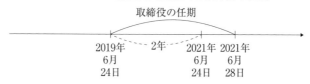

2019年	2年	2021年	2021年
6月		6月	6月
24日		24日	28日

　取締役の任期は、約2年間である。正確には、原則として、選任後2年以内に終了する事業年度のうち最終のものに関する定時株主総会（第2節2参照）の終結までである（332条1項）。例えば、事業年度の終了日を3月31日とする（3月31日を決算期とする）会社の場合を考えてみよう。2019年6月24日に開催された定時株主総会で選任された取締役の任期は、必ずしもその2年後の2021年6月24日に満了するわけではない。もし2021年6月28日に定時株主総会が開催されるのであれば、同日の総会終結時に任期が満了する。経営を委ねられている取締役が4日間存在しないということにならないようにするためである。

　⒝　**任期を伸ばすことはできないが短縮することはできる**　　本節で説明している公開会社では、定款または株主総会の決議によって、取締役の任期を伸ばすことはできない（332条1項参照）。なぜなら、公開会社（特に上場会社）では、2年も経てば、株主が大きく入れ替わる可能性がある。また、そうでなくとも、もはやそれまでの取締役にこれ以上経営を委ねるべきではない、という状況になっているかもしれない。そこで、少なくとも2年に一度は、株主が、別の者を新たに取締役として選任し経営を委ねるか、それまでの取締役を再び選任（再任）しこれまでと同様に委ねるかを判断する機会を有することができるようにする必要があるからである。

　他方で、その任期が短縮されれば、株主はそのように判断する機会をより多く有することができるようになる。そこで、会社法は、その任期を短縮することはできると定めている（332条1項ただし書）。

⑦ **取締役でなくなるのはいつなのか（終任）**　任期が満了すれば自動的に終任となる。ただし、株主総会で再び選任（再任）されることはある。また、自らの意思で辞任した場合も終任となる（民651条1項）。その他、解任された場合も終任となる（解任については3（2）⑦参照）。

(2)　各取締役の間での職務分担

Chart 3-4　業務執行の決定と実行とそれらの職務分担その1

	①業務執行の決定	→ 監督 → （362条2項2号） → 選定・解職 → （362条2項3号・363条1項2号） → 委任可 → （「重要な業務執行の決定」は委任不可） （362条4項）	②業務の執行（実行）
対外的業務執行 例）契約の締結	・取締役会 （362条2項1号）		・代表取締役（349条4項）
対内的業務執行 例）予算の編成 　　帳簿の作成 　　パンの製造			・代表取締役 ・その他の業務執行取締役 （363条1項1号・2号）

Chart 3-5　業務執行の決定と実行とそれらの職務分担その2

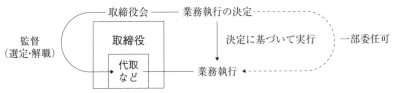

⑦ **会社の経営はどのような流れで行われるのか**　取締役は、株主から委ねられた会社の経営をどのような流れで行うのだろうか。例えば、以下のようなケースを考えてみよう。

　小麦粉を用いたパンを製造し販売している甲社（公開会社〔取締役会設置会社〕）では、国内産の米粉を用いたパンが消費者の支持を集めつつあることに着目し、①国内産の米粉を用いたパンも製造し、販売することが決定された。その後、その決定に基づいて、実際に②国内産の米粉を購入して（仕入れて）、それを用いたパンを製造し、最終的には、そのパンを販売した。

(a) **業務執行の決定と業務の執行（実行）**　　このケースの①は決定行為であり、会社法では「業務執行の決定」に該当する（362条2項1号・4項など）。②は①のような決定行為に基づいて実行する行為であり、会社法では「業務（の）執行」に該当する（363条1項など）。つまり、会社法は、業務執行の決定と実行とを区別しているのである。

(b) **業務（職務）の執行の監督**　　このケースの②のような実行行為は、①のような決定行為に基づいて実行される。したがって、決定行為に従って適切に実行されるように誰かが③「監督」（362条2項2号）することも必要になる。また、実行するにあたって無駄な費用がかかれば会社の利益は減少してしまうから、そのような無駄な費用がかからないように効率的に実行されたほうがよい。そこで、効率的に実行されるように誰かが監督することも必要になる。このケースの場合であれば、国内産ではなく、外国産の米粉を用いたパンが製造・販売されていないかどうか、品質が同じで安価な米粉を取り扱っている米粉業者が他にいるにもかかわらず、高価な米粉を取り扱っている米粉業者から米粉を購入していないかどうかをチェック・是正することが必要になる。

(イ)　**対外的業務執行と対内的業務執行**

(a) **対外的業務執行**　　(ア)で述べたケースの甲社が、②のうち米粉を購入したり、製造したパンを販売するにあたっては、米粉業者やパンを買ってくれる消費者との間で売買契約を締結することになる。もっとも、ヒトとは異なり、法人である会社は、自らの意思（心）や自らの手足（肉体）

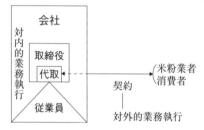

Chart 3-6　対外的業務執行と対内的業務執行

によって売買契約締結のような取引行為をすることは不可能である。したがって、そのような会社を「代表」（349条1項）して契約を締結し、その効果を会社に帰属させる者が必要になる。このケースでいえば、甲社が米粉を受け取り、米粉の代金を米粉業者に支払われなければならない状態にさせる者が必要になる。売買契約締結のように会社を代表する者が必要になる行為は、対外的業務執行といわれる。

(b) **対内的業務執行**　米粉などの売買契約の締結は、米粉などを購入するための予算の範囲で行われることになる。また、契約が締結された後には、米粉の購入金額などが帳簿に記載される。さらに、購入した米粉を使用して、実際にパンを製造することになる。もっとも、ヒトとは異なり、法人である会社は、自らの手足（肉体）を使って、予算の編成、帳簿の作成、②のうちパンを製造する行為などを行うことは不可能である。したがって、そのような会社の代わりとなり、会社の内部でそれらの行為を行う者が必要になる。それらの行為は、会社の内部で行われるものであり、米粉業者やパンを買ってくれる消費者のような会社の外の者に対して会社を代表する者が必要になるものではないから、対内的業務執行といわれる。

(ウ) **取締役会・代表取締役の間での基本的な職務分担**　これまで説明してきたように、会社の経営は、業務執行が決定され、その決定に基づいて業務が執行（実行）されるという流れで行われる。それでは、そのような流れで行われる会社の経営を委ねられた取締役が少なくとも3人以上いる取締役会設置会社では（(1)(カ)参照）、それらの職務はどのように分担されているのだろうか（Chart 3-3・3-4参照）。

(a) **取締役会による業務執行の決定**　対内的であるか対外的であるかを問わず、(ア)で述べたケースの①のような業務執行の決定は、原則として（(オ)参照）、すべての取締役で構成される取締役会（362条1項）の決議によってなされる（362条2項1号）。取締役一人一人に業務執行の決定をさせるよりも、取締役会という会議体で取締役全員での審議・採決を経て決定をさせる方が適切であるからである。

(b) **代表取締役による業務の執行（実行）**　取締役会決議によって決定された業務の執行は、原則として（(カ)参照）代表取締役によってなされる（実

行される）（363条1項1号）。具体的にいえば、代表取締役は、会社を代表し、
㋐で述べたケースの②のうち売買契約の締結のような対外的業務執行（㋑
(a)参照）を行う（349条1項・4項）。また、予算を編成したり、帳簿を作成し
たり、②のうちパンを製造するといった対内的業務執行（㋑(b)参照）も行う。
そのような代表取締役は、取締役会によって取締役の中から選定される
（362条2項3号・362条3項）。

(c) **業務（職務）の執行に対する取締役会による監督**　業務の執行が取締
役会決議による決定に従って行われるように、しかも効率的に行われるよ
うにといった監督（㋐(b)参照）は、取締役会によって行われる（362条2項2
号）。決定した者こそ、その決定に従って実行されるよう監督するのにふさ
わしい立場にあるからである。

　なお、代表取締役が取締役会決議による決定に従って業務を執行してい
ない場合には、取締役会は代表取締役を解職することもできる（362条2項
3号）。その結果、代表取締役は、解職されたくなければ、取締役会による
決定に従って業務を執行するように仕向けられる（3 (2)㋑も参照）。つまり、
取締役会は、代表取締役の選定・解職権限を有していることを背景にして、
監督を実効的に行うことができるのである（選任・解任と選定・解職の差異に
ついては **Chart 3-7** 参照）。

㋓　**社長・CEO と代表取締役との関係など**　実際の会社で社長と呼ば
れている者は、実務上、社長という名称が付された代表取締役であること
が多い。その他にも、代表取締役には、会長、CEO（チーフ・エクゼクティ
ブ・オフィサー）や副社長などの名称が付されていることがある。また、代

Chart 3-7　選任・解任（株主総会決議）と選定・解職（取締役会決議）

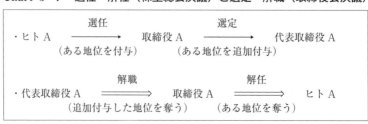

表取締役ではない取締役であっても、副社長、専務や常務などの名称が付されていることがある。

そのように代表取締役ではない取締役が副社長のような名称を付されている場合に、その取締役が売買契約を締結しようとしたらどうなるであろうか。その取締役は代表取締役ではないから、会社を代表することはできず、その契約の効果を会社に帰属させることはできない（(イ)(a)・(ウ)(b)参照）。帰属させることができないのであれば、その契約の相手方である者は、その契約に基づいて会社に対して代金を支払えといった主張はできないはずである。

しかし、その契約の相手方である者は、取締役に副社長という名称が付されていれば、その取締役が代表取締役であると考えてしまうかもしれない。そこで、会社法は、代表取締役ではない取締役が、社長、副社長などのように代表権を有していると認められる名称を付されていた場合には、その取締役（表見代表取締役）が締結しようとした契約の効果が会社に帰属することがあると定めている（354条）。

(オ)　代表取締役などへの業務執行の決定の委任

(a)　**業務執行の決定を委任することの必要性と委任の範囲**　取締役会・代表取締役の間では、これまで説明したとおりに職務が分担される。もっとも、特に大規模な会社では、例えば、毎日に何万個ものパンの販売のための売買契約の締結、帳簿の作成やパンの製造といった業務が山ほどある。そのような会社の取締役会が、そのような業務執行すべての決定を毎日行わなければならないとしたらどうなるだろうか。おそらく、時間をかけて慎重に審議・採決する必要がある業務執行の決定に十分な時間をかけられなくなってしまうだろう。

そこで、会社法は、日常的な業務執行の決定を、代表取締役やその他の業務執行取締役（(カ)参照）に委任することができるとしている。ただ、会社ひいては株主の利害に重大な影響を及ぼすような「重要な業務執行の決定」は、取締役全員で構成される取締役会における審議・採決を経て慎重に行われることが必要になる。したがって、代表取締役などに委任することはできない（362条4項）。

⒝　**委任できない「重要な財産の処分」に該当するかどうかの判断基準**　そ
れでは「重要な業務執行の決定」とはどのようなものなのだろうか。例え
ば、以下のようなケースを考えてみよう。

　パンの製造・販売を唯一の事業としている甲社の代表取締役 A は、パン
を製造している唯一の工場（土地建物のほか機械器具類も含む）を売却すること
を検討し始めた。

　このケースのように唯一の工場が売却されてしまえば、甲社はパンを製
造することが難しくなり、甲社のパンの製造量・販売量（売上高）は大幅に
減少することになる。その結果、甲社は利益を稼ぎ出すことは難しくなる。
ひいては、株主に利益をもたらすことも難しくなってしまう。つまり、こ
の売却は会社ひいては株主の利害に重大な影響を及ぼす行為である。した
がって、この売却は「重要な業務執行」であり、その1つである「重要な
財産の処分」（362条4項1号）に該当する。つまり、取締役会は、このよう
な売却を行うこと（売買契約を締結すること）の決定を、代表取締役などに対
して委任することはできず、取締役会の審議・採決を経て行わなければな
らない。

　もっとも、一定の財産の処分が「重要な財産の処分」に該当するかどう
かを判断することは実際には難しいことも多い。なお、判例（最判平6年1
月20日民集48巻1号1頁）は、「当該財産の価額、その会社の総資産に占める
割合、当該財産の保有目的、処分行為の態様および会社における従来の取
扱等の事情を総合的に」考慮してその判断がなされなければならないとし
ている。

　㋕　**業務の執行（実行）と代表取締役以外の業務執行取締役・従業員（使用
人）**　例えば、毎日に何万個ものパンの販売のための売買契約の締結、帳
簿の作成やパンの製造といった業務が山ほどある大規模な会社では、代表
取締役が取締役会から委任された（㋔⒜参照）対内的業務執行の決定と業務
の執行（実行）を1人でこなすことは現実的ではない。複数の代表取締役が
選定されている場合であっても同様である。

　そこで、会社法は、代表取締役の他に業務を執行する取締役として取締
役会が選定した者（363条1項2号）、代表取締役から業務執行権限の一部を

委任された取締役も、業務執行の決定と業務の執行（実行）を行うことができるとしている。これらの者は、「業務担当取締役」と呼ばれることがある（これらの者と代表取締役を併せて「業務執行取締役」という〔2条15号イ〕）。

また、業務担当取締役も従業員（使用人〔(1)(イ)参照〕）も、一定の範囲で会社を代理する権限を与えられれば、対外的業務執行を行うことができる（10条〜15条など）。

なお、従業員は、会社を代理する権限を与えられるかどうかにかかわらず、さらには、部長や課長といった一定の役職にある者であるか平社員であるかにかかわらず、業務執行取締役の指揮の下でその補助者としていずれの業務執行にも携わっている（(1)(イ)参照）。例えば、米粉の購入のための売買契約書の作成、帳簿の作成、パンの製造といった業務執行である。

(3) 取締役会の運営　(2)で説明したように、取締役会は、業務執行の決定を行い、代表取締役などによる業務（職務）の執行に対する監督を行うという立場にある。そのような取締役会は、どのように運営されるのだろうか。

(ア) 株主総会と取締役会との差異　株主総会も取締役会も会議体であるという点では共通している。したがって、取締役会についても、株主総会と同様に、その招集手続などが問題になる（第2節2参照）。

もっとも、株主総会は、必ずしも十分な経営能力や経営意思を有しておらず、会社の経営のことをよく知らない株主が議決権を行使する会議体である。したがって、そのような株主が議決権を行使するには十分な準備期間が必要となる。他方で、取締役会に出席し、審議・採決を行い、議決権を行使する取締役は、十分な準備期間がない場合であっても適切に業務執行の決定を行うことができるといった経営能力を期待されて、株主から経営を委ねられた者である。また、現実にも会社経営を取り巻く状況は日々変化するから、十分な準備期間がない場合がある。例えば、以下のようなケースを考えてみよう。

甲社では、(2)(ア)で述べたケースの②のように国内産の米粉を用いたパンを製造し、販売することを決定していた。ところが、今年はコメの不作により国内産の米粉を少量かつ高値でしか購入する（仕入れる）ことができ

Chart 3-8　株主総会の運営と取締役会の運営の差異

	株主総会	取締役会
議決権を行使する者	株主	取締役
招集通知の発送時期	原則2週間前（299条1項）	原則1週間前（368条）
招集通知の方法	書面または電磁的方法（299条2項・3項）	口頭も可（規定なし）
議題の特定	特定する必要あり（299条4項）	特定する必要なし（規定なし）
議決権の行使	資本多数決（308条1項）	頭数による多数決（369条1項）

なくなることが予測された。そこで、パンの値段を据え置きながら米粉を用いたパンの販売を続け、しかも、会社の利益を確保していくために、国内産を用いるという方針を改めて、外国産の米粉を大量かつ安値で急ぎ購入することも検討しなければならなくなった。

　会社の利益を確保していくためには、このような変化に合わせて、十分な準備期間がなくても迅速に業務執行の決定をすることが必要になる。そのためには、本節で説明している公開会社では、業務執行の決定を行わない株主総会（第2節1参照）よりも迅速に取締役会を開催し、審議を行い、決議をするといった必要がある。

　(イ)　**株主総会の運営と取締役会の運営の差異**　　株主総会と取締役会とには(ア)で説明したような差異がある。したがって、会社法は、**Chart 3-8**のような運営上の差異を定めている。

（4）　代表取締役・その他の業務執行取締役

　(ア)　**必要な取締役会決議を経ないで行われた対外的業務執行の効力**　　(2)(オ)(b)で述べたケースで、甲社の代表取締役Aは、甲社の取締役会決議を経ずに、Pに対して唯一の工場を売却してしまった。この場合、甲社は、その工場を取り戻すために、この売却の前提になった売買契約が無効であることをPに対して主張することができるだろうか。

(a) **会社・株主と取引の相手方との間の利害調整の必要性**　(2)(ウ)(b)で述べたように、代表取締役は、会社を代表し、売買契約の締結のような対外的業務執行を行う。もっとも、業務執行は、その決定が代表取締役などに委任されていない限り、取締役会決議による決定に基づいて行わなければならない。

また、特に(2)(オ)(b)で述べたケースのような唯一の工場の売却（対外的業務執行）は、会社ひいては株主の利害に重大な影響を及ぼすものである。そこで、取締役会における審議・採決を経て慎重に行われることが必要である、ということになる。会社法でもそのような唯一の工場の売却は「重要な財産の処分」（362条4項1号）にあたると考えられており、そのような「重要な財産の処分」は、取締役全員で構成される取締役会決議に基づいて行わなければならないとされている（(2)(オ)参照）。そうであるにもかかわらず、取締役会決議を経ていないのであるから、甲社としてはAによる売却の前提となった売買契約の無効を主張できたほうがよいはずであろう（会社ひいては株主の利害の観点）。

しかし、買主（売買契約の相手方）であるPは、甲社の取締役会決議による決定に基づかずにAが売却しようとしていることを知らなかったし、どんなに調べても知りようがなかったかもしれない。そのような場合であっても甲社がその売却の前提となった売買契約の無効を後から主張できるとしたらどうなるだろうか。Pと同様に買主となる立場にある者は、後からそのように主張されることをおそれて、このような取引を行わなくなってしまうかもしれない。そこで、Pのような買主を保護することによって、いわゆる取引の安全を確保する必要もある（第三者の利害の観点）。

(b) **判例はどのように考えているのか**　判例（最判昭40年9月22日民集19巻6号1656号）は、対外的業務執行である取引行為の相手方（第三者）が取締役会の決議を経ていないことについて善意かつ無過失である場合には、その取引を有効として相手方を保護することで、取引の安全を確保しようとしている。ただ、その取引の相手方が悪意または有過失である場合には、取引を無効とし、会社ひいては株主の利害にも配慮しようとしている。

この判例に従えば、このケースでは、Aが甲社の取締役会決議を経ずに

売却しようとしていることをＰは知らなかったし（善意）、そのことをうかがわせる事情がなかった（無過失）という状況でＰが購入した場合には、甲社はこの売却（売買契約）の無効を主張できない。つまり、この売却は有効であり、甲社は工場を取り戻すことはできない（なお、公開会社による新株発行の場面では、取締役会決議を経ずに新株発行が行われたとしても、原則としてその新株発行は有効である、という点で違いがある。第３章第２節**4**参照）。

　　(イ)　**必要な取締役会決議を経ないで行われた対内的業務執行の効力**　　対内的業務執行では、会社との間で売買契約を締結するような取引の相手方はいない。つまり、取引の安全を確保することが必要な場面ではない（(2)(イ)(b)参照）。したがって、必要な取締役会決議を経ずに行われた対内的業務執行は当然に無効とされる。

3　努力するように仕向ける規律づけ

（1）　努力して経営するように取締役を仕向けるための規律づけの必要性

　甲社の取締役Ａ・Ｂ・Ｃは、努力して経営する気がなくなり、長い間、新しいパンを開発していなかった。その間に他社が開発した新たなパンは次々にヒットしていたのに対して、甲社のパンは消費者の支持を失い、その売上高は減少し続けていた。その状況でも、甲社は、従業員のリストラを行うこともなく、以前と同量のパンを製造し続けていたことから、最近では赤字が続いていた。つまり、甲社に利益がもたらされない状況が続いていた。その結果、利益の分配を受けられなくなってしまった甲社の株主は、この状況にどのように対処することができるだろうか。

　このケースのＡらのように取締役が努力して経営しなくなってしまうと、その会社は、他社と比べて魅力的な製品を作り出したり、サービスを提供することはできなくなる。その結果、その会社の製品は売れなくなり、その製品を作り出すために要した原材料費、人件費などが無駄になる。最終的には、会社に利益がもたらされず、株主に対して利益を分配することもできなくなる。

　そこで、会社に利益をもたらし、株主に利益が分配されるように経営するよう取締役を仕向けること（プラスが生じるように仕向けること）が必要とな

Chart 3-9　取締役に対する規律づけの方向性

・会社ひいては株主に利益がもたらされるように・・・
　（Ⅰ）努力して経営するように取締役を仕向ける（**3**参照）
・会社ひいては株主に不利益がもたらされないように・・・
　（Ⅱ）注意して経営するように取締役を仕向ける（**5**参照）
　（Ⅲ）会社の利益を犠牲にして自身の利益を図らないように取締役を仕向ける
　　（**6**参照）

る。そのためには、（Ⅰ）努力して経営するように取締役を仕向けることが必要である（**Chart 3-9**参照）。会社法は、そのように仕向けるために用いることができる規定を置いている。

(2)　現在の株主による不再任・解任および取締役会による不選定・解職

㋐　現在の株主による不再任・解任

(1)で述べたケースで、甲社の株主は、利益を分配することができないという状況を招いた取締役Ａらをその任期が満了する定時株主総会で再任しないという行動をとることができる（**2(1)㋗**参照）。会社法で取締役の任期が定められているからこそ（**2(1)㋖**参照）、株主はこの行動をとることができるのである。また、より積極的に行動するのであれば、その任期が満了する定時株主総会を待たずに、臨時株主総会（第2節**2**参照）を開催し（296条2項3号・297条1項4項）、取締役Ａらを解任することもできる（**2(1)㋗**参照）（339条1項）。そして、いずれの場合も、会社に利益をもたらすことができる者を新たに取締役として選任し、その者に経営を行うことを委ねるという行動をとることになる。このように再任されなかったり解任されたりすれば報酬（**6(4)**参照）を得られなくなることを恐れる取締役は、努

Chart 3-10　現在の株主による不再任・解任

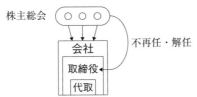

力して経営するように仕向けられるのである。

　(イ)　取締役会による代表取締役の不選定・解職

　特に業務執行の決定を委任されている代表取締役（2 (2)(オ)参照）が努力して経営せず、その結果、株主に利益を分配することができないという状況を招いたような場合には、取締役会は代表取締役を解職することができる（2 (2)(ウ)(c)参照）。このように解職されることを恐れる代表取締役は、努力して経営するように仕向けられるのである。

(3)　株式の市場価格の低迷と買収の脅威

Chart 3 -11　株式の市場価格の低迷と買収の脅威

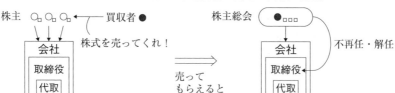

　(ア)　株式の市場価格の低迷　　上場会社（I 第 3 章 1 などを参照）の株主は、利益が分配されないのであれば、このまま株主になっていても意味がないと考えて、保有している株式を売却しようとすることも多い。ただ、そのような株主からその会社の株式を新たに購入して株主になったにもかかわらず利益が分配されないことが予想されるのであれば、そもそもその会社の株主になろうと考える投資家（株主になるかどうか検討している者）は少ないだろう。つまり、その会社の株式の売り手は多いが、買い手は少ない状況になってしまうのである。そのような状況で株主がどうにかして株式を売却しようとするのならば、その価格だったら株式を購入してその会社の株主になってもよいと投資家が考えてくれる安い値段で売り注文を出さざるを得なくなる。その結果、その株式の市場価格は低下（低迷）することになる。

　(イ)　買収者（新たな株主）による不再任・解任の脅威　　市場価格が低迷してしまうと、その会社の株式を購入しやすくなる。その結果、その会社

の株式の過半数を購入し、現在の取締役を再任しない（不再任）または解任しようとする投資家が現れるかもしれない（いわゆる敵対的買収。詳細については第7章1などを参照）。そして、この投資家は、その会社に利益をもたらすことができる者を新たに取締役として選任し、その者に経営を委ねるという行動をとる。つまり、その者の経営によって実際に会社に利益がもたらされることになった場合に、その利益が分配されることを期待して、その会社の株式を購入しようとするのである。このように再任されなかったり解任されたりすれば報酬（6(4)参照）を得られなくなることを恐れる取締役は、株式の市場価格を低迷させないために、会社に利益をもたらすよう努力して経営するように仕向けられる。

4　取締役の義務

　会社法は、（Ⅰ）努力して経営するように取締役を仕向けるためだけではなく（プラスが生じるように仕向ける）、（Ⅱ）注意して経営しなかったことによって会社に損害を与えることがないように、（Ⅲ）会社の利益を犠牲にして自身の利益を図ったことによって会社に不利益を与えないように取締役を仕向ける（マイナスが生じないように仕向ける）ための規定を置いている（**Chart 3-9**参照）。それらの規定に関連して、以下では、取締役が会社に対して負っている義務について説明する。

（1）　善管注意義務

　第1に、取締役は、善良な管理者の注意をもってその職務を行わなければならない（330条、民644条）。この義務は善管注意義務と呼ばれている。取締役が会社との間で委任関係に立つことから（2(1)(イ)参照）会社に対して負うことになる義務である。取締役は株主から会社の経営を委ねられているのであるから、自分のことよりはしっかり職務を行わなければならない。注意してその職務を行う義務であるから、（Ⅱ）に関連する義務である、と考えると理解しやすい。

（2）　法令順守義務・忠実義務

　第2に、取締役は、法令および定款ならびに株主総会の決議を遵守し、株式会社のために忠実にその職務を行わなければならない（355条）。前半は、

法令などを遵守する義務を定めており（詳細については**5（4）**参照）、後半は、いわゆる忠実義務を定めている。このうち忠実義務は、善管注意義務とは異質のものであり、会社の利益を犠牲にして取締役自身の利益を図ってはならないことを内容とする義務であると理解しようとする見解もある。この見解に従えば、忠実義務は、（Ⅲ）に関連する義務であると理解できる。

（3）　善管注意義務と忠実義務の関係

前（**（2）**参照）に説明したように、善管注意義務と忠実義務とを異質なものとして理解しようとする見解もある。しかし、判例（最判昭45年6月24日民集24巻6号625頁）は、「忠実義務は、善管注意義務を敷衍〔詳しく説明すること〕し、かつ、一層明確にしたにとどまるのであって、通常の委任関係に伴う善管注意義務とは別個の、高度な義務を規定したものではない」と述べている。つまり、2つの義務を同質のものであると理解しているのである。もっとも、この判例に従っても、取締役は、注意をして経営しなければならないだけではなく、会社の利益を犠牲にして取締役自身の利益を図ってもいけないことに変わりはない。

（4）　善管注意義務・忠実義務と株主利益最大化の原則

取締役は、株式会社のために忠実にその職務を行わなければならない（355条）という忠実義務を負っている（**（2）**参照）。そして、判例によれば、この義務は、取締役が会社に対して負う善管注意義務と同質の義務である（**（3）**参照）。それでは、取締役が会社に対して負うこれらの義務と株主との関係はどのように整理できるのだろうか。

まず「株式会社のため」に経営するとは、会社にできる限り多くの利益をもたらすように経営することである。そして、会社にもたらされた利益は、最終的には株主に分配されることになる（105条1項・2項参照）。つまり、取締役が会社に対して負う善管注意義務・忠実義務とは、株主にできる限り多くの利益をもたらすよう経営を行うことを内容とするものであると整理できるのである（株主利益の最大化。その例外として、**5（4）(イ)(b)・8**参照）。

5　注意するように仕向ける規律づけ

（1）　注意して経営するように取締役を仕向けるための規律づけの必要性

　パンの製造・販売を唯一の事業としている甲社の代表取締役 A は、ノウハウがまったくないにもかかわらずリゾート開発事業に進出することを検討し始めた。そして、A は、占いが得意な友人からの勧めだけを信じて、リゾート市場の調査も現地調査も行なうことなく、きっと会社に利益をもたらすだろうと思い込んで、明らかに利用者が見込めないような、交通の便が著しく悪い場所での開発を行うことを計画した。取締役（A・B・C）を構成員とする取締役会にその計画を提案したところ、検討が全く行なわれることなくその計画を実施することが決定された。その後、A は、実際に多額の投資を行って建設したリゾートホテルの営業を始めた。しかし、ホテルの利用者はまったくおらず、結果的に、ホテルの価値はなくなった。

　このケースのように、取締役が（Ⅰ）努力して経営しなかったことによって会社ひいては株主に利益をもたらさない（プラスが生じない）どころか、（Ⅱ）注意して経営しなかったことによって会社に損害を与えたりする（マイナスが生じる）こともある（**Chart 3-9**参照）。注意して経営するには、このケースでいえば、市場調査や現地調査を慎重に行い、時間をかけて議論することが必要になる。つまり、自身の労力をかけることが必要になるのである。ところが、取締役である者もヒトであるから、労力をかけるよりも怠けたいと考えるかもしれない。その結果、会社に損害（例えば、価値がなくなってしまった資産取得に係る投資額に相当する損害）を生じさせてしまうかもしれない。そして、実際に会社に損害が生じれば、会社の利益は減少することになるから、株主に利益を分配することが難しくなる。

　そこで、取締役が、会社ひいては株主に不利益をもたらさないよう経営するように仕向けること（マイナスが生じないように仕向けること）が必要となる。そのためには、（Ⅱ）注意して経営するように取締役を仕向けることが必要である。会社法は、そのように仕向けるために用いることができる規定を置いている（もちろん、会社に損害が生じた場合には、取締役は解任される可能性もある〔**3(2)**参照〕）。

（2） 取締役の任務懈怠による会社に対する損害賠償責任

Chart 3-12 取締役の任務懈怠による会社に対する損害賠償責任

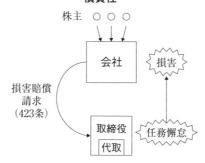

㋐ 取締役の任務懈怠による会社に対する損害賠償責任とその意義

⒜ **任務懈怠責任・対会社責任とは何か**　会社法は、取締役がその任務を怠ったこと（このことを「任務懈怠」という）によって会社に生じた損害を会社に対して賠償する責任を負うと定めている（423条1項）。つまり、取締役は、任務懈怠によって会社に損害を生じさせたときには、会社に対してその損害を賠償する責任を負うのである。この責任は、取締役が任務を懈怠したことをその責任発生の原因としているので、「任務懈怠責任」と呼ばれる。また、「対会社責任」と呼ばれることもある（8で説明する「対第三者責任」と対比される）。

⒝ **任務懈怠責任の意義**　賠償責任を課されれば、取締役は自身の個人財産から賠償することになる。取締役である者もヒトであるから個人財産が減少するのは好まないであろう。また、その個人財産の額と比べて

Chart 3-13 取締役が任務を懈怠したと判断される可能性がある3つの場合

（ⅰ）取締役の経営判断が失敗に終わった場合
（ⅱ）会社または取締役が具体的な法令に違反した場合
（ⅲ）ある取締役が（ⅰ）または（ⅱ）の結果として任務を懈怠したと判断された場合などであって、その他の取締役がそれらの行為を見逃したとき

賠償責任額が多ければ、その後の生活が破綻してしまうかもしれない。したがって、この任務懈怠責任が課されることを恐れる取締役は、（Ⅱ）注意して経営するように仕向けられることになる。

　(イ)　どのような場合に任務懈怠があったとされるのか（任務懈怠責任の類型）

　取締役が任務を懈怠したと判断される可能性があるのは、大きく分けると、（ⅰ）取締役の経営判断が失敗に終わった場面、（ⅱ）会社または取締役が具体的な法令に違反した場面、（ⅲ）ある取締役が（ⅰ）または（ⅱ）の結果として任務を懈怠したと判断された場合などにその他の取締役がそれらの行為を見逃したという場面である。(1)で述べたケースは、（ⅰ）の場面である。

　(ウ)　任務懈怠と帰責事由のうち（客観的）過失との関係

　厳密にいえば、取締役が任務懈怠によって会社に損害を生じさせた場合には必ず損害賠償責任を負う、というわけではない。その任務懈怠が取締役の責めに帰すべき事由（帰責事由）がないことを証明すれば、取締役は損害賠償責任を負わないのである。帰責事由とは、故意または過失があることを意味すると理解されている（過失責任）。

　そのうち過失は、取締役として一般に要求される能力や識見に照らし、結果発生を予見・防止すべき具体的な行為義務違反（客観的過失）を意味すると理解されている。もっとも、取締役の任務とは、基本的には、善管注意義務を尽くして職務を遂行することである（4(1)参照）。そして、（ⅰ）(ⅲ)の場合、任務懈怠とは、取締役がその職務を遂行するに当たり善管注意義務を尽くさなかったことであるから、取締役は、善管注意義務に違反すれば、その任務を懈怠した、ということになると理解されている。した

Chart 3-14　任務懈怠と帰責事由のうち（客観的）過失との関係

・（ⅰ）・（ⅲ）の場合 　　善管注意義務に違反　→　任務懈怠有り ≒ 過失有り 　　　　　　　　　　　　　　　（別途、過失の有無は問題にならない） ・（ⅱ）の場合 　　具体的な法令に違反　→　任務懈怠有り ≠ 過失有り 　　　　　　　　　　　　　　　（別途、過失の有無が問題になる）

がって、（ⅰ）（ⅲ）の場合には、取締役が、善管注意義務に違反し、その任務を懈怠したかどうかを判断する際に考慮される事実・事情と、過失があったかどうかを判断する際に考慮される事実・事情は、ほぼ重なり合うのである。その結果、取締役がその任務を懈怠したと判断される場合には、ほとんどの場合において、過失もあった、ということになる。つまり、過失があったかどうかは別途問題にはならないのである。

　他方で、（ⅱ）の場合、取締役は、具体的な法令に違反することによって法令遵守義務（4 (2)参照）に違反すればその任務を懈怠した、ということになると理解されている。つまり、（ⅱ）の場合には、善管注意義務に違反したかどうかが問題にされることがない。したがって、取締役がその任務を懈怠したと判断されたとしても、過失があったかどうかが別途問題になるのである（以上、**Chart 3-14**参照）。

(3)　経営判断の失敗と経営判断原則　　　(1)で述べたケースのＡのように、取締役が注意して経営しなかったことによって（ⅰ）その経営判断が失敗に終わり、会社に損害を生じさせた場合であれば、善管注意義務に違反し、その任務を懈怠したと判断して、その損害を賠償する責任を取締役に対して課すべきである、ということは理解しやすい。しかし、取締役が注意して経営していたにもかかわらず、その経営判断が失敗し、会社に損害を生じさせた場合はどうであろうか。

　㋐　**責任を課すべきであると考えてしまうとどうなるか**　　　(1)で述べたケースとは異なる以下のケースを考えてみよう。

　代表取締役Ａは、リゾート市場の調査や現地調査も綿密に行った。そして、景気が悪化したとしても、ある程度の利用者が見込め、会社に利益をもたらすことができると慎重に判断した場所で開発を行うことを計画した。取締役会でも時間をかけてその計画の検討がなされ、その上で決定された。ところが、営業を始めたあたりから、計画・決定時点には全く想定することができなかった世界的な恐慌によって国内景気も著しく悪化した。そのため、ホテルの利用者はほとんどおらず、結果的に、ホテルの価値はなくなった。

　このケースの場合、Ａらは、注意をしていたとはいえ、結果的には、会

社に損害を生じさせている。そこで、その損害を賠償する責任をＡらに対して課すべきであると考えてしまうとどうなるだろうか。おそらく取締役は、結果的に会社に損害を生じさせた場合に責任を課されることを恐れて（(2)(ｱ)(b)参照）萎縮するだろう。その結果、会社に利益をもたらす可能性が高いものの、会社に損害をもたらす可能性も少しでもあるような経営（判断）を行わなくなってしまうかもしれない。さらに、取締役になろうと思う者がいなくなってしまうかもしれない。そうなってしまうと、会社に利益がもたらされることはなくなり、株主は利益の分配を受けることを期待して会社に対して出資したにもかかわらず分配を受けられなくなってしまいかねない。

(ｲ)　**経営判断原則**　　以上からすれば、取締役が注意して経営していた場合には、その経営判断が失敗し、会社に損害を生じさせたとしても、その損害を賠償する責任をその取締役に対して課すべきではないということになる。このような考え方は経営判断原則といわれる。

423条1項に沿って述べれば、そのような取締役は、善管注意義務に違反したと判断されるべきではないし、その結果（(2)(ｳ)参照）、「任務を懈怠した」とも判断されるべきではない、ということになる。したがって、経営判断原則は、善管注意義務の内容や善管注意義務違反の有無を裁判所が判断する際の審査基準として機能するものといえる。

(ｳ)　**任務懈怠・善管注意義務違反の判断基準**　　確かに、経営判断原則のような考え方は重要である。もっとも、取締役が注意して経営していた、と裁判所が安易に判断してしまうとどうなるだろうか。本来払うべき注意をして経営するように仕向けられなくなってしまうだろう。したがって、裁判所は、取締役に対する規律づけと萎縮（(ｱ)参照）とのバランスに配慮しながら、取締役が注意して経営をしていたかどうかを判断すべきであるということになる。

実際の裁判例はどのように判断しているのであろうか。判例（最判平22年7月15日判時2091号90頁）は、経営判断「の過程、内容に著しく不合理な点がない限り、取締役は善管注意義務に違反するものではないと解すべきである」と述べる。

㈜　**経営判断の過程面と内容面の審査の必要性**　　大きく分ければ、取締役がその経営判断を行うにあたって情報収集や分析・検討をしていたかどうかは経営判断の過程面である。ある新規事業のノウハウが全くないにもかかわらず全く情報を収集せずに、また、全く検討もせずに、会社に利益をもたらすであろうと思い込んで、ある事業に多額の投資をするという経営判断が行われれば（(1)で述べたケースを参照）、その事業は失敗に至り、会社に多額の損害を生じさせる可能性が高くなる。反対に、ある程度の情報を収集し、その分析・検討などをした上で、投資するという経営判断が行われたのであれば、その事業は成功し、会社に利益がもたらされる可能性が高くなることが期待できる。したがって、そのような過程面の審査が必要になる。

　もっとも、そのような情報収集や分析・検討がなされていたとしても、取締役として通常の能力・識見を有する者の立場からその分析結果などを見れば、その経営判断は行われるべきではない不合理なものであるという場合がある。したがって、その経営判断が行われるべきではない不合理なものでなかったかどうかという内容面の審査も必要になる。

　㈡　**判例の審査基準は妥当なのか**　　㈠で引用した判例は、そのような2つの面に著しく不合理な点がないかどうかを基準として、善管注意義務違反があったかどうかを判断しようとしている。この判例が、取締役を規律づけることの重要性を認識しながらも、萎縮させないようにという経営判断原則の考え方に基づいて（㈡参照）このように述べたのかどうかは明らかではない。ただ、この判例によれば、裁判所は、経営判断の過程面と内容面が著しく不合理であるかどうかを審査することになる。したがって、取締役はある程度（Ⅱ）注意して経営するように仕向けられることになろう。他方で、裁判所は、不合理かどうかではなく、著しく不合理であるかどうかを審査するにすぎないことになる。したがって、取締役を過度に萎縮させてしまうということもないだろう。

（4）　法令違反

（ⅱ）に関連しては、以下のケースを考えてみよう。

パンを製造・販売している甲社の代表取締役Ａは、ある添加物を用いる

とパンのおいしさが増すことに気づいた。もっとも、Aは、その添加物を用いた食品を製造・販売することは食品衛生法に違反することも知っていた。しかし、それだけおいしいパンであれば消費者の支持を集めることができると考えて、違反の事実を隠し、製造・販売を開始した。実際にそのパンはヒットし、一時的には甲社に利益がもたらされた。ところが、その後、違反の事実がマスコミによって明らかにされた。そして、それをきっかけに、甲社の信用はなくなり、甲社のパンはまったく売れなくなってしまった。

　　㋐　**法令違反と任務懈怠**　（ⅱ）取締役または会社が具体的な法令に違反した場合には、取締役は、法令遵守義務（4(2)参照）に違反したことになり、その任務を懈怠したとされる。なお、この場合は、善管注意義務に違反したと判断されるまでもなく、任務を懈怠したとされる（(2)㋒参照）。

　㋑　**取締役が遵守義務を負う「法令」の範囲など**

Chart 3-15　取締役が遵守義務を負う「法令」の範囲

- 取締役を名宛人とする法令
- 会社を名宛人とする法令
  - 会社・株主の利益を保護するための法律（会社法など）
  - 社会全体の利益を保護するための法律（食品衛生法・独占禁止法など）

　（ⅱ）の場合、取締役はその任務を懈怠したとされる。実際のところ、どのような法令に違反したとしても、そのように任務を懈怠したと判断されてしまうのだろうか。

　　㈎　**取締役が遵守義務を負う「法令」の範囲**　　取締役は法令などを遵守する義務（法令遵守義務）を負っている（4(2)参照）。したがって、取締役は当然に、取締役を名宛人とする法令を遵守しなければならない。例えば、善管注意義務を定める会社法330条（民644条）や忠実義務を定める会社法355条に加えて、これら「を具体化する形で取締役がその職務執行に際して遵守すべき義務を個別的に定める規定」である会社法356条1項（同条同項などについては6参照）などである。

それだけではなく、取締役は、会社を名宛人とし、「会社がその業務を行うに際して遵守すべき」法令に会社が違反することがないようにしなければならない（最判平12年7月7日民集54巻6号1767頁）。そのような法令は、会社や株主の利益を保護するために置かれている会社法だけではない。例えば、食品衛生法や独占禁止法のように、社会全体の利益を保護するために置かれている法令も含まれる。

　取締役は株主から経営を委ねられている。だからこそ、会社そして株主にできる限り多くの利益をもたらすよう経営することを内容とする善管注意義務・忠実義務を負っている（4(4)参照）。そのことからすれば、取締役は当然に、主として会社・株主の利益を保護することを目的とする会社法を遵守しなければならない。

　(b)　**なぜ取締役はあらゆる法令を遵守しなければならないのか**　　しかし、なぜ取締役は、社会全体の利益を保護するために置かれている法令も遵守しなければならないのだろうか。あらゆる法令を遵守すべきであることは、ヒトにも会社にも等しく妥当する最低限の社会規範であると考えられる。そうだとすれば、そのような会社の機関である取締役も、取締役が負う善管注意義務の一内容として、あらゆる法令を遵守すべきということになる。このような説明によれば、取締役は、「株主利益の最大化」（4(4)参照）のために法令に違反したのである、ということを理由にしてその任務を懈怠していない、と主張することはできない。

　(ウ)　**法令違反について故意がある場合**　　(イ)(b)で説明したことからすれば、このケースのAは、甲社が遵守すべき食品衛生法という法令（甲社を名宛人とする法令）に違反させたとして、その任務を懈怠した、ということになる。さらに、Aは、食品衛生法に違反することを知っていた。つまり、法令違反について故意があったのである（(2)(ウ)参照）。その結果、その任務懈怠（法令違反）によって甲社に損害（甲社の信用を回復させるために要した費用などに相当する損害）を生じさせたのであれば、その任務懈怠について故意があるAは、その損害を賠償する責任を負うことになる。

　なお、Aは、甲社そして甲社の株主に利益をもたらすために食品衛生法に違反してでもパンの製造・販売を行ったのである、ということを主張し

て損害賠償責任を免れることはできない。

　　(エ)　**法令違反について過失がない場合**　　(ウ)で説明したのは、法令に違反しないように注意するどころか、違反することについて故意がある（違反することを知っていた）取締役についてである。故意はないが、法令に違反しないように注意をしていなかったとして過失があると判断される取締役も、故意があると判断される取締役と同様、損害賠償責任を負う。

　それでは、法令に違反したことについて故意がなく過失もないと判断された取締役はどうだろうか。そのような取締役は、法令に違反したことによってその任務を懈怠したと判断され、その任務懈怠により会社に損害を生じさせたと判断されたとしても、損害賠償責任を負わない（(2)(ウ)参照）。例えば、結果的にある法令に違反するとされた行為をすることを決定し、その行為を実施した当時、その会社と同業のいずれの会社もそれらの会社を監督する官庁も、その行為がその法令に違反するとは認識していなかったような場合に、過失がないと判断される（前掲・最判平12年参照）。

(5)　監視監督義務と内部統制システム

　　(ア)　**監視監督義務違反による任務懈怠**　　(ⅲ)ある取締役などが（ⅰ）または（ⅱ）の結果として任務を懈怠したと判断された場合などであって、その他の取締役がそれらの行為を見逃したときに関連して、判例は、「取締役会を構成する取締役は、会社に対し、取締役会に上程された事柄についてだけ監視するにとどまらず、代表取締役の業務執行一般につき、これを監視し、必要があれば、取締役会を自ら招集し、あるいは招集することを求め、取締役会を通じて業務執行が適正に行われるようにする職務を有するものと解すべきである」とする（最判昭48年5月22日民集27巻5号855頁）。この判例に従えば、取締役会を構成する取締役は、取締役会で決定した以外の業務（職務）の執行が適正に行われるように代表取締役を監視監督する職務を有している、ということになる。そして、取締役会を構成する取締役は、善良な管理者の注意をもってその職務を行わなければならない、ということになり、そうでなければ、善管注意義務に違反し、その任務を懈怠した、ということになる可能性もある（(2)(ウ)参照）。

　　(イ)　**内部統制システムの整備と任務懈怠**　　取締役会を構成する取締役

は、取締役の業務（職務）の執行が適正に行われるように監視監督する職務を有している、ということになる（(ア)参照）。とはいえ、特に大規模な会社では業務が山ほどある。そして、代表取締役やその他の業務執行取締役だけではなく、その指示を受けた多くの従業員がそれらの業務に携わっている（2(2)(オ)・(カ)参照）。したがって、少数の取締役が、自身が担当していない業務執行のすべてが適正に行われているかどうかを常時かつ積極的に監視監督することは不可能である。

そこで、いわゆる内部統制システムが整備されていれば（構築され機能していれば）、取締役は常時かつ積極的に監視監督することが必ずしも求められるわけではない、と理解されている。内部統制システムとは、違法行為などを発見できるようにするための内部監査制度や内部通報制度などのように取締役や従業員（使用人）の職務の執行が法令および定款に適合することを確保するための体制、さらには、効率的に行われることを確保するための体制などのことである。取締役会は、（具体的な整備を除いて）その整備（の大綱）に係る決定を代表取締役などに委任することはできず（2(2)(オ)参照）、自らが行う（362条4項6号・施行規則100条1項）（大会社においては決定しなければならないとされている。362条5項）。

取締役会の決議によりそのようなシステムを整備していたにもかかわらず、代表取締役などが例えば食品衛生法に違反したこと（(4)で述べたケースを参照）によりその任務を懈怠し、会社に損害を生じさせたという場合には、その他の取締役はその違反を知らなかったとしても、善管注意義務に違反したとされ、その結果、その任務を懈怠したとされる可能性は低くなる。他方で、整備されていなければ、善管注意義務に違反したとされ、その結果、その任務を懈怠したとされる可能性が高い（大阪地判平12年9月20日判時1721号3頁参照。どの程度整備すべきであるかについては、最判平21年7月9日判時2055号147頁などを参照）。

(6) 責任の免除・限定・D&O保険・会社補償

任務懈怠責任が課されることを恐れる取締役は、注意して経営するように仕向けられることになる（(1)～(5)参照）。もっとも、任務懈怠責任が課されることを恐れて取締役が萎縮する（(3)(ア)参照）などの弊害があるとい

う指摘もある。その指摘に従えば、任務懈怠責任を免除したり限定したりすることも必要であるということになる。そこで、会社法はそのような免除・限定についての規定を設けている（424条以下など）。

　また、上場会社では、任務懈怠責任の一部をも塡補の対象とするD&O保険（会社役員賠償責任保険）が普及している。このD&O保険には、取締役が萎縮するなどの弊害を除去する意義があるという指摘もある。ところが、会社法には、D&O保険に関する契約に関する規定は存在していなかったため、当該保険の位置づけが不明確であった。そこで、2019（令和元）年改正によって規定が設けられることとなった（430条の3）。この改正では、任務懈怠責任に関連して、会社補償に関する規定も新設された（430条の2）。

6　自身の利益を図らないように仕向ける規律づけ

（1）　会社の利益を犠牲にして自身の利益を図らないように取締役を仕向けるための規律づけの必要性

　取締役である者もヒトであるから、他の者の利益を犠牲にしてでも自身に利益をもたらすことができるのであれば、うれしいかもしれない。したがって、もし会社の利益を犠牲にすることによって自身の利益を図ることができる機会があれば、その機会を利用して自身の利益を図ろうとするかもしれない。その結果、会社に不利益が生じ、実際に会社の利益が減少することになれば、株主に分配される利益も少なくなってしまう。

　そこで、会社ひいては株主に不利益をもたらさないよう経営するように取締役を仕向けること（マイナスが生じないように仕向けること）が必要となる。そのためには、（Ⅲ）会社の利益を犠牲にして自分自身の利益を図ることがないように取締役を仕向けることも必要である（**Chart 3-9**参照）。なお、取

Chart 3-16　取締役が会社の利益を犠牲にして自身の利益を図ることが懸念される場面

（ⅰ）競業取引
（ⅱ）利益相反取引
（ⅲ）報酬の支払

締役が会社の利益を犠牲にして自身の利益を図ることが懸念される場面はいくつかある。例えば、（ⅰ）競業取引、（ⅱ）利益相反取引および（ⅲ）報酬の支払いという場面である。会社法は、それらの場面で、自身の利益を図ることがないように取締役を仕向けるために用いることができる規定を置いている（もちろん、その場面で会社に損害を生じさせた場合には、取締役は解任される可能性もある〔3 (2)参照〕）。

(2) 競業取引

（ⅰ）競業取引に関連しては、以下のケースを考えてみよう。

乙駅前の店舗のみにおいてパンを製造・販売している甲社（代表取締役 A）は、丙駅前に新たに店舗を設けることを具体的に計画した。そして、丙駅周辺の市場調査や用地探しを始めていた。ところが、その計画を知った甲社の取締役Bは、甲社内で得た情報（ノウハウなど）を用いて、自ら丙駅前に店舗を設け、パンの製造・販売を開始しようと考え始めた。開始するにあたってBは何か手続を踏むことが必要なのだろうか。なお、Bは甲社の取締役を辞任していない。

⑦ **競業取引の問題点**　取締役は、自身が現在就任している会社の業務執行の決定・実行に関与しているから、そのノウハウや顧客リストなどの内部情報を容易に知ることができる。取締役がそのような情報を使用して「自己又は第三者のために」その「会社の事業の部類に属する取引」(356条1項1号。この取引を「競業取引」という)を行ったらどうなるだろうか。その取締役や第三者は、そのような情報を使用しない場合と比べれば、容易

Chart 3-17　競業取引を行おうとする取締役

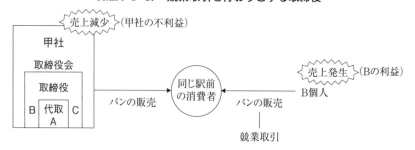

に利益を得ることができるだろう。反対に、情報を使用されてしまった会社は、現在または将来の顧客を奪われることになるだろう。結果的に、その会社の利益が減少することになる。つまり、取締役は、競業取引を行えば、会社の利益を犠牲にして容易に自身の利益を図ることができるのである。そこで、会社法は、そのような競業取引を規制するための規定を置いている（356条1項1号）。

　　(イ)　**会社法が競業取引を禁止していないのはなぜか**　　(ア)で説明したとおり、取締役は、競業取引を行えば、会社の利益を犠牲にして容易に自身の利益を図ることができる。そうであるなら、そもそも競業取引を禁止すべきであると思うかもしれない（**Chart 3-18**参照）。しかし、禁止してしまうとどうなるだろうか。会社に多くの利益をもたらすことができる有能な人材だが、もうすでに競業取引に該当するような取引を行っている者がいるとしよう。有能であるから是非とも取締役に就任してくれるようお願いしても、就任すればその取引を行うことができなくなることを嫌がって、就任を断ってくるかもしれない。また、すでに取締役に就任しており、現に会社に多くの利益をもたらしている有能な人材である者がこれから競業取引を行おうと考えた場合はどうだろうか。その会社の取締役に就任している間は競業取引を行うことができないから、競業取引を行うために辞任してしまうかもしれない。つまり、競業取引を禁止してしまえば、かえってその会社に利益がもたらされないことになってしまいかねないのである。

　　したがって、会社法は、競業取引を禁止していない。すでに競業取引を行っている者が取締役に就任するときには、また、すでに取締役に就任している者が競業取引を行おうとするときには、その取引につき取締役会の承認を受けなければならない、といった制限を規定しているにすぎない（356条1項1号・365条1項2項）。なお、取締役会は、2つの利益（不利益）を

Chart 3-18　規制の強弱（イメージ）

←強		弱→
完全に禁止　⇔　何らかの制限　⇔　完全に自由		

比較衡量して、競業取引を承認するか判断することになる。具体的には、競業取引が行われることによって犠牲にされる会社の利益（会社が被ることになる不利益）と、その者が会社の取締役であることによってその会社にもたらされる利益である。

　⑺　**承認を受けなければならない取引**　　そもそもどのような取引が競業取引に該当するのだろうか。つまり、取締役会の承認を受けなければならない「自己又は第三者のために」行われる「会社の事業の部類に属する取引」（356条1項1号）とは何だろうか。

　⒜　**「会社の事業の部類に属する取引」**　　「事業の部類に属する取引」に該当するかどうかは、定款に記載されている事業に関係する取引であるかどうか（Ⅰ第1章3参照）が基準になるのではない。原則として、その会社が現在行っている事業に関係する取引であるかどうかが基準になる。ただし、現在は行っていない事業に関係する取引であっても、「会社の事業の部類に属する取引」に該当する場合がある。具体的な計画に基づいて、市場調査や用地探しが始まっているような事業（将来行うことを具体的に予定している事業）に関係する取引である（東京地判昭56年3月26日判時1015号27頁参照）。また、現在行っている（または現在は行っていないが将来行うことを具体的に予定している）事業に関係する取引であっても、同じ地域で行うことになるものでなければ、「会社の事業の部類に属する取引」には該当しない。

Chart 3-19　会社の事業の部類に属する取引の範囲

	会社が現在行っている事業に関係する取引	会社が現在行っていない事業に関係する取引
同じ地域で行うことになる取引	該当する	該当しない ※将来行うことを具体的に予定している事業に関係する取引であれば該当する
同じ地域で行うことにならない取引	該当しない	該当しない

(b) 「自己又は第三者のために」行われる取引　「自己又は第三者のために」行われる取引とは、少なくとも、自己または第三者の名で自己または第三者の計算で行われる取引を意味する（「第三者のために」の例としては、**(3)**(ウ)(b)参照）。

(c) このケースについて　以上で説明したことからすれば、**(2)**の初めで述べたケースでは以下のようになる。特に丙駅前でのパンの販売のための売買契約締結は、Bが現在取締役に就任している甲社が（現在は行っていないが）将来行うことを具体的に予定している事業に関係する取引である。しかも、丙駅前という同じ地域で行うことになる取引である。したがって、「会社の事業の部類に属する取引」に該当する。また、B自らパンをたくさん販売することができればB自身が利益を得ることができるので、パンの販売のためのBの名での売買契約締結は、「自己のため」に行われる取引である。したがって、その取引は競業取引に該当するから、Bは実際にその取引を開始する前に、その取引につき甲社の取締役会の承認を受けなければならない。

(エ)　**承認を受けなかった場合の競業取引の効力**　取締役会の承認を受けずに競業取引を行った場合であっても、その取引は無効ではなく、有効である。なぜなら、競業取引は、会社が取引当事者である取引ではない。あくまでも、その会社の取締役である者（またはその者が代理している第三者）とそれら以外の者（取引の相手方）との取引である（**Chart 3-17**参照）。したがって、その相手方となる可能性のある者は通常，取締役会の承認のように会社の内部的な手続を経ているかどうかを知りえない立場にある。そうであるにもかかわらず、そのような手続を経ていないということを理由にして、その取引が無効であるとされてしまうと、その者は思いもよらない不利益を被ることになる。そのように不利益を被ることが懸念されれば、社会全体からみても有益な取引が行われなくなる事態が生じるかもしれないからである。

もっとも、取締役会の承認を受けていないことを知っている者（悪意である者）との取引であれば、無効であるとしてもよいように思われる。しかし、そのような取引を無効であるとしても、その者がその後に会社と取引をす

るとは限らないから、会社に生じた不利益（損害）がなかったことになるわけではない。したがって、有効であるとして、その取引により取締役に生じた利益を会社に帰属させる方法を考える方が会社にとって有益であるとも言えよう。そのような方法の1つとして取締役に任務懈怠責任を負わせるというものがありうる（(オ)(a)参照）。

(オ) 任務懈怠責任

(a) **承認を受けずに取引を行った場合には任務懈怠責任を負う可能性が高い**　競業取引につき取締役会の承認を受けなければ、取締役は、法令（356条1項1号・365条1項）に違反し、その結果、その任務を懈怠した、ということにもなる（5(2)(ウ)・5(4)参照）。もっとも、会社（または株主）が取締役の任務懈怠責任を追及するには、任務懈怠による取引によって会社に生じた損害の額が実際にいくらであったかを証明しなければならない（5(2)(ア)(a)参照）。しかし、もし取締役会の承認を受けられずにその取引がなされなかったとしたら会社に生じた利益がいくらであったか、ひいては、その取引によって会社に生じた損害の額が実際にいくらであったかを会社（または株主）が証明することは難しい。利益の額は景気の変動などにも影響されるからである。そこで、会社法は、承認を受けなかった競業取引によって取締役自身または第三者が得た利益の額を、その取引によって会社に生じた損害の額であると推定する、と規定している（423条2項）。この規定により、会社（または株主）は、取締役会の承認を受けなかった競業取引によって会社に生じた損害の額が実際にいくらであったかを証明をする必要がなくなる。結果的には、取締役の任務懈怠責任が認められやすくなるから、実際に責任を負わされることを恐れる取締役は、承認を受けようとするであろう。つまりは、会社の利益を犠牲にして自身の利益を図ることができる競業取引が制限されることになるのである。

(b) **承認を受けて取引を行った場合であっても任務懈怠責任を負う可能性はある**　取締役は、取締役会の承認を受けて競業取引を行った場合であっても、承認に際しては認められなかった顧客情報の流用を行うといったような競業取引の態様など次第では、善管注意義務に違反し、その結果、その任務を懈怠したと判断される可能性がないわけではない。

また、取締役会が、(イ)において前述したような比較較量などをすることなく競業取引を承認した場合、承認に賛成した取締役は、善管注意義務に違反し、その結果、その任務を懈怠したと判断される可能性が高いであろう（なお、競業取引を行おうとする取締役自身は、取締役会決議に参加することはできない〔369条2項〕）。他方で、(イ)において前述したことからすれば、比較較量などをした上で承認され、競業取引の態様などにも問題がなかったような場合には、その取引によって会社がある程度不利益（損害）を被ったとしても、各取締役が善管注意義務に違反し、その結果、その任務を懈怠した、とは判断されるべきでないということになろう。

　(3)　利益相反取引　　（ii）利益相反取引に関連しては、まず以下のケースを考えてみよう。

　甲社（代表取締役A）の取締役Bは、B個人が所有している土地をその実勢価格（1億円）を著しく上回る価格（2億円）で甲社に売却できないかと考えている。この売却についてBは何か手続を踏むことが必要なのだろうか。

Chart 3-20　利益相反取引（自己のための直接取引）を行おうとする取締役

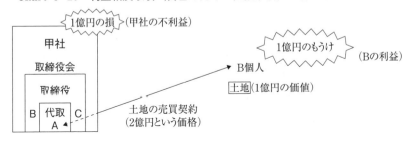

　(ア)　利益相反取引の問題点　　取締役は、現在就任している会社と取引を行うことによって（このような取引を「利益相反取引」という）、その会社の利益を犠牲にして自身の利益を図ろうとするかもしれない。このケースでいえば、実際に2億円という価格で取引（甲社とBとの間の売買契約）が行われれば、甲社の利益が犠牲にされ、取締役Bに利益がもたらされることになる。つまり、取締役は、利益相反取引を行えば、会社の利益を犠牲にして

容易に自身の利益を図ることができるのである。そこで、会社法は、そのような利益相反取引を規制するための規定を置いている（356条1項2号・3号）。

　　(イ)　**会社法が利益相反取引を禁止していないのはなぜか**　　(ア)で説明したとおり、取締役は、利益相反取引を行えば、会社の利益を犠牲にして容易に自身の利益を図ることができる。そうであるなら、そもそも利益相反取引を禁止すべきであると思うかもしれない（**Chart 3-18**参照）。しかし、禁止してしまうとどうなるだろうか。例えば、パンを製造・販売している会社が、新たな店舗を設けるために最適な駅前の一等地を探しているという場面を考えてみよう。この場合に、自社の取締役がそのような土地を所有していることもあるかもしれない。しかも、(3)の初めで述べたケースとは異なり、その取締役が、その土地をその実勢価格（1億円）を下回る価格（9000万円）で会社に売却してくれるということもあるかもしれない。形式的に見れば、この取引も会社とその会社の取締役との取引であるから、利益相反取引に該当する。もっとも、この取引が実際に行われれば、会社にとって利益がもたらされることになる。つまり、このような利益相反取引を禁止してしまえば、かえって会社に利益がもたらされないことになってしまいかねないのである。

　したがって、会社法は、利益相反取引を禁止していない。利益相反取引を行おうとするときに取締役会の承認を受けなければならない、といった制限を規定しているにすぎない（356条1項2号3号・365条1項2項）。

　　(ウ)　**承認を受けなければならない取引①（直接取引）**　　厳密にはどのような取引が利益相反取引に該当するのだろうか。つまり、取締役会の承認を受けなければならない利益相反取引とは何だろうか。

　　　(a)　**直接取引①（自己のための直接取引）**　　第1に、「取締役が自己又は第三者のために株式会社」とする取引（この利益相反取引を「直接取引」という）（356条1項2号）である。(3)の初めで述べたケースの取引（甲社とBとの間の売買契約）は、B自身のために行われるものである。したがって、「自己」「のために株式会社」とする直接取引である。

　　　(b)　**直接取引②（第三者のための直接取引）**　　他方で、次のケースはどう

Chart 3-21　第三者のための直接取引を行おうとする取締役

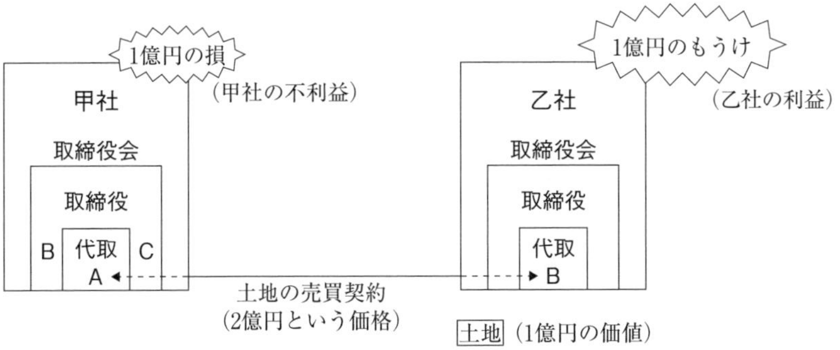

1億円の損（甲社の不利益）

1億円のもうけ（乙社の利益）

甲社
取締役会
取締役
B　代取 A　C

乙社
取締役会
取締役
代取 B

土地の売買契約（2億円という価格）

土地（1億円の価値）

だろうか。

　甲社（代表取締役A）の取締役Bは、乙社の代表取締役でもあり、その乙社が所有している土地を甲社に売却できないかと考えている。この売却についてBは何か手続を踏むことが必要なのだろうか。

　このケースの取引（甲社と乙社との間の売買契約）は、Bが、甲社でもB個人でもない第三者である乙社のために乙社の代表取締役として行ったものである。したがって、「第三者のために株式会社」とする直接取引である。

　(エ)　**承認を受けなければならない取引②（間接取引）**　　また、次のケースも考えてみよう。

　甲社（代表取締役A）の取締役Bは、生活資金が必要となったので、B個人として乙銀行から金銭の貸付けを受けるために（Bが乙行との間で金銭消費貸借契約を締結するために）、乙行の店舗に赴いた。ところが、乙行の貸付担当者から、貸付けを受けたいのならば、この貸付けに対する保証をしてくれる誰かを探してきてください、と言われた。そこで、Bは、甲社がこの貸付けに対する保証をしてくれるよう（甲社が乙行との間で保証契約を締結してくれるよう）Aに対してお願いした。この保証についてBは何か手続を踏むことが必要なのだろうか。

　このケースのAが甲社を代表して乙行との間で保証契約を締結したらどうなるだろうか。甲社が保証契約を締結してくれれば、貸付けを受ける

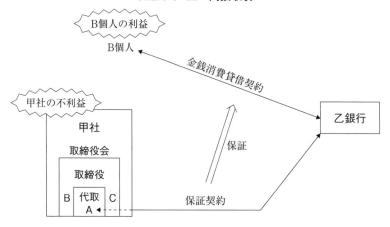

Chart 3-22　間接取引

ことができ、それを生活に充てることができるという利益がBにもたらさ
れることになる（取締役Bの利益）。ところが、Bが乙行に対して貸付金を返
済できないときに、とりあえず甲社がBの代わりに乙行に対して貸付金を
返済（保証債務を履行）しなければならなくなる。実際に甲社が乙行に対し
て返済した場合に、甲社はBに対してその返済額を返してくれるよう請求
すること（求償）はできる（民446条1項・459条）。もっとも、Bが求償に応じ
なければ（応じることができなければ）、乙行に対する返済額などに相当する甲
社の費用は増加することになってしまう（甲社の不利益）。つまり、この保証
契約が締結されれば、甲社の利益が犠牲にされBの利益が図られることに
なるのである。

　そこで、会社法は、このような取引も利益相反取引の1つとしてその制
限を規定している。具体的にいえば、このような取引は「株式会社が取締
役の債務を保証する」取引にあたり、乙行のような取締役以外の者との間
において甲社のような株式会社とBのような取締役との利益が相反する取
引（356条1項3号。この取引を「間接取引」という）であると定めているのであ
る。そして、取締役はこの取引につき取締役会の承認を受けなければなら
ないなどと規定している（356条1項3号・365条1項2項）。

その他、会社が取締役の債務を引受ける場合（最判昭43年12月25日民集22巻13号3511頁）や、取締役の債務について会社が担保を提供する場合（東京地判昭50年9月11日金融法務事情785号36頁）も同様である。

　(オ)　**承認を受けなかった場合の利益相反取引の効力**　　以上で述べたとおり利益相反取引を行おうとする場合には取締役会の承認を受けなければならない。そうであるにもかかわらず、承認を受けなかった場合、その取引の効力はどうなるだろうか。3つのケースを考えてみよう。

　(a)　**直接取引①（第三者が登場しない場合）**　　甲社（代表取締役A）の取締役Bは、甲社が所有している土地をその実勢価格（1億円）を著しく下回る価格（1000万円）で甲社から購入したいと考えた。そこで、同僚であるAに対してお願いしたところ、Aは甲社を代表してBとの間で売買契約を締結してくれた。この取引についてBは、甲社の取締役会の承認を受けていない。その後、Bはその土地の引渡を受け、自身で利用している。

　このケースにおいて行われた取引は、本来であれば、甲社の取締役会の承認を受けなければならなかった直接取引である。また、その取引は、甲社とBとの間の取引であるし、その土地はB自身が利用している。したがって、承認を受けていないことを理由としてその取引を無効であるとしても、基本的には（甲社が不利益を被ることはなくなり）、承認を受けなければならなかったBが（土地を利用することによって得ていた）利益を得られなくなるだけである。そこで、取締役会の承認を受けずに行われたこのケースにおける取引のような直接取引は無効である、と理解されている。したがって、甲社はその取引の無効を主張して、Bからその土地を取り戻すことができる。

　(b)　**直接取引②（第三者が登場する場合）**　　(a)で述べたケースにおいて、しばらくたって、Bは、その土地をPに対して譲渡した（BとPとの間で売買契約が締結され、引渡などもなされた）としよう。甲社は、第三者（甲社およびB以外の者）であるPに対してこの直接取引が無効であることを主張し、Pから取引の対象である土地を取り戻すことはできるであろうか。

　この点について、判例（最判昭46年10月13日民集25巻7号900頁）は、取引の安全の見地により、善意の第三者を保護する必要があるから、会社は、第三

者が悪意であったことを主張し立証するのでなければ、その取引の無効を主張することはできない、と判示している（なお、利益相反取引に該当する取引が会社と取締役との間で行われていたこと、その取引が取締役会の承認を受けていなかったことのいずれも知らなければ、善意であるとされる）。

この判例によれば、このケースにおいて、甲社は、第三者であるＰが悪意であったことを主張し立証することができない限り、甲社とＢとの間の売買契約が無効であることを主張することはできず、Ｐからその土地を取り戻すことはできない。

(c) **間接取引**　　(エ)で述べたケースにおいて、同僚のＢからお願いされた甲社の代表取締役Ａは、Ｂが甲社の取締役会の承認を受けていないのに、甲社を代表して乙銀行との間で保証契約を締結したとしよう。このケースにおいて行われた取引は、本来であれば、甲社の承認を受けなければならなかった間接取引である。そして、その取引は、直接取引とは異なり、Ｂではなく、第三者（甲社とＢ以外の者）である乙銀行と甲社との間の取引である（**Chart 3-22**参照）。したがって、(b)で述べたケースにおけるＰと同様に、乙銀行についても、取引の安全の見地により、善意の第三者であれば保護する必要があるということになる。つまりは、「会社は、その取引について取締役会の承認を受けなかったことのほか、相手方である第三者が悪意（その旨を知っていること）であることを主張し、立証して始めて、その無効をその相手方である第三者に主張し得ると解するのが相当である」（最判昭43年12月25日民集22巻13号3511頁）ということになる。

(d) **取引の無効を主張できる者は誰か**　　(a)や(b)で述べたケースにおいて、ＢまたはＰが引渡を受けた後にその土地の実勢価格が500万円になってしまった場合について考えてみよう。このような場合には、ＢまたはＰは、その取引が取締役会の承認を受けていなかったことを理由にして無効であると主張し、1000万円を返金してもらいたいと思うかもしれない。しかし、Ｂのような取締役やＰまたは乙銀行のような第三者から無効を主張することはできない（最判昭48年12月11日民集27巻11号1529頁）。なぜならば、利益相反取引につき取締役会の承認を受けなければならないとする会社法の規定（356条1項2号・3号）は、会社の利益が犠牲にされないようにする（会社が

不利益を被らないようにする）ことを目的とするものであり、取締役や第三者を保護することを目的とするものではないからである。

㋕　任務懈怠責任

ⓐ　承認を受けずに取引を行った場合には任務懈怠責任を負う可能性が高い

利益相反取引につき取締役会の承認を受けなければ、取締役は、法令（356条1項2号3号・365条1項）に違反し、その結果、その任務を懈怠した、ということにもなる（**5 (2)**㋒・**(4)**参照）。したがって、任務懈怠責任を負う可能性があるから、実際に責任を負わされることを恐れる取締役は、承認を受けようとするであろう。つまりは、会社の利益を犠牲にして自身の利益を図ることができる利益相反取引が制限されることになるのである。

ⓑ　承認を受けて取引を行った場合であっても任務懈怠責任を負う可能性はある

(3)の初めで述べたケースにおいて、甲社の取締役会の承認を受けて（その構成員であるAおよびCはいずれも承認の決議に賛成。B自身は取締役会決議に参加することはできない〔369条2項〕）、甲社とBとの間の売買契約が締結され、代金の受け渡しも行われた。

このケースのように取締役会の承認を受けた場合であっても、利益相反取引によって会社に損害（**(3)**の初めで述べたケースでいえば1億円と2億円の差額に相当する損害）が生じた（ことを会社〔または株主〕が証明した）ときは、BやAさらにCはその任務を懈怠したと推定される（423条3項）。したがって、会社（または株主）はそれらの取締役がその任務を懈怠したことを証明する必要はない。反対にそれらの取締役がその任務を懈怠していないこと（その土地は2億円の価値があるかどうかについて時間をかけて検討するなどしたことによって善管注意義務に違反していないこと〔**5 (2)**㋒参照〕）を証明できなければ、任務懈怠責任を負う可能性がある。

さらに、**(3)**の初めに述べたケースのBのように「自己」「のために」直接取引を行った取締役は（㋒ⓐ参照）、（取締役会の承認を受けたかどうかにかかわらず）、任務を怠ったことが当該取締役の責めに帰することができない事由によるものであることをもって任務懈怠責任を免れることはできない（428条1項）。すなわち、その取締役は帰責事由（故意または過失）がないことを証明しても、そのことを理由に、任務懈怠責任を負わない、ということに

はならない（この条文は無過失責任を定めたものであると理解されている。なお、**5**
(2)(ウ)で述べたことなどを踏まえて、その任務を懈怠していないことを証明することも
できなくなる、と解する見解もある）。

　各取締役は以上の規定により任務懈怠責任が認められやすくなることを
恐れるであろう。その結果、会社の利益を犠牲にして自身の利益を図るこ
とができる利益相反行為が制限されることになる。

(4)　報酬の支払い

(ア)　報酬の支払いの問題点

取締役に選任された者は、会社との間で
任用契約（委任契約）を締結する（**2 (1)(イ)**参照）。そして、通常は、役務を提
供する（会社で仕事をする）対価として、その会社から報酬を受け取る。なお、
その会社の代表取締役が、取締役に選任された者との間で任用契約の締結
を行うことになる（**2 (2)(ウ)(b)**参照）。

　取締役が努力して経営すればするほど多額の報酬を受け取ることができ
るのであれば、取締役は努力して経営するように仕向けられるだろう（**1**
で述べたケースを参照）。他方で、その任用契約によって何らの制約もなく報
酬額を決定することができるのであれば、どうなるだろうか。取締役であ
る者もヒトであるから、できるだけ多くの財産（金銭）を手に入れたいと思
うだろう。したがって、そのような取締役同士が馴合うことによって、提
供される役務（行われる仕事）に見合う額と比べて多額の報酬が決定されて
しまうかもしれない。その場合、会社としては、提供される役務に見合う
額よりも多額の報酬を支払うことになるから、会社の利益は減少すること
になる。つまり、取締役は、取締役同士で報酬額を決定することができる
のであれば、会社の利益を犠牲にして自身の利益を図ることができてしま
うのである（これを「お手盛りの弊害」という）。そこで、会社法は、(iii) 報酬
額の決定（報酬の支払い）を規制するための規定を置いている（361条）。

(イ)　規制の方法と判例

(a)　株主総会決議による取締役の報酬額の決定

会社法は、取締役の報
酬額の決定は、原則として株主総会決議によらなければならないと定めて
いる（361条1項。金銭だけではなく、その会社の株式などを報酬とすることもできる）。
取締役が多額の報酬を受け取ることを期待して努力して経営すればするほ

Chart 3-23 株主総会決議による取締役の報酬額の決定

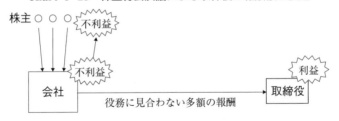

ど、会社の利益は増加する可能性が高くなる。その結果、株主は、その分だけ多くの利益を分配してもらえることになる。他方で、取締役の報酬が提供される役務に見合う額よりも多額であれば、会社の利益は減少する。その結果、株主は、その分だけ利益を分配されなくなるという不利益を被る。そこで、会社法は、そのような株主に報酬額を決定させているのである。

(b) **報酬額の決定の実務と判例**　　もっとも、判例によれば、株主総会決議によって複数の取締役個人の報酬額をそれぞれ決定しなければならない、というわけではない。その合計の最高限度額を決定すればよいのである（例えば、取締役 3 名の報酬の合計額は 1 億円を上限とするといった決定。最判昭60年 3 月26日判時1159号150頁）。そして、その場合は、その限度額の枠内で、取締役会が取締役個人の報酬額を決定することになる（例えば、取締役 A は5000万円、取締役 B は3000万円、取締役 C は2000万円とするといった決定）。さらには、取締役会から委任を受けて（再一任）代表取締役が決定する実務も少なくないのだが、判例はいずれも問題視していない。

(c) **実務と判例の問題点**　　確かに、株主総会が最高限度額を決議しさえすれば、複数の取締役個人の報酬額の合計でみれば、提供される役務に見合う額よりも多額の報酬が支払われる可能性は低くなる。つまり、お手盛りの弊害（(ア)参照）を除去することはできる。したがって、このような最高限度額のみを株主総会の決議によって決定するという方法は、361条に違反するものではない、と理解されていたのである。

　しかし、特に代表取締役が取締役個人の報酬額を決定するという状況で

は、代表取締役以外の取締役が取締役の機嫌を損なわないように、顔色を
うかがって行動することになりかねない。その結果、取締役を構成員とす
る取締役会が、代表取締役による業務（職務）の執行に対する監督（2 (2)
(ウ)(c)参照）を十分に行わなくなるおそれがある、とも指摘されている。

　　(ウ)　**取締役の個人別の報酬の内容についての決定方針などの開示**　　2019
（令和元）年改正によって、監査役会設置会社（第1節2参照）のうち公開会
社である大会社では、複数の取締役個人の報酬額の合計の最高限度額のみ
が株主総会決議によって決定された場合（(イ)(a)参照）には、その決定に基づ
く取締役の個人別の報酬の内容についての決定に関する方針を取締役会の
決議によって決定しなければならないものとされた（361条7項1号）。さら
に、その方針に関する事項や、代表取締役が取締役個人の報酬額を決定す
る場合（再一任された場合。(イ)(a)参照）には、そのことに関する事項を開示し
なければならないともされた（施行規則121条4項）。株主は、そのような開示
を受けて、取締役個人の報酬額の決定の方法に不満があれば、株主総会決
議において報酬議案に反対することもできる、ということになる。つまり、
特にこの開示は、株主自らによる取締役に対する規律づけを機能させるた
めに役立つ可能性がある。

7　対会社責任の追及方法

　5で説明した任務懈怠責任を課されることによって会社に対して損害
を賠償しなければならなくなることを恐れる取締役は、（Ⅱ）注意して経営
するように仕向けられる。また、任務懈怠責任は、取締役が会社の利益を
犠牲にして自身の利益を図った場合にも課される可能性がある（6 (2)(オ)・
(3)(カ)参照）。したがって、取締役は（Ⅲ）そのように行動しないようにも仕
向けられる。

　そのように仕向けられていたにもかかわらず、取締役が会社に対して損
害を与えてしまったとしよう。ところが、その取締役は任務懈怠責任を負
うことを自ら認め、すすんで賠償しないかもしれない。そこで、取締役に
実際に賠償させるためには、その取締役は任務懈怠責任を負うと裁判所に
判断してもらう必要がある。そのためには、誰かが任務懈怠責任を追及す

る訴えを提起しなければならない。

　そうであるにもかかわらず、もし誰も責任追及の訴えを提起しないのであればどうなるだろうか。取締役は、実際に会社に対して損害を賠償しなければならなくなることを恐れなくなってしまうだろう。その結果、（Ⅱ）や（Ⅲ）のように仕向けられることはなくなってしまうのである。そこで、会社法は、責任追及の訴えが提起されやすくなるような仕組みを設けている。

（1）　会社による責任追及の訴えの提起

　㋐　代表取締役が自らまたは同僚の取締役の責任追及の訴えを提起することは期待できるか　まず再確認しておかなければならないのは、任務懈怠責任に基づいて取締役に対して損害賠償を請求する権利は、会社が有する権利であるということである。なぜなら、任務懈怠責任は、取締役がその任務を懈怠することによって会社に損害を生じさせた場合に課されるものであるからである（5（2）参照）。したがって、その損害賠償請求権は、本来であれば、会社がその任務を懈怠した取締役に対して行使すべきものである。以上からすれば、取締役の任務懈怠責任を追及する訴えも、まずは会社が原告となって提起されることになる。

　もっとも、ヒトではなく法人である会社は、自らの意思（心）や自らの手

Chart 3-24　監査役による取締役の
**　　　　　　　任務懈怠責任追及の訴**
**　　　　　　　えの提起**

株主 ○ ○ ○

会社　　　　損害

監査役

会社を
代表して　　取締役
損害賠償請求　代取　　任務懈怠

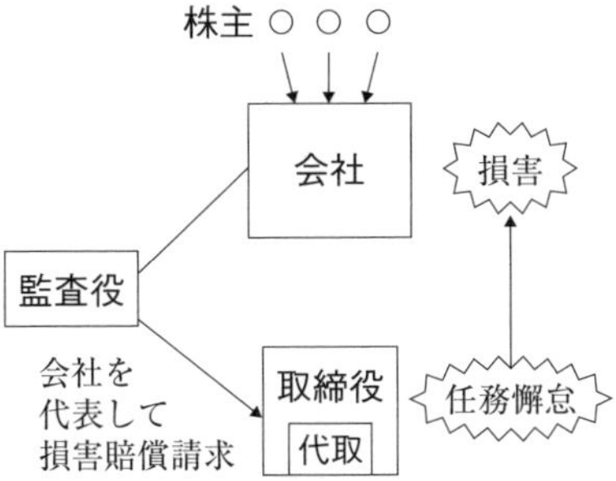

足（肉体）によって訴えを提起することはできない。そうであれば、その会社の代表取締役が訴えを提起することになるということになりそうである（349条4項。2 (2)(ウ)(b)参照）。しかし、代表取締役である者もヒトであり、自らの不利益になるような行為をすることは考えづらい。したがって、自らの任務懈怠責任を追及する訴えを提起することは期待できないだろう。同僚である取締役の任務懈怠責任を追及する訴えも、代表取締役がその取締役に対して身内意識を感じている場合には、期待できないだろう。

　㈲　**監査役による取締役の責任追及の訴えの提起**　　そこで、会社法は、その会社が監査役設置会社（第1節2参照）である場合に、会社が取締役の任務懈怠責任を追及する訴えを提起するときには、代表取締役ではなく、監査役が会社を代表すると定めている（386条1項）。なぜなら、監査役は、代表取締役と比べれば、取締役から独立して会社の利益のために行動することを期待できるからである（第3節参照。ただし本節7 (2)参照）。なお、訴えを提起するかどうかだけでなく、訴えをどのように追行するかどうかを判断する権限も監査役に帰属する。

(2)　株主による責任追及の訴え（株主代表訴訟）の提起

　ところが、5 (4)で述べたケースにおいて、甲社の監査役Dが、Aの任務懈怠責任を追及する訴えを提起しようとしないという場合を考えてみよ

Chart 3 -25　株主による取締役の任務懈怠責任追及の訴えの提起

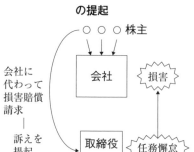

う。この場合、株主Ｐは自ら訴えを提起することはできるだろうか。

　(ｱ)　**株主による責任追及の訴えの提起**　　5 (4)で述べたケースでは、取締役が任務懈怠責任を負っていることは明らかである。ところが、訴えを提起するかどうかを判断する権限を有している（(1)(ｲ)参照）監査役が訴えを提起しようとしない場合もある。監査役にとって取締役は同じ会社の同僚であるともいえるから、監査役がその取締役に対して身内意識を感じていることもありうる。その場合には、訴えを提起することを躊躇することもあるかもしれないからである。そこで、会社法は、監査役の代わりに株主が自ら訴えを提起することができるという仕組みを設けている（847条以下）。株主が訴えを提起する場合に、この訴えのことを株主代表訴訟という。

　(ｲ)　**株主代表訴訟を提起するために踏まなければならない手続**　　もっとも、任務懈怠責任に基づいて取締役に対して損害賠償を請求する権利は、会社が有する権利である（(1)(ｱ)参照）。したがって、その権利を行使するために取締役の責任を追及する訴えを提起するかどうかは、まずは会社が判断する事柄であるはずである。そこで、会社法は、（6か月前から引き続き株式を有する）株主は、原則として、会社（監査役）に対して取締役の責任を追及する訴えを提起するよう請求する、という手続を踏まなければならないと定めている（847条1項・386条2項1号）。そして、その請求の日から60日以内に会社が訴えを提起しない場合にはじめて、その請求をした株主は、会社のために、自ら訴えを提起することができると規定しているのである（847条3項）。

　(ｳ)　**株主代表訴訟を提起しやすくするために設けられている仕組み（裁判関連費用の負担）**　　制度上は株主が株主代表訴訟を提起することができる（(ｱ)(ｲ)参照）。しかし、提起した株主が、提起し追行するためにかかる多額の裁判関連費用（提訴手数料など）を個人で負担しなければならないとしたらどうなるだろうか。実際には提起されなくなる可能性が高くなるだろう。そうなれば、取締役は（Ⅱ）や（Ⅲ）のように仕向けられることはなくなってしまう。

　そこで、株主が株主代表訴訟を提起しやすくなるような仕組みが設けら

れている。例えば、株主代表訴訟を提起する際に裁判所に支払わなければ
ならない提訴手数料の負担の軽減である。本来であれば、民事訴訟を提起
する場合には、請求しようとしている損害賠償額（請求額）に応じて提訴手
数料を支払わなければならない（請求額が高額になればなるほど、多くの提訴手
数料を支払わなければならない）。他方で、株主代表訴訟を提起する場合には、
請求額が低額であろうが高額であろうが、13000円を支払えばよい（847の4
条1項、民事訴訟費用に関する法律4条2項別表第1）。また、株主が株主代表訴
訟で勝訴し、取締役が任務懈怠責任を負うと判断された場合には、弁護士
費用などを自らに支払うよう会社に対して請求することができる（852条1
項）。

8　第三者に対する損害賠償責任

（1）　対第三者責任とは何か

　5で説明した任務懈怠責任（対会社責任）に基づく損害賠償請求権は、取
締役がその任務を懈怠したことによって損害を受けた会社が有する権利で
あった。もっとも、取締役に対する損害賠償請求権には、会社ではない者
が有するものもある。例えば、以下のケースを考えてみよう。

Chart 3-26　間接損害を生じさせた取締役の対第三者責任

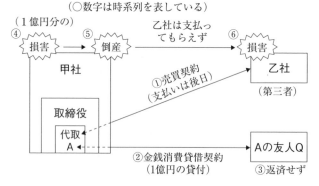

注）①②いずれの契約もその当事者は甲社と乙社・Qである
　　（A個人は当事者でない）

パンを製造・販売している甲社の代表取締役 A は、小麦粉業者である乙社から小麦粉を購入した。その後、A は、とても仲の良い友人 Q からの頼みを断り切れず、しかも、返済してくれそうもないことは分かっていながら、甲社を代表して甲社が有する 1 億円もの大金を Q に貸付けた。実際にQ は甲社に返済してくれなかったため、甲社の資金繰りは悪化し、甲社は倒産するに至った。その結果、乙社は、小麦粉の代金を支払ってもらえなくなった。

　このケースの A のように取締役がずさんな貸付けをすることによってその任務を懈怠したとしよう（この任務懈怠については **5 (2)(イ)**参照）。その任務懈怠によって支払ってもらえなくなった小麦粉の代金額に相当する損害を受けた乙社のような債権者も、A のような取締役に対して損害賠償請求権を有する可能性がある。つまり、取締役は、その職務を行うについて悪意または重大な過失があったときは、これによって第三者（その会社でも取締役でもない者）に対して生じた損害を賠償する責任を負う（429条1項）。この責任は「対第三者責任」と呼ばれる。

(2)　対第三者責任による債権者保護の意義

(ア)　契約債権者は自衛できないのか
対第三者責任が認められれば、会社の債権者は損害賠償金を被った損害の回復に充てることができる。したがって、対第三者責任は債権者を保護する仕組みであるといえる。

　もっとも、対第三者責任は債権者にとって本当に必要なのだろうか。なぜなら、その会社に対して経営資金を融資する銀行のような契約債権者であれば、自衛することができるからである。例えば、損害を受けることを予期するのであれば、銀行は、そもそも融資を行わなければよい。また、融資を行うとしても債権の全額を回収することができないという状況を想定して多くの利息を求めればよい。そのような高い利息を受け取ることによって、実際に債権の全額を回収できなくなった場合の損失（損害）を埋め合わせることができる。

　しかし、そのような契約債権者は、例えば、被るかもしれない損害の回復に充てるのに必要な水準を超えて、多すぎる利息を求めてくるかもしれない。つまり、自衛が過剰になされるかもしれないのである。また、銀行

などと同じ契約債権者であるといっても、(1)で述べたケースの乙社のような原材料の納入業者（取引先）は、そのような自衛をしないかもしれない。

　　(イ)　**対第三者責任の意義**　　(ア)で説明した問題があることからすれば、対第三者責任のように債権者を保護する仕組みはやはり必要であるということになる（ただし(4)参照）。損害を受けることを予期していたとして、実際に損害を受けた場合には対第三者責任が認められればその損害の一部が塡補されることになる。したがって、契約債権者は安心し、過剰な自衛をすることなく、会社と取引してくれるかもしれない。その結果、その取引によって（少ない利息で）融資を受けたり、原材料を仕入れることができる会社の取締役は、会社にできる限り多くの利益をもたらすように経営することができる。

　　また、対第三者責任を課されて、自身の個人財産から損害を賠償しなければならなくなることを恐れる取締役は、（Ⅱ）注意して経営することによって、会社だけではなく、第三者に対しても損害を与えることがないように仕向けられることになる。さらに、（Ⅲ）会社の利益を犠牲にして自身の利益を図ることによって会社に不利益を与えることがないように仕向けられることになる。その結果、そもそも債権者が損害を受けることは少なくなる。

(3)　対第三者責任と不法行為責任との関係

　　(ア)　**同時に不法行為責任を追及することもできる**　　対第三者責任という仕組みが設けられていても、会社の債権者は、不法行為責任（民709条）に基づいて取締役に対して損害賠償を請求することもできる（最判昭44年11月26日民集23巻11号2150頁）。

　　なお、(1)で述べたケースの乙社のような債権者は、甲社とは契約関係にあるが、取締役であるA個人とは契約関係にはない。つまり、Aは甲社の代表取締役として甲社を代表して乙社のような債権者と契約を締結したりするが（対外的業務執行。2 (2)(ウ)(b)参照）、その契約の当事者はあくまでも甲社と乙社のような債権者である（**Chart 3-26**参照）。したがって、取締役に対しては、契約関係にない者に対しても負う可能性がある不法行為責任を追及することはできるが、契約関係にある者に対して負うものであるに

すぎない債務不履行責任（民415条）を追及することはできない。

(イ)　**不法行為責任との違いなど**

不法行為責任を追及する場合には、被害者である債権者は、取締役がその債権者自身に対する加害につき故意または過失があったことを証明しなければならない（民709条参照）。しかし、対第三者責任を追求する場合には、取締役がその任務（職務）を懈怠したことにつき悪意または重過失があったことを証明しなければならない（429条1項参照）という違いがある。したがって、債権者は、取締役がその任務（職務）を懈怠したことにつき悪意または重過失があったことを証明することができるのであれば、その債権者自身に対する加害につき故意または過失があったことを証明することができなくても、対第三者責任に基づいて損害を塡補してもらえることになる。つまり、不法行為責任という仕組だけではなく、対第三者責任という仕組みがあることによって、しかも、要件を満たしていることを証明しやすい場合があることによって、債権者は厚く保護されることになる。

(4)　直接損害と間接損害

(ア)　**間接損害**　　(1)の初めで述べたケースでは、取締役Ａがずさんな貸付けをすることによってその任務を懈怠した。そして、その任務懈怠によって、Ｑから返済されなかった貸付金に相当する額の損害を甲社が被った。その結果、甲社は倒産し、甲社の債権者である乙社は代金を支払ってもらえなくなったことによって小麦粉の代金額に相当する損害を被ったの

Chart 3-27　間接損害を生じさせた取締役の対第三者責任
（○数字は時系列を表している）

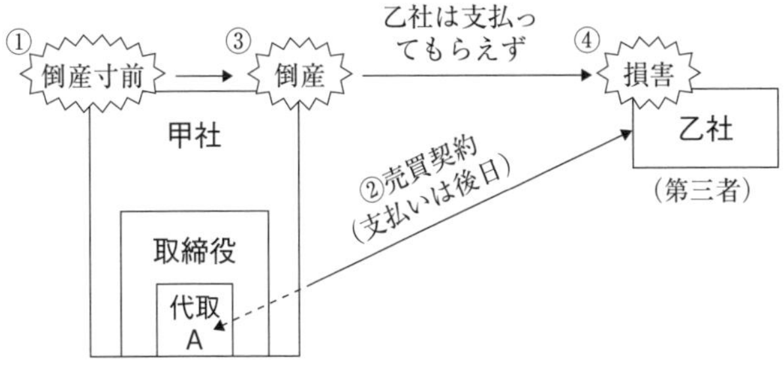

である。つまり、取締役の任務懈怠によって会社が損害を受け、その結果、会社の債権者が損害を受けたという場合である（**Chart 3-26**参照）。この場合に債権者である乙社が被った損害のことを「間接損害」という（なお、このケースの乙社のように間接損害を受けた第三者は、債権者代位権〔民423条〕により実質的に損害を塡補してもらえる可能性がある。したがって、そのような第三者に取締役の対第三者責任を追及することを認める必要はないともいえるかもしれない）。

　(イ)　**直接損害**　　それに対して、取締役の任務懈怠によって、会社は損害を受けずに、直接、会社の債権者が損害を受けた場合はどうだろうか。この場合、債権者が被った損害のことを「直接損害」という。次のケースを見ながら考えてみよう。

　パンを製造・販売している甲社の資金繰りは悪化し、その倒産は時間の問題であった。ところが、その代表取締役Aは、甲社が倒産するまではパンを製造・販売しようと考えた。そこで、甲社が倒産すれば、その小麦粉の代金を支払えなくなると考えながらも、小麦粉業者である乙社から小麦粉を購入した。その後、実際に甲社は倒産してしまった。その結果、乙社は、小麦粉の代金を支払ってもらえなくなった（**Chart 3-27**参照）。

　このケースの乙社は、支払ってもらえなくなった小麦粉の代金額に相当する損害を受けている。この損害は直接損害である。なぜなら、甲社自体は、代表取締役Aによる小麦粉の購入（仕入れ）という行為によって、小麦粉を取得することができている。したがって、甲社自体は損害を受けていない。他方で、乙社は小麦粉の代金を支払ってもらえなくなっているからである（ただし、甲社は損害を受けていないのであるから、代表取締役Aがその任務を懈怠したといえるかどうかは疑わしい、という問題はある）。

　判例によれば、債権者は、間接損害・直接損害いずれの損害についても、対第三者責任によって賠償するよう請求することができる（前掲・最判昭44年）。

第4節　監査役と監査役会

1　監査役とは何か

　監査役とは、株式会社において取締役の職務執行を監査する機関である（381条1項）。監査役は、原則として、会計監査を含めた業務監査を行う（例外は、389条）。監査役は、原則として、定款の定めによって設置される任意の機関であるが（326条2項）、取締役会設置会社および会計監査人設置会社では監査役の設置が強制される（327条2項・3項）。ただし、公開会社でない会計参与設置会社では、取締役会を設置している場合でも、監査役は任意機関である（327条2項）。監査等委員会設置会社および指名委員会等設置会社では監査役を置くことはできない（327条4項）。

2　監査役の資格

　監査役に特別の資格は要求されない。会計監査人と違い公認会計士である必要はない。ただし監査役には欠格事由がある（335条1項・331条1項）。監査役はその会社の取締役・使用人を兼ねてはならないだけではなく、その子会社の取締役・使用人・執行役・会計参与を兼ねることも許されない（335条2項）。監査する者が監査されるものの影響を受けるようでは、監査の実をあげることができないからである。

　監査役会設置会社では、監査役は3人以上で、かつ、その半数以上は社外監査役でなければならない（335条3項）。ここで社外監査役とは、過去10年にその会社または子会社の取締役・執行役・会計参与・執行役または支配人その他の使用人でなかった者を指す（2条16号イ）。また。親会社等の取締役・監査役・執行役・支配人その他の使用人等も、社外監査役になることができない（2条16号ハ）。会社の取締役であった者が、その後監査役に就任して10年以上経過したとしても社外監査役の要件を満たすことはないとされている（2条16号ロ）。

　社外監査役の職務権限と義務は、以下で説明する通常の監査役の職務権限と義務と同一であり、その注意義務の内容についても、通常の監査役の

それと変わらないと解すべきである。

3 監査役の選解任

　監査役は株主総会の決議によって選任される（329条1項）。監査役がある場合、取締役が監査役の選任に関する議案を株主総会に提出するには、監査役（監査役が2人以上ある場合にあってはその過半数、監査役会設置会社である場合には監査役会）の同意を得なければならない（343条1項・3項）。すなわち、監査役あるいは監査役会は取締役の監査役選任議案に関し拒否権を持つ。監査役の任期は4年（選任後4年以内に終了する事業年度の中最終のものに関する定時総会の終了の時まで）である（336条1項）。この任期は、法律により短縮される場合を除き（336条3項・4項）、定款によっても短縮できない（332条1項ただし書対比）。これは監査役の独立性の確保のためである。ただし、公開会社でない株式会社では監査役の任期を10年まで伸長できる（336条2項）。

　監査役は、任期中でも、同人を選任した株主総会の特別決議で解任されうる（343条4項・309条2項7号）。

4 監査役の職務権限

　監査役は取締役の職務執行を監査する機関であるから、その職務権限は、原則として業務全体の監査に及ぶ。

　監査役の監査権限が違法性監査を含むものであることは、異論なく認められているが、取締役の職務行為の妥当性すなわち効率性の監査を含むものであるかについては、争いがある。

　監査役は取締役の選解任権限を有していないため、不当な業務執行がなされても、取締役等を解任できないため、そもそも妥当性に関する事項は監査役の職務権限から除外されていると解さざるをえない。会社法上の規定（382条・384条）の文言上監査は法令定款違反および著しく不当な事項に限定されるが、著しい不当であれば、善管注意義務が問題となり違法性の問題となる。したがって、業務執行の監督を担当するのは取締役会であり、取締役相互あるいは取締役会による監督は妥当性の問題にまで及ぶが、監査役の監査は取締役の行為の妥当性にまで及ばない。監査役の監査は原則

として違法性監査に限定される。しかし、法律で定められた個々の監査項目の中には、監査役の判断が、取締役の行為の当不当の問題にまで事実上及ぶものがある。例えば、総会に提出される取締役の議案につき著しく不当である場合、例えば過大な報酬を定めているときは、監査役はその旨指摘する義務があるが（384条）、これも実質的には違法性の問題であると考えられている。

監査役は、以下の職務権限を有する。

第1に、監査役は調査し報告を求める権限を有する。すなわち、監査役は、何時でも取締役および支配人その他の使用人に対し事業の報告を求め、また、会社の業務・財産の状況を調査することができる（381条2項）。取締役は、会社に著しい損害を及ぼすおそれのある事実を発見したときは、直ちに当該事実を監査役に報告しなければならない（357条1項）。また、親会社の監査役における調査し報告を求める権限は、子会社にも及ぶ（381条3項）。これは、親会社の取締役が子会社を利用して違法行為を行うこと――例えば、親会社の決算粉飾のため子会社との架空取引から親会社が利益を得たように見せかけること――等を防止するためである。また、監査役は、取締役が株主総会に提出しようとする議案、書類その他法務省令で定めるものを調査し、違法または著しく不当な事項があった場合には、その調査結果を株主総会に報告しなければならない（384条）。また、監査役は事業年度ごとに監査報告を作成する義務を負う（381条1項・436条1項、施行規則129条、会社計算122条・127条）。

第2に、監査役は取締役による違法行為を抑止する義務・権限がある。すなわち、監査役は、取締役が不正な行為をするおそれがある場合、遅滞なくその旨を取締役（取締役会設置会社にあっては取締役会）に報告する（382条）。監査役は、取締役の法令違反の行為によって、会社に著しい損害を生ずるおそれがある場合には、当該取締役に対して当該行為の差止を請求することができる（385条1項）。

第3に、会社と取締役間の訴訟においては監査役が会社を代表する（386条1項）。また、監査役には、会社に対する取締役の損害賠償責任を追及する訴訟を提起する権限もある（386条2項1号）。取締役が違法行為をして会

社に対して損害賠償の責任を負う場合、この訴訟の提起を代表取締役に任せきりにできない。なぜなら、仲間意識から代表取締役が同僚である取締役に対して訴訟を提起することは実際上考えられないからである。これに鑑み、会社法は、取締役よりも中立的な立場にある監査役に、取締役の責任を追及する訴訟を提起する権限を与えたのである（386条2項）。代表訴訟を提起する株主は、代表訴訟の提起前に、まず、監査役に対して、取締役の会社に対する責任を追及する訴訟を提起するよう請求することになっている（847条1項）。この請求に対し、監査役が60日以内（熟慮期間と呼ばれる）に取締役責任追及訴訟を提起しない場合、株主は自ら代表訴訟を提起できるという仕組みになっている（847条3項）。

　第4に、監査役は取締役会に出席し、必要があるときは意見を述べる義務を負う（383条1項本文）。

5　監査役の注意義務等

　監査役は役員であり会社とは準委任の関係に立つ（330条）。したがって、監査役は委任者としての義務、すなわち善良なる管理者の注意義務（民644条）を負い、任務懈怠があった場合、会社に対して、他の役員等と連帯して損害賠償責任を追う（423条1項・430条）。監査役にも責任減免制度（424条以下）の適用がある。しかし、監査役は取締役と異なり業務執行に携わらないため、競業禁止・利益相反取引の問題は生じない。

　社外監査役の注意義務の内容が、通常の監査役の注意義務と異なると解すべきかについては問題となりうる。民事上の過失は抽象的過失であり具体的過失ではない。また監査役の注意義務の内容は監査役と会社との個々の委任契約で定まるものではなく、監査役という地位に法律上与えられるものである。社外監査役が権限において通常の監査役と異ならず、社外監査役は責任限定契約を締結しうること等を考慮すると、社外監査役の注意義務の内容は、通常の監査役のそれと異ならないと解すべきである。

　監査役の報酬は、定款または総会決議で決める（387条1項）。取締役の報酬規制の目的がお手盛り防止にあるのに対し、監査役の報酬規制の目的は、監査役の独立性を確保することにある。複数の監査役につき総額が決めら

れたときは、各監査役が具体的に受ける額は、監査役の協議によって決められる（387条2項）。

　取締役の場合と同じように、監査役に対する株主代表訴訟というのがある（847条3項）。監査役が任務を懈怠したため、会社に損害が生じた場合、株主は監査役の職務懈怠を理由として、監査役の責任を追及する株主代表訴訟を提起しうる。しかし、監査役自身は業務執行に直接関与しないため、監査役の行為の差止という制度はない。

　会社法429条1項が定める役員等の対第三者責任は、役員等である監査役にも及ぶ。したがって、監査役は、取締役と同じように、その職務を行うにつき悪意または重大なる過失がある場合には、第三者に対しても責任を負う。

6　監査役会

　大会社で公開会社である株式会社は、監査等委員会設置会社および指名委員会等設置会社を除き、監査役会を設置しなければならない（328条1項）。それ以外の会社も、任意に監査役会を設置できる。監査役会を設置する場合、監査役は3人以上で、その半数以上は社外監査役でなければならない（335条3項）。

　監査役会はすべての監査役で組織され（390条1項）、次の業務を行う。すなわち、①監査報告の作成、②常勤監査役の選任および解職、③監査の方針・監査役設置会社の業務および財産の状況の調査の方法その他の監査役の職務執行に関する事項の決定（390条2項）。ただし、③の事項が監査役会のより決定されたとしても、個々の監査役は単独でその権限を行使しうる（390条2項ただし書）。例えば、監査役会が、ある取締役につき責任追及訴訟は提起しないと方針決定した場合あっても、個々の監査役は単独で取締役の責任追及訴訟を提起できる。すなわち、監査役会は設置された場合であっても、監査役は独任制の機関である。また、監査役会には、監査役・会計監査人の独立性を高めるため、監査役・会計監査人の選任に関し、同意権が与えられている。すなわち、監査役会設置会社において、取締役は監査役・会計監査人の選任に関する議案を株主総会に提出するには、監査

役会の同意を得なければならない（343条1項・3項、344条1項・3項）。

　取締役会と同じように、監査役会もまた常設の機関ではなく、必要に応じて招集される。監査役会の招集権限は、個々の監査役にある（391条）。監査役会を招集するには、監査役は、監査役会の日の1週間前までに、各取締役に対して招集通知（口頭でもよい）を発しなければならないが、監査役全員の同意があるときは、招集通知がなくとも開催することができる（392条2項）。

　監査役会の決議は、監査役が1人1個の議決権を持ち、監査役の過半数で行う（393条1項）。監査役は、その個人的信頼に基づいて選任されているため、監査役会における議決権行使を他人に委任することはできない。また、監査役会の監査機能の効率性およびその情報共有機能を重視する見地から、監査役会の会議の省略は定款によっても不可能であると解されている。

　会社法は監査役会決議に瑕疵があった場合についての規定を設けていない。したがって、監査役会決議の手続または内容に瑕疵がある場合、決議は一般原則により無効となると解される。

　監査役会設置会社は監査役会の議事につき議事録を作成し、出席した監査役はこれに署名または記名押印しなければならない（393条2項、施行規則109条）。監査役会の決議に参加した監査役で議事録に異議をとどめない者はその決議に賛成したものと推定される（393条4項）。監査役会設置会社は監査役会議事録を監査役会の日から10年間会社の本店に備え置かなければならない（394条1項）。株主はその権利を行使するため必要があるときは、裁判所の許可を得て監査役会議事録等の閲覧謄写を請求できる（394条2項）。また、会社債権者も役員の責任を追及するため必要があるときは、裁判所の許可を得て監査役会議事録等の閲覧謄写を請求できる（394条3項）。ただし、裁判所は、これらの者による閲覧謄写により会社もしくはその親会社・子会社に著しい損害を及ぼすおそれがあると認めるときは、監査役会議事録等の閲覧謄写を許可できない（394条4項）。

第3章　資金調達

第1節　はじめに

　会社は、事業活動を通じて得た財産を株主に分配するという営利活動を行っているところ、事業活動を行うためには、資金を必要とする。会社が資金を調達する方法は、いくつかある。第1は、会社が事業活動で得た利益を内部に蓄え、その利益を資金として用いるものである。第2は、会社が銀行等の金融機関から資金を借り入れるというものである。第3は、会社が募集株式、社債または募集新株予約権の発行を通じて資金を調達するものである。第1の方法は、会社内部から資金を調達するものであり、第2および第3の方法は、会社外部から資金を調達するものである。第2の方法は、会社と金融機関との間の契約の問題である。第3の方法は、会社法が規定するものである。会社法は、一方で会社による柔軟な資金調達、他方で株主の保護、既存の株主および新たに株主となる者の利害調整、株主とその他の利害関係者との利害調整等を考慮に入れつつ、規制を設けている。

　以下では、募集株式の発行を中心に述べる。

第2節　募集株式の発行

1　総　論

（1）序　説

　会社法は、株式会社がその発行する株式またはその処分する自己株式を引き受ける者を募集しようとするときを規定しており（199条1項）、新株の発行および自己株式の処分を募集株式の発行等として規制を設けている。前者の場合では発行済株式総数および資本金の額が増えるが、後者の場合ではこれらは増えない。しかし、既存の株主への影響は、前者の場合および後者の場合において異ならないため、会社法は、新株の発行および自己

株式の処分について共通の規制を置いている。

　募集株式の発行等は、株主割当て、第三者割当ておよび公募に分類することができる。株主割当てとは、株主に株式の割当てを受ける権利を与える方法で行われる募集株式の発行等である。この方法は、全ての株主に対して各株主の持株数に応じて株式を割り当てるものである。他方、第三者割当てとは、特定の第三者に対して株式を割り当てる方法で行われる募集株式の発行等である。特定の第三者が既存の株主であるのか否かは問われない。公募とは、株主であるのか否かを問わず、不特定多数の者に対し株式の引受けの勧誘をし、株式を割り当てる方法で行われる募集株式の発行等である。第三者割当ておよび公募については、会社法の条文上、手続的な違いはない。

　上述のように、会社法は、募集株式の発行および自己株式の処分について共通の規制を置いている。以下では、記述を簡略にするため、募集株式の発行について述べる。

(2)　授権資本制度

　株式会社は、発行することができる株式の総数（この総数のことを、発行可能株式総数という）について定款に定めを置かなければならない（37条・113条）。この発行可能株式総数の範囲において、会社は、必要な機関決定に基づき、適宜、募集株式を発行することができる。このことを、授権株式制度という。公開会社は、取締役会の決議に基づき、募集株式を発行することができ（199条・201条）、迅速に資金を調達することができる。これは、授権株式制度の特徴と言える。

　発行可能株式総数を各会社のルールとして定款に定めることにより、既存の株主は、あとどのくらいの新株の発行が可能であるのかを知ることができる。すなわち、既存の株主は、自己の持株比率について、どのくらいまで低下するのかを知ることができるという利点がある。

　上述のように、公開会社は、募集株式の発行を取締役会の決定で実現することができ、募集株式の発行の決定に株主は参加しない。そのため、公開会社に関しては、発行可能株式総数は、発行済株式総数の4倍を超えてはならない（37条3項・113条3項）。これは、新株が取締役会の決議のみで発

行されることについて、既存株主の持株比率の低下につき限度を設けることになる。他方、非公開会社に関しては、募集株式の発行は原則として株主総会の特別決議に基づいてなされるため、上述のような4倍の規制は設けられていない（37条3項ただし書・113条3項）。

2　募集株式の発行

（1）　公開会社の募集事項の決定

株式会社は、発行する株式を引き受ける者を募集しようとするときは、その都度、募集株式について、募集事項を定めなければならない（199条1項）。

募集事項とは、次のものである（199条1項1号〜5号）。①募集株式の数（種類株式発行会社にあっては、募集株式の種類および数）、②募集株式の払込金額（募集株式一株と引換えに払い込む金銭または給付する金銭以外の財産の額）またはその算定方法、③金銭以外の財産を出資の目的とするときは、その旨ならびに当該財産の内容および価額、④募集株式と引換えにする金銭の払込みまたは上記③の財産の給付の期日またはその期間、⑤増加する資本金および資本準備金に関する事項。

公開会社の場合、市場価格のある株式を引き受ける者の募集をするときは、上記②払込金額またはその算定方法に代えて、公正な価額による払込みを実現するために適当な払込金額の決定の方法で足りる（201条2項）。

公開会社では、募集事項は、取締役会が定める（201条1項）。このようにしているのは、公開会社では、株主は投資目的で株式を保有していることが多く、持株比率の低下について強い関心を持たないと考えられており、取締役会が募集事項を決定することができることにし、機動的な資金調達の実現を確保するためである。

また、指名委員会等設置会社では、取締役会は、取締役会の決議により、募集事項の決定を執行役に委任することができ（416条4項）、監査等委員会設置会社では、取締役の過半数が社外取締役である場合、または、定款の定めがある場合には、取締役会は、取締役会の決議によって、募集事項の決定を取締役に委任することができる（399条の13第5項・6項）。

公開会社は、取締役会の決議によって募集事項を定めたときは、払込期日（払込の期間を定めた場合には、その期間の初日）の２週間前までに、株主に対し、当該募集事項を通知しなければならず（201条３項）、この通知は、公告に代えることができる（201条４項）。このような株主への開示の規制が置かれているのは、株主に対し、募集株式の発行の差止めを申し立てる機会を与えるためである。ただし、公開会社が募集事項について金融商品取引法上の開示を行っている場合には、会社法上の上記の通知または公告を要しない（201条５項）。

（2）　非公開会社の募集事項の決定

　非公開会社が募集株式の発行をしようとするときは、株主総会の特別決議によって、募集事項（上記①～⑤）を決定しなければならない（199条１項２項・309条２項５号）。非公開会社では、株主は、自己の有する議決権の比率の維持に強い関心を持っていると考えられており、株主総会の特別決議が要求されている。

　非公開会社では、株主総会の特別決議によって、募集事項の決定を取締役（取締役会設置会社では、取締役会）に委任することができる（200条１項・309条２項５号）。この場合、この委任に基づいて募集事項の決定をすることができる募集株式の数の上限および払込金額の下限を株主総会の特別決議で決める必要がある（200条１項・309条２項５号）。この払込金額の下限が募集株式を引き受ける者に特に有利な金額である場合には、取締役は、その金額でその者に株式を発行することを必要とする理由を株主総会で説明しなければならない（200条２項）。上記の委任をすることの株主総会決議の効力は、１年に限られる（200条３項）。

（3）　有利発行

　払込金額が募集株式を引き受ける者に特に有利な金額である場合（このような場合の募集株式の発行を有利発行という）には、取締役は、株主総会において、当該払込金額でその者を募集することを必要とする理由を説明しなければならない（199条３項）。これは、そのような金額で株式が発行されることによって既存の株主が経済的損失を受けるおそれがあることを考慮して、既存の株主保護を趣旨とするものである。有利発行の場合には、公開会社

または非公開会社のいずれであっても、取締役の理由の説明が要求される。

公開会社が有利発行をする場合には、募集事項は、取締役会決議ではなく、株主総会の特別決議で決定することになる（201条1項・199条3項）。また、上述のように、非公開会社に関しては、株主総会の特別決議によって、募集事項の決定を取締役（取締役会設置会社では取締役会）に委任することができ、この場合、払込金額の下限を定めなければならないが、この下限が特に有利な金額であるときは、取締役による理由の説明が要求される。

（4）　株主割当て

株式会社は、募集株式の発行を引き受ける者を募集しようとする際に、株主に株式の割当てを受ける権利を与えることができ（202条1項）、この場合、株主は、自己の有する株式数に応じて、募集株式の割当てを受ける権利を有する（202条2項）。このように、株主に、自己の有する株式数に応じて、株式の割当てを受ける権利を与えることを、株主割当てという。ここで言う株主とは、全ての既存株主のことである。

株主割当ての方法で募集株式の発行を行う場合には、株式会社は、募集事項（上記①～⑤）に加えて、次の⑥と⑦を定めなければならない（202条1項）。⑥株主に対し、募集株式の引受けの申込みをすることにより当該株式会社の募集株式の割当てを受ける権利を与える旨、⑦募集株式の引受けの申込みの期日。

上記の募集事項（上記①～⑤）ならびに⑥および⑦は、公開会社では取締役会の決議で定めなければならない（202条3項3号）。非公開会社では、原則として、上記の募集事項（上記①～⑤）ならびに⑥および⑦は、株主総会の特別決議で定めなければならないが（202条3項4号・309条2項5号）、定款の定めによって、取締役の決定、または取締役会設置会社では取締役会の決議で定めることができる（202条3項1号2号）。非公開会社に関しては、各株主は自己の持株比率の維持に関心を有していることが考慮されて、株主割当てによる募集株式の発行が行われるという事情もあるが、他方で、迅速な手続きによる決定を望む会社もありうることから、定款の定めによって迅速な手続きを実現できるような規制が採用されている。

株式会社が上記の①～⑦の事項を定めた場合には、上記⑥の期日の2週

間前までに、株主に対し、募集事項、当該株主が割当てを受ける募集株式数および上記⑥の期日を通知しなければならない（202条4項）。

株主割当てによる募集株式の発行の場合には、有利発行の規制は受けない（202条5項）。これは、株主割当てでは、全ての既存株主は、自己の有する株式数に応じて、募集株式の割当てを受ける権利を与えられ、募集株式を引き受けるか否かを決めることができ、募集株式を引き受ける限り、募集株式の発行による経済的損失を受けないからである。

(5) 申込み・割当て・引受け

(ア) **通知・申込み**　株式会社は、募集株式の引受けの申込みをしようとする者に対して、①商号、②募集事項、③金銭の払込みをすべきときは、払込みの取扱い場所等を通知しなければならない（203条1項）。ただし、株式会社が金融商品取引法に基づく目論見書を募集株式の引受けの申込みをしようとする者に対して交付している場合等には、上記の通知は不要である（203条4項）。

募集株式の引受けの申込みをする者は、（ⅰ）申込みをする者の氏名または名称および住所、（ⅱ）引き受けようとする募集株式の数を記載した書面を株式会社に対し交付しなければならない（203条2項）。株式会社の承諾があれば、書面の交付に代えて、上記（ⅰ）および（ⅱ）の事項を電磁的方法で提供することもできる（203条3項）。

株主割当ての場合、株主が、募集株式の引受けの申込みの期日までに、募集株式の引受けの申込みをしないときは、募集株式の割当てを受ける権利を失う（204条4項）。

(イ) **割当て**　株式会社は、申込者の中から募集株式の割当てを受ける者を定め、かつ、その者に割り当てる募集株式の数を定めなければならない（204条1項）。この場合において、株式会社は、申込者に割り当てる募集株式の数を、当該申込者が申し込んだ数よりも少なくすることができる（204条1項）。

申込者が多数の場合には、原則として、申込者の中から誰に何株を割り当てるかは決定機関が自由に決めることができる。これを、割当自由の原則と言う。ただし、著しく不公正な方法による発行（210条）となる場合の

制限はある。

　割当ての決定は、取締役、または取締役会設置会社では取締役会が行う（348条1項・362条2項1号）。取締役会を設置していない会社では、株主総会で割当ての決定をすることもできる（295条1項）。ただし、募集株式が譲渡制限株式である場合には、定款に別段の定めがある場合を除き、割当ては、取締役会を置いていない会社では、株主総会の特別決議、また取締役会設置会社では取締役会の決議で、決定しなければならない（204条2項・309条2項5号）。

　(ウ)　**総数引受け**　募集株式を引き受けようとする者がその総数の引受けを行う契約を締結する場合には、上記(ア)と(イ)の規制は適用されない（205条1項）。これは、株式会社側と募集株式の全部を引き受けようとする者との間の契約交渉により、募集株式の条件等が決定されるため、会社法による上記の規制は不要と考えられているためである。ただし、募集株式が譲渡制限株式である場合には、定款に別段の定めがある場合を除き、上記の契約は、取締役会を置いていない会社では株主総会の特別決議、また取締役会設置会社では取締役会の決議による承認を要する（205条2項・309条2項5号）。

　(エ)　**募集株式の引受人**　募集株式の引受けの申込者は、株式会社が割り当てた募集株式の数について、また、上記の契約により募集株式の総数を引き受けた者は、その引き受けた募集株式の数について、募集株式の引受人となる（206条）。

　(オ)　**公開会社における募集株式の割当て等の特則**　公開会社は、募集株式の引受人について、引受人（その子会社等を含む）が引き受けた募集株式の株主となった場合に有することとなる議決権の数が当該募集株式の引受人の全員がその引き受けた募集株式の株主となった場合における総株主の議決権の数の2分の1を超える場合には、払込期日（期間を定めた場合には、期間の初日）の2週間前までに、株主に対し、当該引受人（特定引受人）の氏名または名称および住所、当該特定引受人が引き受けた募集株式につき株主となった場合に有することとなる議決権の数等を通知しなければならない（206条の2第1項）。この通知は、公告に代えることができる（206条の2第

2項)。

　当該特定引受人が当該公開会社の親会社等である場合、または、株主割当ての場合には、通知は不要である（206条の2第1項ただし書）。また、金融商品取引法4条1項から3項までの届出をしている場合等も、通知は不要である（206条の2第3項）。

　総株主（ここで要求される株主総会で議決権を行使することができない株主を除く）の10分の1（これを下回る割合を定款で定めた場合には、その割合）以上の議決権を有する株主が、上記の通知または公告の日から2週間以内に、特定引受人（その子会社等を含む）による募集株式の引受けに反対する旨を公開会社に対し通知をしたときは、当該公開会社は、払込期日（払込期間を定めた場合には、その期間の初日）の前日までに、株主総会の決議によって、当該特定引受人に対する募集株式の割当てまたは当該特定引受人との間の総数引受契約について承認を受けなければならない（206条の2第4項）。ただし、当該公開会社の財産の状況が著しく悪化している場合において、当該公開会社の事業の継続のため緊急の必要があるときは、株主総会の決議は不要である（206条の2第4項ただし書）。

　ここで要求される決議は、特別決議ではなく、普通決議である。すなわち、株主総会の決議は、議決権を行使することができる株主の議決権の過半数（3分の1以上の割合を定款で定めた場合には、その割合）を有する株主が出席し、出席した当該株主の議決権の過半数（これを上回る割合を定款で定めた場合には、その割合）をもって行わなければならない（206条の2第5項）。

　要するに、ここでの規制の構成は、引受人が総株主の議決権数の過半数以上の議決権を取得するに至る場合には、株主に通知し、一定数以上の議決権を有する株主が当該特定引受人による引受けに反対するときは、株主総会で、当該特定引受人に対する割当ての可否について判断し、承認を得るようにするものである。

　以上のように、この規制は、公開会社であっても、支配権の異動を伴う募集株式の発行をしようとするときは、取締役会ではなく、株主にそのような募集株式の発行の可否について判断を委ねる趣旨を有するものである。会社法は、支配権の異動を伴う募集株式の発行について、株主総会の特別

決議を要求する組織再編行為と同等の株主総会決議を要求せず、役員の選任または解任と同等の株主総会決議を要求する（役員の選任または解任の株主総会決議につき、341条参照）。

(6) 現物出資

募集株式の発行において、募集株式の引受人は、金銭以外の財産をもって出資を履行することができる。金銭以外の財産での出資を、現物出資と言う（定義につき、199条1項3号参照）。現物出資の場合には、現物出資財産の価額を調査するために、検査役の選任が求められる（207条1項）。

株式会社は、募集事項の決定後遅滞なく、現物出資財産の価額を調査させるため、裁判所に対し検査役の選任の申立てをしなければならず（207条1項）、裁判所は、この申立てを不適法として却下する場合を除き、検査役を選任しなければならない（207条2項）。

選任された検査役は、必要な調査を行い、調査結果を記載した書面または記録した電磁的記録を裁判所に提供して報告しなければならず（207条4項）、株式会社に対して、上記調査結果の書面の写しを交付し、または電磁的記録に記録された事項を法務省令で定める方法で提供しなければならない（207条6項）。

検査役から調査結果の報告を受けた裁判所は、上記の報告について、その内容を明瞭にするため、または、その根拠を確認するために必要があるときは、検査役に対して、さらに報告を求めることができる（207条5項）。

また、検査役から調査結果を受けた裁判所は、検査役の調査を受けた現物出資財産の価額を不当と認めるときは、これを変更する決定をしなければならない（207条7項）。募集株式の引受人（現物出資財産を給付する者に限る）は、裁判所の決定により現物出資財産の価額が変更された場合には、当該決定の確定後1週間以内に限り、募集株式の引受けの申込みまたは総数の引受けにかかる意思表示を取り消すことができる（207条8項）。

検査役の調査は、次の場合には不要とされる（207条9項1号〜5号）。すなわち、その場合とは、①募集株式の引受人に割り当てる株式の総数が発行済株式の総数の10分の1を超えない場合、②現物出資財産の価額の総額が500万円を超えない場合、③現物出資財産が市場価格のある有価証券で

あって、その価額が市場価格として法務省令で定める方法により算定されるものを超えない場合、④現物出資財産につき募集事項として定めた価額が相当であることについて弁護士、弁護士法人、公認会計士、監査法人、税理士または税理士法人の証明（現物出資財産が不動産である場合には、当該証明および不動産鑑定士の鑑定評価）を受けた場合、⑤現物出資財産が株式会社に対する金銭債権（弁済期が到来しているものに限る）であって、当該金銭債権の価額が当該金銭債権にかかる負債の帳簿価額を超えない場合である。

　上記④の証明に関しては、次の者は、証明することができない（207条10項1号～4号）。すなわち、その者とは、（ⅰ）取締役、会計参与、監査役、執行役、支配人その他の使用人、（ⅱ）募集株式の引受人、（ⅲ）業務の停止の処分を受け、その停止期間を経過していない者、および（ⅳ）弁護士法人、監査法人または税理士法人であって、その社員の半数以上が上記（ⅰ）または（ⅱ）の者のいずれかに該当するものである。

　以上のような検査役制度が設けられているのは、現物出資財産の評価につき相当性を確保するためである。とりわけ、現物出資財産が過大に評価されると、金銭出資をした者との関係で公正さを欠くことになり、また、株式会社は十分な資金調達を実現できないおそれが生じる。

　現物出資については、設立の段階における現物出資は、定款に定めなければ、その効力は生じないとされている（28条1号）。他方、会社成立後の募集株式の発行の際の現物出資は、定款の定めを要求すると、株主総会の開催が必要となり、授権株式制度の趣旨に反することになると考えられ、取締役会等の決定事項とされている。

　なお、現物出資者の資格については、特に制限はない。

(7)　出資の履行と新株発行の効力発生

　募集株式の引受人（現物出資財産を給付する者を除く）は、払込期日または払込期間内に、株式会社が定めた銀行等の払込取扱場所において、払込金額の全額を払い込まなければならず（208条1項）、また、募集株式の引受人（現物出資財産を給付する者）は、募集株式と引き換えにする現物出資財産の給付の期日または期間内に、それぞれの募集株式の払込金額の全額に相当する現物出資財産を給付しなければならない（208条2項）。募集株式の引受人に

よる金銭の払込みおよび現物出資の給付を出資の履行と言う（208条3項参照）。

　募集株式の引受人は、出資の履行をしないときは、当該出資の履行をすることにより募集株式の株主となる権利を失う（208条5項）。このような失権制度を採用するのは、出資の履行を後からすることを認めると、出資の履行が後でなされるのかどうかという不安定な状態が続くことになるため、このような状態が生じることを防止する趣旨によるものである。

　募集株式の引受人は、出資の履行をする債務と株式会社に対する債権とを相殺することができない（208条3項）。この規制は、出資の履行によって現実に財産が株式会社に提供されることを確保する趣旨によるものであり、資本充実規制と言う。この規制では、引受人側からの相殺が禁止されている。しかし、例えば、募集事項の決定の際に取締役会が会社債権者の債権を現物出資の内容として決定することは禁止されていない。

　募集株式の引受人は、払込（または給付）期日において、または、払込（または給付）期間が定められている場合には出資の履行をした日において、出資の履行をした募集株式の株主となる（209条1項）。募集株式の引受人は、自己に割り当てられた募集株式のうち、一部についてのみ出資の履行をしたのであれば、その分の募集株式についてのみ株主となる。

　株式会社は、募集株式を発行すれば、資本金の額および発行済株式総数が増加することから、それぞれにつき変更の登記をする必要がある（915条1項、登記事項につき911条3項5号9号）。

(8)　引受けの無効または取消の制限

　募集株式の引受けの申込みおよび割当てならびに総数引受けの契約に係る意思表示は、心裡留保（民93条ただし書）および虚偽表示（民94条1項）に基づき無効とされない（211条1項）。また、募集株式の引受人は、出資の履行をしたことにより株主となった日から、1年を経過した後またはその株式について権利を行使した後は、錯誤、詐欺または強迫を理由として募集株式の引受けの取消しをすることができない（211条2項）。

3 募集株式の発行の差止め

　瑕疵のある募集株式の発行の争いについて、会社法には、募集株式の発行前の制度と発行後の制度がある。前者は、募集株式の発行の差止めであり、後者は、募集株式の無効または不存在の制度である。ここでは、前者について述べ、後者については後述する。

　①募集株式の発行が法令または定款に違反する場合、または、②募集株式の発行が著しく不公正な方法により行われる場合において、株主が不利益を受けるおそれがあるときは、株主は、株式会社に対し、募集株式の発行をやめることを請求することができる（210条）。

　この請求は、訴訟で行うこともできる。訴訟による差止めの請求は、判決が確定するまでに募集株式の発行の効力が生じ、差止めできなくなるおそれは残る。そのため、株主は、発行差止めの仮処分を求めることもできる（民事保全23条2項）。

　上記①募集株式の発行が法令または定款に違反する場合の例としては、授権株式数を超えて募集株式を発行すること、募集事項が必要な機関によって決定されていないこと、必要な募集事項の通知や公告がなされていないこと、現物出資につき必要な検査役の調査がなされていないこと、有利発行について必要な株主総会決議がなされていないこと等がある。

　募集株式の発行が著しく不公正な方法により行われることを、不公正発行とも言う。上記②募集株式の発行が著しく不公正な方法により行われる場合に関しては、典型的な例は、現経営陣および現経営陣を支持する者と現経営陣に対立する株主との間で、経営支配権の争いが生じている状況下で、現経営陣が経営支配権維持ないし確保を目的として、現経営陣を支持する者に対し、募集株式の発行をするという場合である。裁判例では、上述のような状況下で、現経営陣の経営支配権の維持ないし確保を主要な目的とした募集株式の発行は、不公正発行に該当するという判断基準が採用されている。この判断基準を主要目的ルールと言う。

　上述のような経営支配権の争いが生じている状況下に現経営陣が募集株式の発行をする場合において、多くの場合、現経営陣は、資金調達を目的として募集株式の発行を行うと主張する。このような場合には、裁判所は、

個別の事案における具体的事実関係を考慮に入れて、主要な目的が上述のような現経営陣の経営支配権維持ないし確保なのか、資金調達なのかを判断し、前者が主要な目的であると判断すれば、募集株式の発行は不公正発行として差止めになる。他方、裁判所は、資金調達が主要な目的であると判断すれば、募集株式の発行は不公正発行とまでは言えず、差止めを認めない。

　以上が主要目的ルールであるが、新たな展開もある。すなわち、経営支配権が現に争われている状況下において、会社を買収しようとしている買収者の意図によっては、現経営陣による募集株式の発行が認められるべきであるという場合もある。すなわち、上述のような状況下において、現経営陣が、経営支配権の維持ないし確保を目的として募集株式の発行をした場合に、このような募集株式の発行は原則として不公正発行に当たるが、株主全体の利益保護という観点からこのような募集株式の発行を正当化できる特段の事情がある場合には、このような募集株式の発行であっても不公正発行とまでは言えず、したがって、差止められない（東京高決平成17年3月23日判時1899号56頁。この裁判例では新株予約権の発行に主要目的ルールが採用された）。

4　募集株式の発行の無効または不存在

（1）　新株発行の無効の訴え

　募集株式の発行に瑕疵がある場合であっても、募集株式が発行されてしまうと、募集株式の発行を基礎に法律関係が形成されていく。したがって、会社法は、利害関係者の法律関係を安定させること、および画一的に取り扱うことができるようにすることを目的として、新株発行の無効の訴えという制度を用意している。

　株式会社の成立後における株式の発行（新株発行）の無効は、当該株式の発行の効力発生日から、6か月以内（非公開会社の場合、1年以内）に、訴えをもってのみ主張することができる（828条1項2号）。

　この無効の訴えは、当該株式の発行をした株式会社の株主等に限り、提起することができる（828条2項2号）。株主等とは、株主、取締役または清

算人、監査役設置会社にあっては、株主、取締役、監査役または清算人、指名委員会等設置会社にあっては、株主、取締役、執行役または清算人のことである（828条2項1号）。被告は、当該株式の発行をした株式会社である（834条2号）。

　無効の確定判決の効力に関しては、対世効は認められるが、遡及効は認められない。すなわち、無効の主張を認容する確定判決は、第三者に対しても効力を有する（838条）。他方、無効の主張を認容する判決が確定したときは、当該判決によって無効とされた新株の発行は、将来に向かって効力を失う（839条。なお、新株発行の無効判決の効力につき、840条参照）。

　無効事由については、会社法は規定を置いていない。新株が発行されると、これに基づいて法律関係が形成されるため、無効となる場合は制限的に解されている。

　無効事由が認められる例としては、定款に定められている授権株式数を超過する募集株式の発行、または定款に定めのない種類の募集株式の発行、新株発行差止めの仮処分が出されたにもかかわらず、それに違反して行われた新株発行、非公開会社において株主総会の特別決議を経ずになされた新株発行がある。このほか、募集事項の公告・通知を欠いた新株発行に関しては、通知・公告を欠くことは株主の知らないうちに新株発行が行われる結果になり、株主は差止めを請求する機会を奪われることになることが考慮され、通知・公告を欠く場合には、仮に差止めが請求されたとして、通知・公告を欠くこと以外に何らかの差止事由があるときは、当該新株発行は無効とされる。すなわち、募集事項の公告・通知の欠缺は、その他の差止事由があることにより、無効事由となる。

　他方、株主総会の特別決議を経ずになされた有利発行につき株主総会決議の欠缺、公開会社において取締役会決議を経ずになされた新株発行につき取締役会決議の欠缺は、無効事由にならない。

（2）　新株発行の不存在

　新株発行の実体がない場合は、新株の発行が存在しないことから、新株発行の無効の問題として取り扱うものではない。新株発行の実体がない場合には、誰でも、いつでも、どのような方法によっても、新株発行の不存

在を主張することができる。しかし、会社法は、法律関係を画一的に取り扱うことを可能にすることを目的として、新株発行の不存在の確認の訴えの制度を設けている（829条1号）。したがって、そのような目的を実現させたい場合には、新株発行の不存在の確認の訴えを利用すればよい。

　会社法が規定する不存在確認の訴えの制度においては、被告を、新株の発行をした株式会社とし（834条13号）、不存在の請求を認容する確定判決は、第三者に対して効力を有する（838条。対世効）。以上のことは、新株発行の無効の確認の訴えの場合と同様である。

　他方、無効確認の訴えの場合とは異なり、将来に向かって効力を失うとして遡及効を認めない趣旨の規定（839条）は、新株発行の不存在の確認の訴えには適用されず、原告適格および提訴期間についても制限はない。

5　関係者の責任

　瑕疵ある募集株式の発行が行われた場合には、関係者は責任を問われうる。ここでは、会社法が規定する責任について述べる。

（1）　不公正な払込金額で株式を引き受けた者の責任

　取締役（指名委員会等設置会社では、執行役）と通じて著しく不公正な払込金額で募集株式を引き受けた者は、株式会社に対し、当該払込金額と当該募集株式の公正な価額との差額に相当する金額を支払う義務を負う（212条1項1号）。

（2）　現物出資の不足補填責任

　㋐　**現物出資財産の出資者の責任**　　出資の履行として給付した現物出資財産の価額が募集事項として定められた価額に著しく不足する場合には、当該現物出資財産の出資者は、株式会社に対し、当該不足額を支払う義務を負う（212条1項2号）。ただし、当該出資者は、当該現物出資財産の価額が募集事項として定められた価額に著しく不足することにつき善意でかつ重大な過失がないときは、募集株式の引受けの申込みまたは総数引受契約に係る意思表示を取り消すことができる（212条2項）。

　㋑　**取締役等の責任**　　募集株式の引受人が出資の履行として給付した現物出資財産の価額が募集事項として定められた価額に著しく不足する

場合には、取締役等は、株式会社に対し、現物出資財産の不足額を支払う義務を負う（213条1項）。

取締役等とは、①当該募集株式の引受人の募集に関する職務を行った業務執行取締役（指名委員会等設置会社では執行役）その他当該業務執行取締役の行う業務の執行に職務上関与した者として法務省令で定めるもの、②現物出資財産の価額の決定に関する株主総会の決議があったときは、当該株主総会に議案を提案した取締役として法務省令で定めるもの、③現物出資財産の価額の決定に関する取締役会決議があったときは、当該取締役会に議案を提案した取締役（指名委員会等設置会社では取締役または執行役）として法務省令で定めるものである（213条1項1号〜3号、法務省令につき施行規則44条参照）。

ただし、取締役等は、現物出資財産の価額について検査役の調査を経た場合、または、当該取締役等がその職務を行うについて注意を怠らなかったことを証明した場合には、この義務を負わない（213条2項）。

また、現物出資財産について募集事項として定められた価額が相当であると証明した者は、株式会社に対し、現物出資財産の不足額を支払う義務を負う（213条3項）。ただし、当該証明者は、当該証明をするについて注意を怠らなかったことを証明したときは、この義務を負わない（213条3項ただし書）。

現物出資財産の出資者が不足額を支払う義務を負う場合において、取締役等および証明者は、当該不足額につき支払う義務を負うときは、連帯債務者となる（213条4項）。

(3) 出資の履行を仮装した場合の責任

（ア） **募集株式の引受人の責任**　募集株式の引受人は、①金銭の払込みを仮装した場合には、払込みを仮装した払込金額の全額の支払いの義務、または、②現物出資の給付を仮装した場合には、給付を仮装した現物出資財産の給付（株式会社が当該給付に代えて当該現物出資財産の価額に相当する金銭の支払いを請求した場合にあっては、当該金銭の全額の支払い）の義務を、株式会社に対し負う（213条の2第1項）。

ただし、この義務は、総株主の同意があれば、免除することができる（213

条の2第2項）。

（ｲ）**取締役の責任**　（ⅰ）募集株式の引受人が払込みを仮装した場合、または、（ⅱ）募集株式引受人が現物出資の給付を仮装した場合において、この仮装に関与した取締役（指名委員会等設置会社では執行役を含む）として法務省令で定める者は、株式会社に対し、上記（ⅰ）の場合につき上記①および上記（ⅱ）の場合につき上記②における支払いの義務を負う（213条の3第1項。法務省令につき施行規則46条の2参照）。

ただし、その者は、その職務を行うについて注意を怠らなかったことを証明した場合には、この義務を負わない（213条の3第1項ただし書）。当該出資の履行を仮装した者は、この証明によって義務を免れることはできない（213条の3第1項ただし書）。

（ｳ）**連帯責任**　募集株式の引受人が出資の履行の仮装について上記の義務を負う場合において、この仮装に関与した取締役（執行役を含む）が上記の義務を負うときは、これらの者は連帯債務者となる（213条の3第2項）。

（4）役員等の任務懈怠責任

以上の責任は、会社法が特に規定したものである。しかし、瑕疵ある募集株式の発行に関わった役員等は、423条1項に基づく任務懈怠責任、429条1項に基づく第三者に対する責任を課される可能性はある。

第3節　新株予約権

1　総　論

新株予約権とは、株式会社に対して行使することにより当該株式会社の株式の交付を受けることができる権利のことである（2条21号）。新株予約権は、あらかじめ定められた権利行使の期間内に、あらかじめ定められた価額（236条1項2号所定の価額のこと。この価額は、権利行使時の株価である必要はない）の財産の出資をするとともに権利を行使することにより、あらかじめ定められた数の株式の交付を受けるというものである。例えば、一定の権利行使期間内に、1個の新株予約権につき500円を株式会社に払い込めば、当該株式会社から1株を交付されるとする。権利行使期間内に、市場での

株価が500円を超える場合には、新株予約権を行使して、株式の交付を受けたほうが利益を得る。このように、市場での株価が500円よりも高くなるにつれて、新株予約権の行使によって得る利益は増加する。他方、権利行使期間内の市場での株価が500円未満であれば、新株予約権を行使しなければよい。新株予約権の行使は義務ではない。新株予約権は、これを行使するかどうかを選択することができるものである。

　新株予約権が用いられる例として、株式会社の役員または労働者に対しインセンティブ報酬として発行される場合がある。新株予約権を報酬として受けた役員や労働者は、上述のように、権利行使期間内の市場での株価が新株予約権の行使の際に払い込む出資の額よりも高いほど、利益を得ることになるので、会社の株価が高くなるように、会社の経営または職務を行うことについて動機を持つようになる。このような動機付けを行う趣旨で、インセンティブ報酬として、新株予約権が用いられる。

　このほか、資金調達の目的で、新株予約権の権利行使とともにする出資の価額を、市場での株価よりも低く定めたうえで、新株予約権の無償割当てが行われることもある。

2　新株予約権の発行

（1）序　説

　新株予約権の発行の主な方法には、新株予約権を引き受ける者を募集する募集新株予約権の発行、および株主に無償で新株予約権を割り当てる新株予約権の無償割当てによる発行がある。このほかには、取得請求権付種類株式または取得条項付種類株式の対価としての新株予約権の発行、または吸収合併、吸収分割もしくは株式交換の際の対価としての新株予約権の発行等がある。

　以下では、募集新株予約権の発行および新株予約権の無償割当てについて述べる。前者は、募集株式の発行と同様、株主割当て、第三者割当ておよび公募の方法で行われる。

（2）新株予約権の内容

　株式会社は、新株予約権を発行するときは、一定の事項を当該新株予約

権の内容としなければならない（236条1項）。

　一定の事項とは、次の事項である（236条1項各号）。

　（一）当該新株予約権の目的である株式の数（種類株式発行会社にあっては、株式の種類および種類ごとの数）またはその数の算定方法、（二）当該新株予約権の行使に際して出資される財産の価額またはその算定方法、（三）金銭以外の財産を当該新株予約権の行使に際してする出資の目的とするときは、その旨ならびに当該財産の内容および価額、（四）当該新株予約権を行使することができる期間、（五）当該新株予約権の行使により株式を発行する場合における増加する資本金および資本準備金に関する事項、（六）譲渡による当該新株予約権の取得について当該株式会社の承認を要することとするときは、その旨、（七）当該新株予約権について、当該株式会社が一定の事由が生じたことを条件としてこれを取得することができることとするときは、取得する旨、取得事由等所定の事項（所定の事項につき、236条1項7号参照）、（八）当該株式会社が組織再編行為をする場合において、当該新株予約権の新株予約権者に所定の株式会社の新株予約権を交付することとするときは、その旨およびその条件（組織再編行為および所定の株式会社につき、236条1項8号参照）、（九）新株予約権を行使した新株予約権者に交付する株式の数に1株に満たない端数がある場合において、これを切り捨てるものとするときは、その旨、（一〇）当該新株予約権（新株予約権付社債に付されたものを除く）に係る新株予約権証券を発行することとするときは、その旨、（一一）新株予約権証券を発行する場合において、新株予約権者が新株予約証券につき記名式から無記名式、または無記名式から記名式にする請求の全部または一部をすることができないこととするときは、その旨。

　新株予約権付社債の発行の場合に関しては、新株予約権付社債の数は、当該新株予約権付社債についての社債の金額ごとに、均等に定めなければならない（236条2項。例えば、社債の金額10,000円につき新株予約権1個とする等である）。

（3）　募集事項

　株式会社は、その発行する新株予約権を引き受ける者の募集をしようとするときは、その都度、募集新株予約権（当該募集に応じて当該新株予約権の引

受けの申込みをした者に対して割り当てる新株予約権をいう）について、募集事項を定めなければならない（238条1項）。

募集事項とは、次の事項である（238条1項各号）。

①募集新株予約権の内容および数、②募集新株予約権と引換えに金銭の払込みを要しないこととする場合には、その旨、③上記②の場合以外の場合には、募集新株予約権の払込金額（募集新株予約権1個と引換えに払い込む金銭の額をいう）またはその算定方法、④募集新株予約権を割り当てる日（割当日）、⑤募集新株予約権と引換えにする金銭の払込みの期日を定めるときは、その期日、⑥募集新株予約権が新株予約権付社債に付されたものである場合には、社債の内容（676条各号所定の事項）、⑦上記⑥の場合において、上記⑥の新株予約権付社債に付された募集新株予約権についての買取請求または売渡請求の方法につき別段の定めをするときは、その定め。

(4) 募集事項の決定機関

株式会社は、新株予約権者が新株予約権を行使すれば、株式を交付しなければならない。したがって、新株予約権の行使によって、株式の発行と同様の結果が生じる。そのため、会社法は、募集新株予約権の募集事項の決定機関について、募集株式の発行の場合における募集事項の決定機関と同様の規制を採用している。

㋐　公開会社　　公開会社においては、募集事項は、取締役会決議によって決定する（240条1項・238条1項2号）。

公開会社は、取締役会の決議によって募集事項を定めた場合には、割当日の2週間前までに、株主に対し、当該募集事項を通知しなければならない（240条2項）。この通知は、公告に代えることができ（240条3項）、公開会社が募集事項について割当日の2週間前までに金融商品取引法に基づく開示をしている場合等には不要である（240条4項）。

㋑　非公開会社　　非公開会社においては、募集事項は、株主総会の特別決議によって決定する（238条2項・309条2項6号）。

非公開会社は、株主総会の特別決議によって、募集事項の決定を取締役（取締役設置会社では、取締役会）に委任することができる（239条1項、309条2項6号）。

この場合、次の事項を定めなければならない（239条1項各号）。

（i）その委任に基づいて募集事項の決定をすることができる募集新株予約権の内容および数の上限、（ii）上記（i）の募集新株予約権につき金銭の払込みを要しないこととする場合には、その旨、（iii）上記（ii）の場合以外の場合には、募集新株予約権の払込金額の下限。

委任の決議は、割当日が当該決議の日から1年以内の日である募集についてのみ効力を有する（239条3項）。

　㋑　**有利発行**　　公開会社において、（一）募集事項のうち上記②の場合（募集新株予約権を引換えに金銭の払込みを要しないこととする場合）において、そのことが募集新株予約権を引き受ける者に特に有利な条件であるとき、または、（二）募集事項のうち上記③の場合（上記②の場合以外の場合）において、払込金額が募集新株予約権を引き受ける者に特に有利な金額であるときは、取締役は、株主総会において、上記（一）の条件で、または、上記（二）の金額で、募集新株予約権を引き受ける者の募集をすることを必要とする理由を説明しなければならない（238条3項）。

公開会社においては、上記（一）または（二）のときは、募集事項は、取締役会決議ではなく、株主総会において、上記の取締役による理由の説明があったうえで、特別決議によって決定する必要がある（240条1項・238条2項3項・309条2項6号）。

非公開会社においては、上記（一）または（二）のときも、募集事項は、株主総会の特別決議によって決定する（238条2項・309条2項6号）。ただし、非公開会社であっても、上記（一）または（二）のときは、株主総会において、取締役は、上記（一）の条件で、または、上記（二）の金額で、募集新株予約権を引き受ける者の募集をすることを必要とする理由を説明することを要する（238条3項）。

また、非公開会社が、株主総会の特別決議によって、募集事項の決定を取締役（取締役会設置会社では取締役会）に委任しようとしている場合においては、次の(a)または(b)のときには、上記の有利発行と同様の規制がある（239条1項2項）。

(a)上記（ii）の場合（上記（i）の募集新株予約権につき金銭の払込みを要しな

いこととする場合）に、そのことが募集新株予約権を引き受ける者に特に有利な条件であるとき（239条2項1号）、(b)上記（iii）の場合（上記（ii）の場合以外の場合）に、募集新株予約権の払込金額の下限が募集新株予約権を引き受ける者に特に有利な金額であるとき（239条2項2号）。

上記(a)または(b)のときは、取締役は、株主総会において、上記(a)の条件または(b)の金額で、募集新株予約権を引き受ける者の募集を必要とする理由を説明しなければならず（239条2項）、この説明があったうえで、非公開会社は、株主総会の特別決議によって、取締役（取締役会設置会社では取締役会）に募集事項の決定を委任することができる（239条1項・2項）。

なお、新株予約権は、取締役や労働者に対しインセンティブ報酬として付与されることがある。この場合の新株予約権は、労働への対価として付与されるものと解されているため、有利発行の規制を受けない。

　(エ)　**株主割当て**　　株式会社は、新株予約権を引き受ける者の募集をしようとする場合において、株主に新株予約権の割当てを受ける権利を与えることができる(241条1項)。この場合、株式会社は、上記の募集事項①〜⑦に加えて、次の⑧と⑨を定めなければならない（241条1項各号）。

⑧株主に対し、引受けの申込みをすることにより当該新株予約権（種類株式発行会社にあっては、その目的である株式の種類が当該株主の有する種類の株式と同一の種類のもの）の割当てを受ける権利を与える旨、⑨上記⑧の募集新株予約権の引受けの申込みの期日。

上記⑧の株主（当該株式会社を除く）は、自己の有する株式の数に応じて募集新株予約権の割当てを受ける権利を有する（241条2項）。ただし、当該株主が割当てを受ける募集新株予約権の数に1に満たない端数は、切り捨てる（241条2項ただし書）。

募集事項（上記①〜⑦）および上記⑧と⑨の決定は、次のとおり行わなければならない（241条3項1号〜4号）。

すなわち、(一) 上記①〜⑨を取締役が決定することができる旨の定款の定めがある場合（取締役会設置会社の場合を除く）には、取締役の決定、(二)上記①〜⑨を取締役会が決定することができる旨の定款の定めがある場合（公開会社の場合を除く）には、取締役会の決定、(三) 株式会社が公開会社で

ある場合は、取締役会の決定、（四）上記（一）〜（四）以外の場合、株主総会の特別決議（241条3項4号・309条2項6号）。

株式会社は、上記⑧および⑨を決定した場合には、上記⑨の期日の2週間前までに、株主に対し、（ⅰ）募集事項、（ⅱ）当該株主が割当てを受ける募集新株予約権の内容および数、および（ⅲ）上記⑨の期日を通知しなければならない（241条4項）。

株式会社が株主割当ての方法で新株予約権を発行する場合には、有利発行の規制を受けない（241条5項・238条3項）。また、非公開会社における募集事項の決定の委任の規定（239条）および公開会社の募集事項の決定の特則（240条）は、適用されないが、募集事項は、上述のとおり、上記（一）〜（四）に従って決定されなければならない（241条3項）。

(5) 申込み・割当て・新株予約権者

（ア）**申込み**　株式会社は、募集に応じて募集新株予約権の引受けの申込みをしようとする者に対し、次の事項を通知しなければならない（242条1項各号）。

（ⅰ）当該株式会社の商号、（ⅱ）募集事項、（ⅲ）新株予約権の行使に際して金銭の払込みをすべきときは、払込みの取扱い場所、および（ⅳ）法務省令で定める事項（法務省令につき、施行規則54条参照）。

株式会社が上記（ⅰ）〜（ⅳ）の事項を金融商品取引法上の目論見書を申込みをしようとする者に対し交付している場合その他募集新株予約権の引受けの申込みをしようとする者の保護に欠けるおそれがないものとして法務省令で定める場合には、上記の通知は不要である（242条4項。法務省令につき、施行規則55条参照）。

募集新株予約権の引受けの申込みをする者は、(a)申込みをする者の氏名または名称および住所、(b)引き受けようとする募集新株予約権の数を記載した書面を株式会社に交付しなければならず（242条2項）、株式会社の承諾があれば、これら事項を電磁的方法により提供することができる（242条3項）。

株式会社は、上記（ⅰ）〜（ⅳ）につき変更があった場合には、直ちに、変更内容を、上記の交付または提供をした者（申込者）に通知しなければなら

ない（242条5項）。

募集新株予約権が新株予約権付社債に付されたものである場合には、申込者（募集新株予約権のみの申込みをした者に限る）は、その申込みに係る募集新株予約権を付した新株予約権付社債の引受けの申込みをしたものとみなされる（242条6項）。

(イ)　**割当て**　　株式会社は、申込者の中から募集新株予約権の割当てを受ける者を定め、かつ、その者に割り当てる募集新株予約権の数を定めなければならない（242条1項）。この場合、株式会社は、申込者に割り当てる募集新株予約権の数を、上記(b)の数よりも少なくすることができる（243条1項）。

新株予約権の割当ては、（ⅰ）募集新株予約権の目的である株式の全部または一部が譲渡制限株式である場合、または（ⅱ）募集新株予約権が譲渡制限新株予約権である場合には、定款の別段の定めがない限り、株主総会の特別決議、または取締役会設置会社では取締役会決議によって決定しなければならない（243条2項・309条2項6号）。

株式会社は、割当日の前日までに、申込者に対し、当該申込者に割り当てる募集新株予約権の数（当該募集新株予約権が新株予約権付社債に付されたものである場合には、当該新株予約権付社債についての社債の種類および各社債の金額の合計額を含む）を通知しなければならない（243条3項）。

株式会社が株主に新株予約権の割当てを受ける権利を与えた場合において、株主が引受けの申込期日までに引受けの申込みをしないときは、当該株主は、新株予約権の割当てを受ける権利を失う（243条4項）。

(ウ)　**総数引受けの特則**　　（ⅰ）募集新株予約権を引き受けようとする者が総数の引受けを行う契約を締結する場合、または、（ⅱ）募集新株予約権が募集新株予約権付社債に付されたものである場合において、募集新株予約権を引き受けようとする者がその総数および当該募集新株予約権を付した社債の総額の引受けを行う契約を締結するとき、上記(ア)および(イ)のことは排除される（244条1項・2項）。

上記（ⅰ）の場合および（ⅱ）のときにおいて、募集新株予約権の目的である株式の全部または一部が譲渡制限株式であるとき、または、募集新

株予約権が譲渡制限新株予約権であるときは、株式会社は、定款に別段の定めがある場合を除き、株主総会の特別決議、または取締役会設置会社では取締役会決議によって、上記の契約の承認を受けなければならない（244条3項）。

　(エ)　**公開会社における募集新株予約権の割当て等の特則**　　公開会社は、募集新株予約権の割当てを受けた申込者または総数引受契約により募集新株予約権の総数を引き受けた者（ここでは、これらの者を引受人という）について、次の（一）の数が（二）の数の2分の1を超える場合には、割当日の2週間前までに、株主に対し、当該引受人（特定引受人）の氏名または名称および住所、当該特定引受人についての（一）の数等を通知しなければならない（244条の2第1項）。

　（一）および（二）とは、次のとおりである。（一）当該引受人（その子会社等を含む）が引き受けた募集新株予約権に係る交付株式の株主となった場合に有することとなる最も多い総株主の議決権の数、（二）当該引受人（その子会社等を含む）が引き受けた募集新株予約権に係る交付株式の株主となった場合における最も多い総株主の議決権の数。

　上記の交付株式とは、募集新株予約権の目的である株式、一定の事由が生じたことを条件として取得することとする募集新株予約権について、取得と引換えに新株予約権者に対して交付する株式、その他募集新株予約権の新株予約権者が交付を受ける株式として法務省令で定める株式のことである（244条の2第2項。法務省令につき、施行規則55条の3参照）。

　上記の通知は、公告に代えることができる（244条の2第3項）。また、株式会社が上記の通知すべき事項について割当日の2週間前までに金融商品取引法に基づき届出をしている場合等も、通知は不要である（244条の2第4項）。

　総株主（ここで要求される株主総会で議決権を行使することができない株主を除く）の10分の1（これを下回る割合を定款で定めた場合には、その割合）以上の議決権を有する株主が、上記の通知または公告の日から2週間以内に、特定引受人（その子会社等を含む）による募集新株予約権の引受けに反対する旨を公開会社に対し通知をしたときは、当該公開会社は、割当日の前日までに、株

主総会の決議によって、当該特定引受人に対する募集新株予約権の割当て
または当該特定引受人との間の総数引受契約について承認を受けなければ
ならない（244条の2第5項）。ただし、当該公開会社の財産の状況が著しく
悪化している場合において、当該公開会社の事業の継続のため緊急の必要
があるときは、株主総会の決議は不要である（244条の2第5項ただし書）。

　ここで要求される決議は、特別決議ではなく、普通決議である。すなわ
ち、株主総会の決議は、議決権を行使することができる株主の議決権の過
半数（3分の1以上の割合を定款で定めた場合には、その割合）を有する株主が出
席し、出席した当該株主の議決権の過半数（これを上回る割合を定款で定めた場
合には、その割合）をもって行わなければならない（244条の2第6項）。

　⑺　**新株予約権の取得および募集新株予約権に係る払込み**　　申込者は、
株式会社の割り当てた募集新株予約権につき、また、総数引受契約により
募集新株予約権の総数を引き受けた者は、その者が引き受けた募集新株予
約権につき、割当日に、新株予約権者となる（245条1項）。

　募集新株予約権が新株予約権付社債に付されたものである場合には、募
集新株予約権者となる者は、当該募集新株予約権を付した新株予約権付社
債についての社債権者となる（245条2項）。

　新株予約権者は、払込期日（新株予約権の行使期間の初日の前日、または募集新
株予約権と引換えにする金銭の払込みの期日の定めがあるときは、その期日）までに、
株式会社が定めた銀行等の払込みの取扱い場所において、それぞれの募集
新株予約権の払込金額の全額を払い込まなければならない（246条1項）。新
株予約権者は、株式会社の承諾を得て、金銭の払込みに代えて、払込金額
に相当する金銭以外の財産を給付し、または当該株式会社に対する債権を
もって相殺することができる（246条2項）。

　新株予約権者は、募集新株予約権についての払込期日までに、それぞれ
の募集新株予約権の払込金額の全額の払込み（当該払込みに代えてする金銭以
外の財産の給付、または当該株式会社に対する債権をもってする相殺を含む）をしな
いときは、当該募集新株予約権を行使することができない（246条3項）。

　新株予約権者が自己の有する新株予約権を行使することができなくなっ
たときは、当該新株予約権は、消滅する（287条）。

3 無償割当て

(1) 新株予約権の無償割当て

株式会社は、株主に対し、新たに払込みをさせないで当該株式会社の新株予約権の割当てをすることができる（277条）。これを、新株予約権無償割当てという（277条かっこ書参照）。種類株式発行会社においては、ある種類の種類株主に対し、新株予約権無償割当てをすることができる（277条）。

(2) 決 定

株式会社は、新株予約権無償割当てをしようとするときは、その都度、次の事項を定めなければならない（278条1項1号～4号）。

①株主に割り当てる新株予約権の内容および数またはその算定方法、②上記①の新株予約権が新株予約権付社債に付されたものであるときは、当該新株予約権付社債についての社債の種類および各社債の金額またはその算定方法、③当該新株予約権無償割当てがその効力を生ずる日、④株式会社が種類株式発行会社である場合には、当該新株予約権無償割当てを受ける株主の有する株式の種類。

上記①および②の定めは、株主の有する株式の数に応じて、上記①の新株予約権または上記②の社債を割り当てることを内容とするものでなければならない（278条2項）。種類株式発行会社にあっては、上記①および②の定めは、上記④の種類の種類株主の有する上記④の種類株式に応じて、上記①の新株予約権または上記②の社債を割り当てることを内容とするものでなければならない（278条2項）。

上記①～④は、取締役会設置会社では、取締役会決議、また、取締役会を置いていない会社では、株主総会の普通決議で、決定しなければならない（278条3項）。

(3) 新株予約権の無償割当ての効力等

上記①の新株予約権の割当てを受けた株主は、上記③の効力発生日に、当該新株予約権の新株予約権者となる（279条1項）。また、新株予約権が新株予約権付社債に付されたものである場合には、上記①の新株予約権の新株予約権者および上記②の社債の社債権者となる（279条1項かっこ書）。

株式会社は、上記③の効力発生日後遅滞なく、株主（種類株式発行会社では

上記④の種類株主）に対し、当該株主が割当てを受けた新株予約権の内容および数を通知しなければならない（279条2項）。新株予約権が新株予約権付社債に付されたものである場合には、株式会社は、当該割当てを受けた社債の種類および各社債の金額の合計額も、上記の新株予約権の内容および数とともに通知しなければならない（279条2項かっこ書）。

　上記の通知は、新株予約権の行使期間の末日の2週間前までになさなければならない（279条3項）。行使期間の末日が上記の通知の日から2週間を経過する日前に到来するときは、行使期間は、当該通知の日から2週間を経過する日まで延長されたものとみなされる（279条3項）。

4　新株予約権の発行の瑕疵

(1)　募集新株予約権の発行の差止め

　新株予約権の発行が法令または定款に違反する場合、または、新株予約権の発行が著しく不公正な方法により行われる場合において、株主が不利益を受けるおそれがあるときは、株主は、株式会社に対し、募集新株予約権の発行をやめることを請求することができる（247条）。

　この差止めの規定は、募集新株予約権の発行に適用されるもの（247条参照）であるが、新株予約権無償割当てに類推適用することを前提とした判例（最決平成19年8月7日民集61巻5号2215頁）がある。この判例は、新株予約権の発行が法令に違反するかどうかが問題となった。この判例は、特定の株主を差別的に取り扱うことを目的とした新株予約権の無償割当てが株主平等原則（109条1項）に違反するとして、新株予約権無償割当ての差止めが請求されたものである。判決は、新株予約権無償割当ては株主平等原則に反しないとして、差止めを認めていない（したがって、判決は、差止めの規定が新株予約権無償割当てに類推適用して差止めを認めたものではない）。

(2)　新株予約権の発行の無効

　新株予約権の発行についても、法律関係の安定性および画一的取扱いを確保するために、新株予約権の発行の無効の確認の訴えの制度がある。新株予約権の発行の無効の確認の訴えの規制は、新株発行の無効確認の訴えの規制と同様である。

新株予約権（当該新株予約権が新株予約権付社債に付されたものである場合にあっては、当該新株予約権付社債を含む）の発行の無効は、新株予約権の発行の効力が生じた日から6か月以内（非公開会社にあっては、新株予約権の発行の効力が生じた日から1年以内）に、訴えをもってのみ主張することができる（828条1項4号）。この訴えは、当該会社の株主等または新株予約権者のみが提起することができる（828条2項4号）。被告は、新株予約権の発行をした株式会社としなければならない（834条4号）。

無効の請求を認容する確定判決は、第三者に対してもその効力を有する（838条）。無効の請求を認容する判決が確定したときは、当該判決において無効とされた新株予約権の発行は、将来に向かってその効力を失う（839条。なお、新株予約権発行の無効判決の効力につき、842条参照）。

(3) 新株予約権の不存在

新株予約権の発行の不存在の確認の訴えも、新株の発行の不存在の確認の訴えと同様である。

すなわち、新株予約権の発行が存在しないことにつき確認の訴えをもって請求することができる（829条3号）。被告は、新株予約権の発行をした株式会社会社としなければならない（834条15号）。

不存在の請求を認容する確定判決は、第三者に対しても効力を有する（838条）。

無効確認の訴えの場合とは異なり、将来に向かって効力を失うとして遡及効を認めない趣旨の規定は、不存在の確認の訴えには適用されない（839条）。原告適格および提訴期間について制限はない。

(4) 関係者の責任

瑕疵のある新株予約権の発行があった場合の関係者の責任について、会社法が特に規定する規制は、瑕疵のある募集株式の発行が行われた場合の関係者の責任に関する規制と同様である。

（ア）**新株予約権者の責任**　①取締役（指名委員会等設置会社では、取締役または執行役。次の②も同じ）と通じて新株予約権を引き受けた場合において、募集新株予約権につき金銭の払込みを要しないこととすることが著しく不公正な条件であるとき、また、②取締役と通じて著しく不公正な払込金額

で新株予約権を引き受けたとき、当該新株予約権を行使した新株予約権者は、株式会社に対し、①につき当該新株予約権の公正な価額、②につき当該払込金額と当該新株予約権の公正な価額との差額に相当する金額を支払う義務を負う（285条1項1号・2号）。

(イ) 現物出資の不足補塡責任

(a) **現物出資財産の出資者の責任**　　新株予約権を行使して株主となった時における給付した現物出資財産の価額が新株予約権の内容として定められた価額に著しく不足する場合には、当該新株予約権を行使した新株予約権者は、株式会社に対し、当該不足額を支払う義務を負う（285条1項3号）。ただし、現物出資財産を給付した新株予約権者は、当該現物出資財産の価額が新株予約権の内容として定められた価額に著しく不足することにつき善意でかつ重大な過失がないときは、新株予約権の行使に係る意思表示を取り消すことができる（285条2項）。

(b) **取締役等の責任**　　新株予約権を行使して株主となった時における給付した現物出資財産の価額が新株予約権の内容として定められた価額に著しく不足する場合には、取締役等は、株式会社に対し、現物出資財産の不足額を支払う義務を負う（286条1項）。

ここで言う取締役等とは、（ⅰ）当該新株予約権の募集に関する職務を行った業務執行取締役（指名委員会等設置会社では執行役）その他当該業務執行取締役の行う業務の執行に職務上関与した者として法務省令で定めるもの、（ⅱ）現物出資財産の価額の決定に関する株主総会の決議があったときは、当該株主総会に議案を提案した取締役として法務省令で定めるもの、（ⅲ）現物出資財産の価額の決定に関する取締役会決議があったときは、当該取締役会に議案を提案した取締役（指名委員会等設置会社では取締役または執行役）として法務省令で定めるものである（286条1項1号～3号、法務省令につき施行規則60条～62条参照）。

ただし、取締役等は、現物出資財産の価額について検査役の調査を経た場合、または、当該取締役等がその職務を行うについて注意を怠らなかったことを証明した場合には、この義務を負わない（286条2項）。

また、現物出資財産について新株予約権の内容として定められた価額が

相当であると証明した者は、株式会社に対し、現物出資財産の不足額を支払う義務を負う（286条3項）。ただし、当該証明者は、当該証明をするについて注意を怠らなかったことを証明したときは、この義務を負わない（286条3項ただし書）。

　新株予約権者が不足額を支払う義務を負う場合において、取締役等および証明者は、当該不足額につき支払う義務を負うときは、連帯債務者となる（286条4項）。

㈡　新株予約権に係る払込み等を仮装した場合の責任

⒜　新株予約権者の責任　　新株予約権を行使した新株予約権者が次の者に該当する者である場合には、株式会社に対し、所定の行為をする義務を負う（286条の2第1項）。

　その者とは、①新株予約権の払込金額の払込み（払込みに代えてする現物出資財産の給付を含む）を仮装した者、または、当該払込みが仮装されたことを知って、もしくは重大な過失により知らないで募集新株予約権を譲り受けた者、②新株予約権を行使する際に出資する財産の払込みまたは現物出資財産の不足額の払込みを仮装した者、③新株予約権を行使する際に出資する現物出資財産の給付を仮装した者である。

　上記の所定の行為とは、次のとおりである。上記①については、払込みが仮装された払込金額の全額の支払い、または、現物出資財産の給付が仮装された場合には、当該財産の給付（株式会社が当該給付に代えて当該財産相当額の金銭の支払いを請求した場合には、当該金銭の全額の支払い）。上記②については、払込みを仮装した金銭の全額の支払い。上記③については、給付を仮装した現物出資財産の給付（株式会社が当該給付に代えて当該財産相当額の金銭の支払いを請求した場合には、当該金銭の全額の支払い）。

　上記の新株予約権者が負う義務は、総株主の同意があれば、免除することができる（286条の2第2項）。

⒝　取締役の責任　　新株予約権を行使した者であって、かつ上記①～③に該当する者が上記の所定の行為をする義務を負う場合には、上記①～③の払込みまたは給付の仮装に関与した取締役（指名委員会等設置会社にあっては、執行役を含む）として法務省令で定める者は、株式会社に対し、上

記①〜③における支払いの義務を負う（286条の3第1項。法務省令につき施行規則62条の2参照）。

ただし、その者は、その職務を行うについて注意を怠らなかったことを証明した場合には、この義務を負わない（286条の3第1項ただし書）。当該払込みまたは当該給付を仮装した者は、この証明によって義務を免れることはできない（286条の3第1項ただし書）。

  (c) **連帯責任** 新株予約権を行使した新株予約権者であって、かつ上記①〜③に該当する者が上記の義務を負う場合において、払込みまたは給付の仮装に関与した取締役（執行役を含む）が上記の義務を負うときは、これらの者は連帯債務者となる（286条の3第2項）。

第4節 社 債

1 はじめに

社債とは、会社法の規定により会社が行う割当てにより発生する当該会社を債務者とする金銭債権であって、676条各号の事項についての定めに従い償還されるものと規定されている（2条23号）。

社債は、資金調達の手段となるが、法的性質としては、金銭債権であり、金融機関からの資金の借入れと同様のものである。社債は、株式会社であるかまたは持分会社であるかを問わず、発行することができるが（新株予約権付社債を除く）、以下では、株式会社が社債を発行する場合について述べる。

社債は、記名式または無記名式という分け方で分類することができる。記名社債は、社債原簿に社債権者の氏名または名称および住所（681条4号）が記載される社債である。記名社債については、社債券は発行してもしなくてもよい。無記名社債は、社債原簿への社債権者の氏名または名称および住所の記載がないものであり、無記名式の社債券が必ず発行されるものである（681条4号）。

また、社債は、普通社債と新株予約権付社債という分け方で分類することもできる。普通社債とは、新株予約権が付されていない社債である。

新株予約権付社債とは、新株予約権を付した社債である（2条22号）。新

株予約権付社債は、新株予約権と社債とが一体として取り扱われ、新株予約権付社債の発行に関する手続きは、新株予約権の発行に関する手続きに依存する形がとられている（236条2項・238条1項6号7号・242条6項・243条3項・244条2項・245条2項参照）。また、新株予約権付社債についての社債を引き受ける者の募集については、以下で述べる募集社債の発行に関する規定（676条〜680条）は適用されない（248条）。

新株予約権付社債は、普通社債とは異なり、株式会社のみが発行することができる。

2　募集社債の発行

（1）　序　説

募集社債の発行に関する手続きは、676条から680条に規定されている。上述のように、これらの条文は、新株予約権付社債には適用されない（248条）。

社債の発行は、以下で述べる募集の手続きに基づかずに、することは可能である。例えば、取得請求権付株式や取得条項付株式の対価、または組織再編において交付される対価が社債とされる場合である。

以下では、株式会社の資金調達の手段としてとられる募集社債の発行の手続き等について述べる。

（2）　募集社債に関する事項の決定

会社は、その発行する社債を引き受ける者の募集をしようとするときは、その都度、募集社債について、次の事項を定めなければならない（676条1項）。①募集社債の総額、②各募集社債の金額、③募集社債の利率、④募集社債の償還の方法および期限、⑤利息支払の方法および期限、⑥社債券を発行するときは、その旨、⑦社債権者が記名式と無記名式との間の転換請求の全部または一部をすることができないこととするときは、その旨、⑧社債管理者を定めないこととするときは、その旨、⑨社債管理者が社債権者集会の決議によらずに社債の全部についてする訴訟行為または破産手続等に属する行為をすることができることとするときは、その旨、⑩社債管理補助者を定めることとするときは、その旨、⑪各募集社債の払込金額（各

募集社債と引換えに払い込む金銭の額をいう）もしくはその最低金額またはこれらの算定方法、⑫募集社債と引換えにする金銭の払込みの期日、⑬一定の日までに募集社債の総額について割当てを受ける者を定めていない場合において、募集社債の全部を発行しないこととするときは、その旨およびその一定の日、⑭上記のほか、法務省令で定める事項（法務省令につき施行規則162条）。

(3) 決定機関

上記①〜⑭の事項については、取締役会を置いていない会社の場合には、株主総会の普通決議で決定することができ（295条1項・309条1項）、または、取締役が決定することもできる。

取締役会設置会社の場合には、上記①募集社債の総額その他の社債を引き受ける者の募集に関する重要な事項として法務省令で定める事項（法務省令につき、施行規則99条参照）は、取締役会が決定しなければならない（362条4項5号）。この事項については、明文で、取締役会が決定しなければならない旨が規定されている。しかし、上記②〜⑭の事項については、取締役会が決定することや取締役会が取締役会決議によって取締役に決定を委任すること等は、明文で禁止されておらず、これらのことは可能である。

指名委員会等設置会社では、取締役会は、取締役会決議によって、上記①〜⑭の事項の決定を執行役に委任することができる（416条4項）。監査等委員会設置会社においては、取締役の過半数が社外取締役である場合には、取締役会は、取締役会決議によって、上記①〜⑭の事項の決定を取締役に委任することができ（399条の13第5項）、また、定款の定めがある場合には、取締役会は、取締役会決議によって上記①〜⑭の事項の決定を取締役に委任することができる（399条の13第6項）。

(4) 申込み・割当て

会社は、募集社債の引受けの申込みをしようとする者に対し、(a)商号、(b)募集に係る上記①〜⑭の事項、(c)上記(a)(b)のほか、法務省令で定める事項を通知しなければならない（677条1項。法務省令につき施行規則163条参照）。ただし、会社が上記(a)〜(c)の事項を記載した金融商品取引法上の目論見書を募集社債の引受けの申込みをしようとする者に対して交付している場合

その他募集社債の引受けの申込みをしようとする者の保護に欠けるおそれがないものとして法務省令で定める場合には、この通知は不要である（677条4項。法務省令につき施行規則163条参照）。

募集社債の引受けの申込みをする者は、（ⅰ）申込みをする者の氏名または名称および住所、（ⅱ）引き受けようとする募集社債の金額および金額ごとの数、（ⅲ）会社が上記⑪の最低金額を定めたときは、希望する払込金額を記載した書面を会社に交付しなければならない（677条2項）。この書面に代えて、募集社債の引受けの申込みをする者は、会社の承諾を得て、上記（ⅰ）～（ⅲ）の事項を電磁的方法により提供することができる（677条3項）。

会社は、上記(a)～(c)の事項について変更があったときは、直ちに、その旨および変更の事項を募集社債の引受けの申込みをした者（申込者）に対し通知しなければならない（677条5項）。

会社は、申込者の中から募集社債の割当てを受ける者を定め、かつ、その者に割り当てる募集社債の金額および金額ごとの数を定めなければならない（678条1項）。会社は、当該申込者に割り当てる募集社債の金額ごとの数を、当該申込者が会社に伝えた上記（ⅱ）引き受けようとする募集社債の金額ごとの数よりも少なくすることができる（678条1項後段）。会社は、払込期日（上記⑫の期日）までに、申込者に対し、当該申込者に割り当てる募集社債の金額および金額ごとの数を通知しなければならない（678条2項）。

募集社債を引き受けようとする者がその総額の引受けを行う契約を締結する場合には、以上のこと（上記(a)～(c)の通知、上記（ⅰ）～（ⅲ）の書面の交付、割当て等）は不要である（679条）。

（5）　社債の成立

申込者は、会社が割り当てた募集社債の社債権者となり（680条1号）、総額の引受けを行う契約により募集社債の総額を引き受けた者は、その者が引き受けた募集社債の社債権者となる（680条2号）。募集社債の発行の場合、払込みがなくても、社債権者となる。

（6）　募集社債の払込み

申込者は、会社が定めた払込期日（上記⑫の期日）までに、払込金額の払込みをしなければならない。また、申込者は、金銭の払込みに代えて、金

銭以外の財産を給付する契約（676条12号、施行規則162条3号）を締結していれば、その給付をしなければならない。社債については、分割の払込みが認められている（676条12号、施行規則162条1号）。

3　社債の管理

（1）　社債原簿

会社は、社債を発行した日以後遅滞なく、社債原簿を作成し、これに社債原簿記載事項を記載し、または記録しなければならない（681条）。

社債原簿記載事項は、次の事項である（681条各号）。（一）社債の種類、（二）種類ごとの社債の総額および各社債の金額、（三）各社債と引換えに払い込まれた金銭の額および払込みの日、（四）社債権者（無記名社債の社債権者を除く）の氏名または名称および住所、（五）上記（四）の社債権者が各社債を取得した日、（六）社債券を発行したときは、社債券の番号、発行の日、社債券が記名式かまたは無記名式かの別および無記名式の社債券の数、（七）上記（一）～（六）の事項のほか、法務省令で定める事項（法務省令につき施行規則166条参照）。

上記（四）の無記名社債とは、無記名式の社債券が発行されている社債をいう（681条4号かっこ書）。

社債権者（無記名社債の社債権者を除く）は、当該社債について社債券を発行する旨の定めがある場合を除き、社債発行会社に対し、当該社債権者についての社債原簿記載事項を記載した書面の交付または記録した電磁的記録の提供を請求することができる（682条1項・4項）。

会社は、社債原簿管理人を定め、社債原簿の事務の委託をすることができる（683条）。社債原簿管理人とは、会社に代わって社債原簿の作成および備置きその他の社債原簿に関する事務を行う者のことである（683条かっこ書）。

（2）　社債原簿の備置きおよび閲覧等

社債発行会社は、社債原簿を本店に、社債原簿管理人がある場合にはその営業所に備え置かなければならない（684条1項）。

社債権者は、請求の理由を明らかにしたうえで、社債発行会社の営業時

間内は、いつでも、書面で作成された社債原簿の書面の閲覧もしくは謄写、または、電磁的記録で作成された社債原簿に記録された事項の閲覧もしくは謄写を請求することができる（684条2項）。社債権者のほかに、社債発行会社の債権者、株主または社員も、この閲覧謄写の請求をすることができる（684条2項、施行規則167条）。

　社債発行会社は、閲覧謄写の請求があったときは、次のいずれかの事項に該当する場合を除き、拒むことができない（684条3項）。その事項は、次のとおりである（684条3項各号）。(a)請求者がその権利の確保または行使に関する調査以外の目的で請求を行ったとき、(b)請求者が社債原簿の閲覧または謄写によって知り得た事実を利益を得て第三者に通報するため請求を行ったとき、(c)請求者が、過去2年以内において、社債原簿の閲覧または謄写によって知り得た事実を利益を得て第三者に通報したことがあるものであるとき。

　社債発行会社が株式会社である場合には、当該社債発行会社の親会社社員は、その権利を行使するために必要があるときは、裁判所の許可を得て、当該社債発行会社の社債原簿について閲覧謄写の請求をすることができ（684条4項）、裁判所は、上記(a)～(c)の拒絶事由があるときは、許可をすることができない（684条5項）。

4　社債の譲渡・名義書換え

　社債券を発行する旨の定めがある社債の譲渡は、当該社債に係る社債券を交付しなければ、効力を生じない（687条）。

　社債の譲渡は、その社債を取得した者の氏名または名称および住所を社債原簿に記載または記録しなければ（これを名義書換えという）、社債発行会社その他の第三者に対抗することができず（688条1項）、当該社債について社債券を発行する旨の定めがある場合には、当該社債の譲渡は、名義書換えをしなければ、社債発行会社に対抗することができない（688条2項）。

　以上のように、記名社債で社債券の発行がある場合には、社債の譲渡の効力は、社債券の交付がなければ、生じない。この交付があれば、名義書換を経て、社債発行会社に譲渡の対抗が可能となる。記名社債で社債券の

発行がない場合には、社債の譲渡は、名義書換えがあれば、社債発行会社その他の第三者に対抗することができる。無記名社債の場合には（無記名社債は社債券が発行されている。681条4号参照）、社債券の交付があれば、譲渡の効力は生じ（687条）、社債発行会社その他の第三者への譲渡の対抗が可能となり（688条3項）、名義書換えはされない（691条3項）。

社債券の占有者は、当該社債券に係る社債についての権利を適法に有するものと推定され（689条1項）、社債券の交付を受けた者は、悪意または重大な過失があるときを除き、当該社債券に係る社債についての権利を取得する（689条2項）。

社債を社債発行会社以外の者から取得した者（当該社債発行会社を除く）は、当該社債発行会社に対し、当該社債に係る社債原簿記載事項を社債原簿に記載し、または記録することを請求することができ（691条1項）、この請求は、利害関係人の利益を害するおそれがないものとして法務省令で定める場合を除き、その取得した社債の社債権者として社債原簿に記載され、または記録された者または相続人その他の一般承継人と共同でしなければならない（691条2項）。社債が社債券を発行する定めがある場合において、社債を取得した者が社債券を提示して名義書換えを請求するときは、共同でする必要はなく、その社債取得者のみで名義書換えの請求をすることができる（691条2項、施行規則168条2項1号）。

なお、無記名社債については、名義書換えはなされない（691条3項）。

社債発行会社は、自己の社債を取得した場合、またはすでに保有している自己の社債を処分した場合には、社債権者に係る社債原簿記載事項を社債原簿に記載し、または記録しなければならない（690条1項）。この場合も、無記名社債については名義書換えはなされない（690条2項）。

5 社債管理者

(1) 社債管理者の設置

会社は、社債を発行する場合には、社債管理者を定め、社債権者のために、弁済の受領、債権の保全その他の社債の管理を行うことを委託しなければならない（702条）。

ただし、各社債の金額が1億円以上である場合、または社債権者の数が50人以上とならない場合は、社債管理者の設置は不要である（702条ただし書、施行規則169条）。

　社債管理者は、(a)銀行、(b)信託会社、(c)これらに準ずるものとして法務省令で定める者でなければならない（703条、法務省令につき、施行規則170条参照）。

(2)　社債管理者の義務・権限等

　社債管理者は、社債権者のために、公平かつ誠実に社債の管理を行わなければならず（704条1項）、また、社債管理者は、社債権者に対し、善良な管理者の注意をもって社債の管理を行わなければならない（704条2項）。前者の義務は公平・誠実義務、後者の義務は善管注意義務という。社債管理者は、これらの義務に違反すると、社債権者に対し、連帯して、これら違反によって生じた損害を賠償する責任を負う（710条1項）。

　社債管理者は、社債権者のために社債に係る債権の弁済を受け、または社債に係る債権の実現を保全するために必要な一切の裁判上または裁判外の行為をする権限を有し（705条1項）、管理の委託を受けた社債について、上記の行為をするために必要があるときは、裁判所の許可を得て、社債発行会社の業務および財産の状況を調査することができる（705条4項）。

　社債管理者が社債に係る債権の弁済を受けた場合には、社債権者は、当該社債管理者に対し、社債の償還額および利息の支払いを請求することができ（705条2項）、この場合、社債券を発行する旨の定めがあるのであれば、社債権者は、社債券と引換えに当該償還額の支払いを、利札と引換えに当該利息の支払いを請求しなければならない（705条2項）。この請求は、行使することができる時から10年間行使しないときは、時効によって消滅する（705条3項）。

　社債管理者は、社債権者集会の決議に基づき、(a)当該社債の全部についてするその支払の猶予、その債務もしくはその債務の不履行によって生じた責任の免除または和解（次の(b)の行為を除く）、または(b)当該社債の全部についてする訴訟行為または破産手続、再生手続、更生手続もしくは特別清算に関する手続きに属する行為（705条1項の行為を除く）をすることができ

る（706条1項）。

　訴訟の提起または主張立証活動、法的倒産手続きでの権利の届出をすること等は、社債権の実現を保全するための活動として、社債管理者は、705条1項に基づき権限を有すると解されており、社債権者集会の決議を必要とする上記(b)の行為とは、訴えの取下げ、請求の放棄、裁判上の和解等であると解されている。

　上記(b)の行為については、676条8号の事項（社債管理者が社債権者集会の決議によらずに社債の全部についてする訴訟行為または破産手続等に属する行為をすることができることとするときは、その旨）についての定めがあるときは、社債権者集会の決議は不要である（706条1項ただし書）。706条1項ただし書に基づき、社債管理者が、社債権者集会の決議によらずに、上記(b)の行為をしたときは、遅滞なく、その旨を公告し、かつ知れている社債権者には、各別に通知をしなければならない（706条2項）。この公告は、社債発行会社における公告の方法でしなければならないが、その方法が電子公告であるときは、その公告は、官報に掲載する方法でしなければならない（706条3項）。

　また、社債管理者は、その管理の委託を受けた社債につき上記(a)および(b)の行為をするために必要があるときは、裁判所の許可を得て、社債発行会社の業務および財産の状況を調査することができる（706条4項）。

　このほか、社債管理者は、会社と社債管理者との委託契約に別段の定めがある場合を除き、資本金等の減少や組織再編の場合等において、社債権者集会の決議によらずに、異議を述べることができる（740条2項）。

(3)　社債管理者の責任

　社債管理者は、会社法または社債権者集会の決議に違反する行為をしたときは、社債権者に対し、連帯して、これによって生じた損害を賠償する責任を負う（710条1項）。

　また、社債権者保護を考慮して、特別の法定責任が規定されている（710条2項）。社債管理者は、社債発行会社が社債の償還もしくは利息の支払いを怠り、もしくは社債発行会社について支払いの停止があった後またはその前3か月以内に、次の(a)〜(d)の行為をしたときは、社債権者に対し、損害を賠償する責任を負う（710条2項）。ただし、当該社債管理者は、誠実に

すべき社債の管理を怠らなかったことまたは当該損害が当該行為によって生じたものでないことを証明したときは、この責任を負わない（710条2項ただし書）。

　上記の行為とは、次のとおりである（710条2項各号）。(a)当該社債管理者の債権に係る債務について社債発行会社から担保の供与または債務の消滅に関する行為を受けること、(b)当該社債管理者と法務省令で定める特別の関係がある者に対して当該社債管理者の債権を譲り渡すこと（当該特別の関係がある者が当該債権に係る債務について社債発行会社から担保の供与または債務の消滅に関する行為を受けた場合に限る）（法務省令につき施行規則171条参照）、(c)当該社債管理者が社債発行会社に対する債権を有する場合において、契約によって負担する債務を専ら当該債権をもってする相殺に供する目的で社債発行会社の財産の処分を内容とする契約を社債発行会社との間で締結し、または社債発行会社に対して債務を負担する者の債務を引き受けることを内容とする契約を締結し、かつこれにより社債発行会社に対し負担した債務と当該債権とを相殺すること、(d)当該社債管理者が社債発行会社に対して債務を負担する場合において、社債発行会社に対する債権を譲り受け、かつ当該債務と当該債権とを相殺すること。

　上記の法定責任については、社債発行会社が社債の償還もしくは利息の支払いを怠り、もしくは社債発行会社について支払いの停止があった後またはその前3か月以内に委託契約に定められた事由に基づき辞任した社債管理者も、問われうる（712条）。これは、辞任によって責任を免れることができないようにする趣旨のものである。

（4）　社債管理者の辞任・解任・事務の承継

　社債管理者は、社債発行会社および社債権者集会の同意を得て辞任することができ（711条1項前段）、この場合には、他に社債管理者がないときは、当該社債管理者は、あらかじめ、実務を承継する社債管理者を定めなければならない（711条1項後段）。また、社債管理者は、やむを得ない事由があるときは、裁判所の許可を得て、辞任することができる（711条3項）。

　このほか、社債管理者は、委託契約において定めた事由があるときは、辞任することができ（711条2項）、ただし、当該委託契約において事務を承

継する社債管理者に関する定めがないときは、辞任することはできない（711条2項ただし書）。

　裁判所は、社債管理者が義務に違反したとき、事務処理に不適任であるときその他正当な理由があるときは、社債発行会社または社債権者集会の申立てにより当該社債管理者を解任することができる（713条）。

　社債管理者が、（ⅰ）資格を喪失した場合、（ⅱ）やむを得ない事由があり、裁判所の許可を得て辞任した場合、（ⅲ）社債発行会社または社債権者集会の申立てにより裁判所によって解任された場合、（ⅳ）解散した場合において、他に社債管理者がないときは、社債発行会社は、事務を承継する社債管理者を定め、社債権者のために、社債の管理を行うことを委託しなければならず（714条1項前段）、社債権者集会の同意を得るため、遅滞なく、同集会を招集し、かつ同集会の同意を得ることができなかったときは、同集会の同意に代わる裁判所の許可を得るための申立てをしなければならない（714条1項後段）。上記（ⅰ）～（ⅳ）の場合において、やむを得ない事由があるときは、利害関係人は、裁判所に対し、事務を承継する社債管理者の選任の申立てをすることができる（714条3項）。社債発行会社が事務を承継する社債管理者を定めた場合（社債権者集会の同意を得た場合を除く）、または裁判所が事務を承継する社債管理者を選任した場合には、社債発行会社は、遅滞なく、その旨を公告し、かつ知れている債権者には各別にこれを通知しなければならない（714条4項）。

6　社債管理補助者

　上記の社債管理者は、社債の管理に必要な権限を包括的に有し、広い裁量をもってその権限を行使することが求められる。他方で、社債管理補助者は、破産債権としての届出をすることまたは社債権者からの請求を受けて社債権者集会の招集をすること等により、社債権者による社債権者集会の決議等を通じた社債の管理が円滑に行われるように補助をする。社債管理補助者は、社債管理者よりも裁量の余地が限定された権限を有する。

　社債管理補助者は、社債管理者が設置されない社債（702条ただし書参照）について、社債発行会社の選択により、設置されるものである。

（1）　社債管理補助者の設置

社債発行会社は、702条ただし書に規定する場合には、社債管理補助者を定め、社債権者のために、社債の管理の補助を行うことを委託することができる（714条の2）。ただし、当該社債が担保付社債である場合は、この限りでない（714条の2ただし書）。

（2）　社債管理補助者の資格

社債管理補助者は、703条各号所定の者（銀行、信託会社）その他法務省令で定める者でなければならない（714条の3）。

（3）　社債管理補助者の義務

社債管理補助者は、社債権者のために公平かつ誠実に社債の管理の補助を行わなければならず、社債権者に対し、善良な管理者の注意をもって社債の管理の補助を行わなければならない（714条の7・704条）。社債管理補助者は、裁量の余地が限られた権限を有する者であり、また、委託契約の定めにより裁量の範囲をさらに限定することもできることから、社債管理者と比べて義務違反が問われる場合は限定的であると考えられている。

（4）　社債管理補助者の権限

社債管理補助者の権限については、次の①から③に分かれる。①は法が定めており、②は委託契約で定めることができ、③は②のうちの一部につき社債権者集会の決議を要するものである。

①社債管理補助者は、社債権者のために、次の(ア)から(ウ)の行為をする権限を有する（714条の4第1項）。(ア)破産手続参加、再生手続参加または更生手続参加、(イ)強制執行または担保権の実行の手続における配当要求、(ウ)清算株式会社の債権者による債権の申出の期間内における債権の申出。

②社債管理補助者は、委託契約に定める範囲内において、社債権者のために、次の(a)から(d)に掲げる行為をする権限を有する（714条の4第2項）。(a)社債に係る債権の弁済を受けること、(b)上記(ア)から(ウ)の行為および(a)の行為を除く、705条1項の行為、(c)706条1項各号の行為、(d)社債発行会社が社債の総額について期限の利益を喪失することとなる行為。

上記(a)から(d)の権限については、「委託契約の定める範囲において」とされていることから、権限の行使の時期、条件または方法等を委託契約で定

めることができる。また、委託契約に定めることにより、社債管理補助者は、上記(a)から(d)の権限について、全く有しないとすることもできる。なお、社債管理者の場合と比べると、上記(a)から(c)は、社債管理者の法定権限であり、上記(d)は、社債管理者の約定権限である。

上記(a)から(d)以外の権限については、社債管理補助者に対し、委託契約によって与えることができると解されている。このように解されているのは、社債管理者に対し委託契約により権限を付与することができることとの均衡からである。このように解されていることから、上記(a)から(d)は、委託契約により社債管理補助者に付与することができる権限を限定列挙したものではない。

社債管理補助者が社債に係る弁済を受ける権限（上記(a)）を有する場合には、社債管理者と同様の規律の適用があることが望ましいことから、社債の償還額および利息の支払いの請求ならびに請求権の時効について、705条2項および3項の規定の準用がある（714条の2第5項）。

③委託契約によって社債管理補助者に権限が付与さている場合であっても、社債権者集会の決議がなければ、社債管理補助者は行うことができない行為がある。これは、社債管理補助者は、社債管理者よりも裁量の範囲が限定された権限を有し、自ら広い裁量をもって社債の管理を行うものではないと位置づけられ、社債管理者と区別されているからである。

すなわち、③の行為とは、次のようなものである。上記②(b)から(d)の権限がある場合であっても、社債権者集会の決議を要する行為である。社債管理補助者は、社債権者集会の決議によらなければ、次の（Ⅰ）および（Ⅱ）の行為をしてはならない（714条の4第3項）。（Ⅰ）上記②(b)の行為であって、（ⅰ）当該社債の全部についてするその支払の請求、（ⅱ）当該社債の全部に係る債権に基づく強制執行、仮差押えまたは仮処分、（ⅲ）当該社債の全部についてする訴訟行為または破産手続、再生手続、更生手続もしくは特別清算に関する手続に属する行為（（ⅰ）および（ⅱ）の行為を除く）。（Ⅱ）上記②(c)および(d)の行為。

上記の社債管理補助者の行為に関しては、社債管理者が社債権者集会の決議によらなければ行うことができない706条1項各号の行為については、

社債管理補助者においても、同様に、社債権者集会の決議を要する行為とされている。他方、社債管理者であれば、社債権者集会の決議を要しない行為のうち、性質上裁量の範囲が限定的ではない行為、すなわち、上記③（I）（i）から（ⅲ）および上記②(d)は、社債管理補助者の場合には、社債権者集会の決議がなければ行うことができないとされている。このようになっているのは、委託契約により社債管理補助者に裁量の範囲の広い権限を付与することを認めると、社債管理者との区別が曖昧になり、社債権者に不測の損害が生ずるおそれがあることが考慮さているからである。

なお、社債管理補助者は、委託契約に従い、社債の管理に関する事項を社債権者に報告し、または社債権者がこれを知ることができるようにする措置をとらなければならない（714条の4第4項）。

(5) 社債管理補助者の責任

社債管理補助者は、会社法または社債権者集会の決議に違反する行為をしたときは、社債権者に対し、これによって生じた損害を賠償する責任を負う（714条の7・710条1項）。

(6) 2以上の社債管理補助者がある場合

2以上の社債管理補助者がある場合には、社債管理補助者は、各自、その権限に属する行為をしなければならない（714条の5第1項）。また、社債管理補助者が社債権者に生じた損害を賠償する責任を負う場合において、他の社債管理補助者も当該損害を賠償する責任を負うときは、これらの社債管理補助者は、連帯債務者となる（714条の5第2項）。

(7) 社債管理補助者の委託契約の終了、辞任・解任

702条による社債管理者に関する委託契約が効力を生じた場合（または担保付社債信託法2条1項に規定する信託契約の効力が生じた場合）には、社債管理補助者に関する委託契約は、終了する（716条の6）。

社債管理補助者は、社債発行会社および社債権者集会の同意を得て辞任することができ（714条の7・711条1項）、この場合において、当該社債管理補助者は、あらかじめ、事務を承継する社債管理補助者を定めなければならない（714条の7・711条1項）。

また、社債管理補助者は、委託契約に定めた事由があるとき、辞任する

ことができる（714条の7・711条2項）。ただし、当該契約に事務を承継する社債管理補助者に関する定めがないときは、この限りでない（714条の7・711条2項）。

以上のほか、社債管理補助者は、やむを得ない事由があるときは、裁判所の許可を得て、辞任することができる（714条の7・711条3項）。

裁判所は、社債管理補助者がその義務に違反したとき、その事務処理に不適任であるとき、その他正当な理由があるときは、社債発行会社または社債権者集会の申立てにより、当該社債管理補助者を解任することができる（714条の7・713条）。

（8）　社債管理補助者の事務の承継

社債管理補助者が次の（ⅰ）から（ⅳ）のいずれかに該当することとなった場合には、社債発行会社は、事務を承継する社債管理補助者を定め、社債権者のために、社債の管理の補助を行うことを委託しなければならない（714条の7・714条1項）。この場合においては、社債発行会社は、社債権者集会の同意を得るため、遅滞なく、同集会を招集し、かつ、その同意を得ることができなかったときは、その同意に代わる裁判所の許可の申立てをしなければならない（714条の7・714条1項）。（ⅰ）から（ⅳ）は、次のとおりである。社債管理補助者が、（ⅰ）資格を喪失した場合、（ⅱ）やむを得ない事由があり、裁判所の許可を得て辞任した場合、（ⅲ）社債発行会社または社債権者集会の申立てにより裁判所によって解任された場合、（ⅳ）死亡し、または解散した場合。

7　社債権者集会
（1）　序　説

社債権者集会は、社債権者の利害に関する事項について意思決定をするために組織される集会である。社債権者集会の制度を採用するのは、社債権者の利益保護のためである。社債権者集会の制度によれば、社債権者の利害に関する事項について、社債権者集会における多数決によって決定することになる。

(2) 招　集

社債権者集会は、必要がある場合には、いつでも招集することができ（717条1項）、社債発行会社または社債管理者が招集することができる（717条2項）。

ある種類の社債の総額（償還済みの額を除く）の10分の1以上に当たる社債を有する社債権者は、社債発行会社、社債管理者または社債管理補助者に対し、社債権者集会の目的である事項および招集の理由を示して、社債権者集会の招集を請求することができ（718条1項）、当該請求をした社債権者は、(a)当該請求の後遅滞なく招集の手続きが行われない場合、または、(b)当該請求があった日から8週間以内の日を社債権者集会の日とする社債権者集会の招集の通知が発せられない場合には、裁判所の許可を得て、社債権者集会を招集することができる（718条3項）。

社債権者がある種類の社債の総額の10分の1以上に当たる社債を有するかどうかに関して、社債発行会社が有する自己の当該種類の社債の金額の合計額は、社債の総額に算入されない（718条2項）。

無記名社債の社債権者は、上記の請求または招集をしようとするときは、自己の有する社債券を社債発行会社、社債管理者または社債管理補助者に提示しなければならない（718条4項）。

社債管理補助者は、(ア)上述の、ある種類の社債の総額の10分の1以上に当たる社債を有する社債権者による招集の請求があった場合（718条1項の請求）、または(イ)辞任の同意を得るための招集の場合（714条の7・711条1項に基づく請求）には、社債権者集会を招集することができる（717条3項）。

(3) 招集の決定・通知

社債権者集会の招集者は、①社債権者集会の日時および場所、②社債権者集会の目的である事項、③社債権者集会に出席しない社債権者が電磁的方法によって議決権を行使することができることとするときは、その旨、④上記①〜③のほか、法務省令で定める事項（法務省令につき、施行規則172条参照）を定めなければならない（720条1項）。招集者は、社債権者集会の日の2週間前までに、知れている社債権者および社債発行会社ならびに社債管理者または社債管理補助者がある場合には社債管理者または社債管理補

助者に対し、書面をもって通知しなければならず（720条1項）、書面の通知に代えて、通知を受けるべき者の承諾を得て、電磁的方法による通知を発することができ（720条2項）、上記①〜④の事項を通知に記載または記録しなければならない（720条3項）。

　社債発行会社が無記名式の社債券を発行している場合には、招集者は、社債権者集会の3週間前までに、社債権者集会を招集することおよび上記①〜④の事項を公告しなければならず（720条4項）、公告は、社債発行会社の公告の方法によらなければならず（720条5項）、ただし、招集者が社債発行会社以外の者である場合において、公告の方法が電子公告であるときは、公告は官報に掲載する方法でしなければならない（720条5項ただし書）。

　招集者は、招集の通知に際して、法務省令で定めるところにより、知れている社債権者に対し、社債権者集会参考書類および議決権行使書面を交付しなければならず（721条1項。法務省令につき施行規則173条・174条参照）、招集通知を電磁的方法により受けることにつき承諾している社債権者に対しては、社債権者集会参考書類および議決権行使書面を電磁的方法により提供することができる（721条2項）。ただし、社債権者の請求があれば、これら書類および書面をその社債権者に交付しなければならない（721条2項ただし書）。

　社債発行会社が無記名式の社債券を発行している場合において、招集者が社債権者集会の招集の公告をしたときは、社債権者集会の1週間前までに無記名社債の社債権者の請求があれば、直ちに、社債権者集会参考書類および議決権行使書面を当該社債権者に交付しなければならず（721条3項）、これら書類および書面に代えて、社債権者の承諾を得て、これら書類および書面に記載すべき事項を電磁的方法により提供することができる（721条4項）。

　招集者は、上記③の事項（社債権者集会に出席しない社債権者が電磁的方法によって議決権を行使することができることとするときは、その旨）を定めた場合には、電磁的方法により通知を受けることを承諾した社債権者に対し、法務省令で定めるところにより、社債権者に対し、議決権行使書面に記載すべき事項を電磁的方法により提供しなければならず（722条1項。法務省令につき施行

規則174条参照)、また、電磁的方法により通知を受けることを承諾していない社債権者から、社債権者集会の1週間前までに議決権行使書面に記載すべき事項の電磁的方法による提供の請求があったときは、法務法令で定めるところにより、直ちに、当該社債権者に対し、当該事項を電磁的方法により提供しなければならない(722条2項。法務省令につき施行規則174条参照)。

(4) 決議事項

社債権者集会は、社債の種類ごとによって組織され(715条)、法定決議事項および社債権者の利害に関する事項について決議することができる(716条)。

法定決議事項の例としては、次のものがある。①706条1項各号の事項(社債の全部についてする支払の猶予等)に関して社債管理者が行うことについての承認(706条1項)、②706条1項各号の事項につき、社債管理者が行うこととはせず、社債権者集会が決定する場合の社債権者集会の決議(724条2項)、③社債管理者の辞任への同意(711条1項)、④社債管理者の解任の請求(713条)、⑤社債発行会社が社債管理者の事務を承継する者を定めることへの同意(714条1項)、⑥代表社債権者または決議執行者の選任・解任(代表社債権者の選任につき736条1項、決議執行者の選任につき737条1項、代表社債権者および決議執行者の解任につき738条)などがある。

社債管理補助者について、法定決議事項は次のとおりである(714条の4第3項)。すなわち、(Ⅰ)705条1項の一定の行為であって、当該社債の全部についてするその支払の請求、当該社債の全部に係る債権に基づく強制執行等、当該社債の全部についてする訴訟行為等に関する行為、(Ⅱ)706条1項各号の行為および社債発行会社が社債の総額について期限の利益を喪失することとなる行為。

以上のほか、資本金の減少や組織再編行為の場面で債権者異議手続きがある場合において、社債権者が異議を述べるには、社債権者集会の決議によらなければならない(740条1項)。

以上のほか、上述のように、社債権者集会は、社債権者の利害に関する事項についても決議することができる(716条)。

(5) 議決権・決議

　社債権者は、社債権者集会において、自己の有する種類の社債の合計額（償還済みの額を除く）に応じて、議決権を有する（723条1項）。他方、社債発行会社は、その有する自己の社債について議決権を有しない（723条2項）。無記名社債に関しては、議決権を行使しようとする社債権者は、社債権者集会の日の1週間前までに、その社債券を招集者に提示しなければならない（723条3項）。

　社債権者集会において、決議事項を可決するためには、出席した議決権者（議決権を行使することができる社債権者をいう）の議決権の総額の2分の1を超える議決権を有する者の同意が必要である（724条1項）。これは、普通決議である。

　これとは異なり、次の（ⅰ）から（ⅲ）の事項を可決するためには、議決権者の議決権の総額の5分の1以上で、かつ、出席した議決権者の議決権の総額の3分の2以上の議決権を有する者の同意が必要である（724条2項）。これは、特別決議である。

　（ⅰ）と（ⅱ）の事項とは、次のとおりである（724条2項各号）。（ⅰ）上述の法定決議事項における上記②の事項（706条1項各号の事項につき、社債管理者が行うこととはせず、社債権者集会が決定する場合の社債権者集会の決議）、および（ⅱ）上述の法定決議事項における上記①（706条1項各号の事項に関して社債管理者が行うことについての承認）、上記⑥（代表社債権者または決議執行者の選任・解任）。

　（ⅲ）は、上記の、社債管理補助者に関する法定決議事項のうち、706条1項の行為である（724条2項・714条の4第2項3号・3項）。

　なお、社債権者集会は、社債権者集会の目的である事項以外の事項については、決議することができない（724条3項）。

(6) 決議の認可・効力・公告

　(ア)　**認可**　　社債権者集会の決議があったときは、招集者は、当該決議の日から1週間以内に、裁判所に対し、当該決議の認可の申立てをしなければならない（732条）。

　裁判所は、次のいずれかの場合には、社債権者集会の決議の認可をする

ことができない（733条）。その場合とは、次のとおりである（733条各号）。①社債権者集会の招集の手続きまたはその決議の方法が法令または社債を引き受ける者の募集のための当該社債発行会社の事業その他の事項に関する説明に用いた資料に記載され、もしくは記録された事項に違反するとき、②決議が不正の方法によって成立するに至ったとき、③決議が著しく不公正であるとき、④決議が社債権者の一般の利益に反するとき。

　(ｲ)　**効力**　社債権者集会の決議については、裁判所の認可を受けなければ、効力が生じず（734条1項）、決議の効力は、当該種類の社債を有する全ての社債権者に及ぶ（734条2項）。

　(ｳ)　**公告**　社債発行会社は、社債権者集会の決議の認可または不認可の決定があった場合には、遅滞なく、その旨を公告しなければならない（735条）。

(7)　社債権者集会の決議の省略

　社債発行会社、社債管理者、社債管理補助者または社債権者が社債権者集会の目的である事項について提案（社債管理補助者にあっては、社債管理補助者の辞任につき社債権者集会の同意をすることについての提案）をした場合において、当該提案につき議決権者の全員が書面または電磁的記録により同意の意思表示をしたときは、当該提案を可決する旨の社債権者集会の決議があったものとみなされる（735条の2第1項）。このような決議をみなし決議という。

　みなし決議については、一定の規定（732条から735条まで。ただし、734条2項を除く）は適用されず（735条の2第4項）、裁判所への認可の申立ては不要であり、当該決議は裁判所の認可を受けずに効力を生じる。

　なお、みなし決議は、当該種類の社債を有する全ての社債権者に対し効力を有する（734条2項）。これは、議決権を行使することができない社債権者が存在する場合においても、全ての社債権者に対してみなし決議は効力を有するとするためである。

8　社債発行会社の弁済等の取消しの訴え

　社債発行会社が社債権者に対してした弁済、社債権者との間でした和解その他の社債権者に対してし、または社債権者との間でした行為が著しく

不公正であるときは、社債管理者、または社債権者集会の決議があるときは、代表社債権者もしくは決議執行者は、訴えをもって当該行為の取消しを請求することができる（社債管理者につき865条1項、代表社債権者または決議執行者につき865条3項）。

　社債管理者によるこの訴えは、社債管理者が取消の原因となる事実を知った時から6か月を経過したとき、または、当該行為の時から1年を経過したときは、提起することができず（865条2項）、代表社債権者または決議執行者によるこの訴えは、当該行為の時から1年を経過したときは、提起することができない（865条3項ただし書）。

第4章　組織再編

第1節　組織再編とは

組織再編とは、一般に合併、会社分割、株式交換、株式移転および株式交付をいう。

「合併」は、複数の会社が合体して1つの会社とする行為であり、「会社分割」は、1つの会社を2つ以上の会社に分ける行為である。

株式交換・株式移転は、完全親子会社を円滑に創設するための制度である。「株式交換」は、既存の株式会社または合同会社（親会社としたい会社）に対象会社（子会社としたい会社）の発行済株式の全部を取得させる行為である。他方、「株式移転」は、対象会社（子会社としたい会社）の上に持株会社を新たに設立し、その発行済株式の全部を取得させる行為である。親会社は企業グループ全体の経営戦略に専念する純粋持株会社となる事例も多い。

「株式交付」は、令和元年改正により新たに親子会社関係を創設する制度として規定された。例えば、株式会社（A社）が他の株式会社（B社）をその子会社とするために、B社株主からB社株を譲り受け、その対価としてA社株を交付する制度である。株式交換と異なり、B社を完全子会社とすることまでを企図していない場合に、A社側で組織再編手続をとることにより、機動的な企業買収が可能となる。

組織再編は、事前・事後の情報開示、株主総会における承認、債権者保護手続、株主への買取請求権・差止請求権の付与等の手続が求められる。当該手続を経ることにより、既存の会社間または既存の会社と新設会社との間で、権利義務の包括承継という効果を生じさせ、会社はその形を柔軟に変えていくことができる。本章では、実務で利用件数が多い「吸収合併」を中心に述べる。また、厳密には組織再編ではないが、それに近い機能を有する「事業譲渡」を取り上げる。

組織再編の区分

区　分	既存会社との組織再編	新規会社との組織再編
合　併	吸収合併	新設合併（実務上、少ない）
会社分割	吸収分割	新設分割
株式交換・株式移転	株式交換（既存持株会社の完全子会社になる）	株式移転（新設持株会社の完全子会社になる）
株式交付	株式交付（既存株式会社間による親子会社化）	（利用の対象外）

第2節　合　併

1　合併の区分

　合併とは、複数の会社を合体させて1つの会社とする行為である。合併の経済的機能として、事業規模の拡大、新規事業への短期進出、技術・地域的な弱点の補完（シナジーによる企業価値の向上）、業績不振の会社の救済、等がある。

　合併には、吸収合併と新設合併がある。「吸収合併」では、存続会社（次図A社）が合併により消滅する会社（次図B社）の財産および権利義務のすべてを引き継ぐ（2条27号）。存続会社の法人格は同一性を保持し続けて、合併後も以前と同じように続いていく。

　「新設合併」では、2以上の当事会社（消滅会社）のすべてが解散し、その消滅会社（次図P社・Q社）の財産および権利義務を、設立会社（次図R社）が承継取得する（同条28号）。新設合併はほとんど利用されていない。理由として、①新たな株式発行手続が必要であり、②登録免許税が吸収合併より高く、③各種許認可が必要な事業を営む場合、設立会社は改めて許認可申請を要する等、手続が煩雑になるためである。

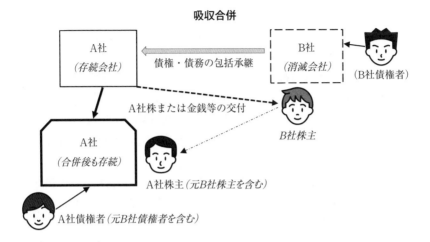

吸収合併

A社
（存続会社）

← 債権・債務の包括承継

B社
（消滅会社）

（B社債権者）

A社株または金銭等の交付

B社株主

A社
（合併後も存続）

A社株主（元B社株主を含む）

A社債権者（元B社債権者を含む）

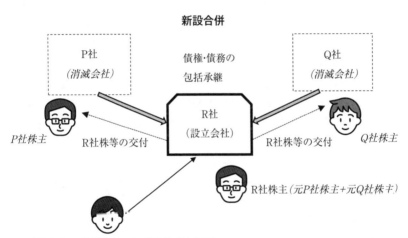

新設合併

P社
（消滅会社）

債権・債務の
包括承継

Q社
（消滅会社）

R社
（設立会社）

P社株主

R社株等の交付

R社株等の交付

Q社株主

R社株主（元P社株主＋元Q社株主）

R社債権者（元P社債権者＋元Q社債権者を含む）

2　合併の手続

（1）　合併契約の締結

（ア）　合併契約の法定事項　　吸収合併の手続を概観する。合併当事会社（存続会社・消滅会社）の各代表取締役が合併契約を締結する（748条）。合併契約は、原則として、両当事会社の株主総会の承認を得て効力が発生する。

合併契約の法定事項は、次である（749条1項）。

①当事会社の各商号・住所、②存続会社が消滅会社の株主に交付する合併対価、③合併対価の割当てに関する事項（対価が存続会社株式の場合、合併比率等）、④消滅会社発行の新株予約権の扱い、⑤合併の効力発生日である。

新設合併契約の法定事項は、吸収合併における前記①〜⑤の内容に加え、設立会社が合併前に存在しないため、その定款および機関等に関する事項が求められる。例えば、設立会社の目的、商号、本店の所在地、発行可能株式総数等である（753条1項）。

(イ)　**合併対価**　　吸収合併の対価は、柔軟である。消滅会社の株主に対し、①存続会社の株式、社債、新株予約権、新株予約権付社債、②その他の財産のいずれかを交付できる（749条1項2号・3号）。「その他の財産」として、金銭または存続会社の親会社株式など、存続会社以外の会社発行の株式等がある。存続会社の株式以外を対価とすることで、存続会社では既存株主の持株比率は影響を受けず、支配権に変動が生じない。対価を交付しない合併も認められる（後述**5**）。

他方、新設合併の対価は、吸収合併と異なり柔軟ではない。必ず株式の交付が求められ、社債または新株予約権の交付は対価の一部に限られる（753条1項6号・7号）。設立会社は、株式を発行しなければならないからである。

コラム1　キャッシュアウト・マージャーと三角合併
　　吸収合併では、消滅会社の株主に金銭を交付すると、その株主を存続会社の株主にすることなく締め出すことができる（キャッシュアウト・マージャー）。また、合併対価として存続会社の親会社株式を交付し、消滅会社の株主を親会社に吸収することもできる（三角合併）。

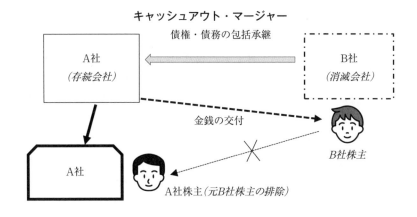

キャッシュアウト・マージャー

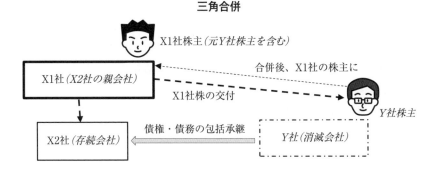

三角合併

（2） 合併契約内容の事前開示

　合併契約の締結後、当該契約を承認する株主総会の会日の2週間前から
効力発生後6か月を経過する日まで、両当事会社は合併条件等に関する書
類を本店に備え置き、各株主および各債権者（新株予約権者を含む）の閲覧等
に供する（事前開示。782条〔消滅会社側〕・794条〔存続会社側〕）。

　開示事項（消滅会社の場合）は、①合併契約、②合併対価の相当性に関す
る事項、③合併対価について参考となるべき事項、④新株予約権の定めの
相当性に関する事項、⑤計算書類等（存続会社の計算書類を含む）、⑥吸収合併
存続会社の債務の履行に見込みに関する事項、⑦備置開始日後の変更であ

る（782条1項、施行規則182条1項）。

　前記②の情報により、株主は合併比率の公正性を検討できる。上場会社の場合、当該事項に関し、「株価算定機関（監査法人・投資銀行等）の意見を徴して合併条件を決めた」旨の記載が多い。また、業績不振の会社を吸収合併すれば経営危機に陥ることがあるため、前記⑥の情報により、債権者は異議を申し立てるべきか否かを検討できる。

（3）　株主総会の承認

　合併契約は、各当事会社で、原則として株主総会の「特別決議」による承認を要する（783条〔消滅会社側〕・795条〔存続会社側〕・309条2項12号）。株主総会参考書類には、①合併をする理由、②合併契約の概要、③合併対価の相当性など事前開示事項の一部等を記載する（施行規則86条）。

　合併決議における存続会社の株主総会では、質問がなくても、取締役は次の説明を要する。①承継債務額が承継資産額を超える場合はその旨、②消滅会社の株主に交付する金銭等の簿価が消滅会社から承継する純資産額を超える場合はその旨、③消滅会社から承継する資産に存続会社株式が含まれる場合、その株式に関する事項、である。

　なお、簡易・略式組織再編では、株主総会の承認決議を省略できる（後述4）。

（4）　合併当事会社の種類

　合併当事会社に関し、①株式会社間の合併、②持分会社間の合併、③株式会社と持分会社との合併が可能であり、③では持分会社が存続会社または設立会社になることができる（合併自由の原則。748条）。ただし、株式会社と持分会社との合併において、持分会社が存続会社または設立会社になる場合、消滅する株式会社の株主に持分会社の持分が割り当てられる。その結果、持分譲渡が著しく制限されることになり、当該合併には「総株主の同意」を要する（783条2項）。また、市場における競争秩序を維持するため、独占禁止法による制限がある（独禁15条）。

株主総会の承認要件

区　分	対価等	総会の承認要件
各当事会社（存続会社・消滅会社）	存続会社等の株式、金銭その他の財産	特別決議による合併承認（原則）
消滅会社が譲渡制限のない株式だけを発行	消滅会社の株主に交付される合併対価（の一部）が譲渡制限株式	議決権行使ができる株主の半数以上で議決権の2/3以上の賛成
種類株式発行会社	譲渡制限のない種類株式の株主が、合併対価として譲渡制限株式等の割当て	株主の頭数で半数以上、議決権数で2/3以上の賛成による種類株主総会の決議
持分会社が存続会社・設立会社	消滅する株式会社の株主への合併対価が持分会社の持分	総株主の同意
簡易組織再編	存続会社が交付する対価の額が、その純資産額の20％以下	総会の決議省略
略式組織再編	90％以上の議決権を有する子会社との合併	

(5)　合併の登記と事後の開示

　㋐　**合併の登記と効力発生**　　吸収合併をしたときは、合併期日後2週間以内に、消滅会社の解散登記、存続会社の変更登記をする（921条）。解散しても清算は行わず、合併により解散した旨とその年月日を登記する。

　吸収合併の効力は、「合併契約に定めた日」に生じる（749条1項6号・750条1項）。他方、新設合併では、設立会社の「設立登記の日」に権利義務の承継が生ずる（754条1項）。そのためには（種類）株主総会の承認、株式・新株予約権の買い取り、債権者保護手続などがすべて完了している必要がある。

　財産承継のうち、不動産、商号、株式等については、登記・名義書換等をしなければ第三者に対抗することはできない（750条2項）。例えば、登記前に、消滅会社の代表取締役が同社の不動産を第三者に譲渡した場合、消滅会社は解散したことを第三者に対抗することはできず、存続会社は第三者に当該不動産を引き渡す義務を負う。それ以外の動産および債権につい

ては、包括承継の効果を、何らの手続をすることなく第三者に対抗できる。

　㋑　**事後の開示**　　①存続会社は合併効力発生日後、遅滞なく、②設立会社はその成立の日後遅滞なく、一定の事項を記載した書類を作成し、6か月間、本店に備え置く（801条1項・3項）。記載事項は、合併の効力発生日、消滅会社・存続会社における買取請求・債権者異議の手続の経過、承継した重要な権利義務等である（施行規則200条）。

　存続会社または設立会社の株主・債権者は、会社の営業時間内はいつでも、その閲覧謄写ができる。これら情報は、合併無効の提訴等の判断材料となる。

吸収合併の手続

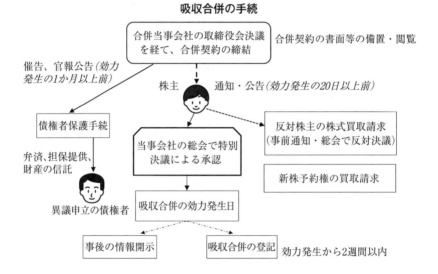

3　反対株主の株式買取請求

(1)　趣　旨

　合併に反対する株主は、原則として、その持株を「公正な価格」で買い取るように、発行会社に請求することができる。この買取請求権は、吸収合併の消滅会社、存続会社、新設合併の消滅会社の既存株主が有する権利であり、総会で議決権を行使できない株主（議決権制限株式の株主、基準日後の株主等）にも買取請求権が与えられる（785条・797条・806条）。

　組織再編という会社の基礎に本質的変更をもたらす行為を株主の多数決

で行う場合、反対株主に、保有株式に係る公正な価格を受け取って会社から退出する機会を保障するためである（最決平23年4月19日民集65巻3号1311頁）。

　他方、株式買取請求権が認められない事案として、①合併に「総株主の同意」が必要な場合（783条2項・804条2項）、②簡易合併の存続会社株主（797条1項ただし書）、③略式合併の特別支配会社（785条2項2号・797条2項2号）、がある。このうち、①は各株主が否決をして合併成立を阻止できるため、②は株主の利益に与える影響が軽微なため、③は組織再編に反対であることを考えられないためである。なお、略式合併の「特別被支配会社」では合併承認の総会は省略されるが、合併に反対の株主は株式買取請求権が与えられる。

(2)　買取請求の手続

　(ア)　**株主への通知**　　吸収合併の各当事会社は、効力発生日の20日前までに、株主に対し、合併をする旨、相手方当事会社の商号・住所の通知を要する。この通知に関し、①各当事会社が公開会社である場合、および、②合併が総会承認を受けた場合、当事会社は公告をすれば足りる（785条3項4項・797条3項4項）。

　新設合併の各消滅会社は、株主に対し、総会の承認決議の日から2週間以内に、合併する旨および消滅会社・設立会社の商号・住所を通知・公告する（806条3項4項）。株主に株式買取請求の機会を与えるためである。

　(イ)　**株主の事前通知**　　合併が総会議案となっている場合、議決権を行使できる株主が株式の買取りを求めるには、合併に反対である旨を会社に事前通知し、かつ、総会において反対することを要する（785条2項1号・797条2項1号・806条2項1号）。事前通知として書面投票または電子投票による反対票を総会前に送付する。

　他方、事前通知なく買取請求ができる株主は、①株主総会で議決権を行使することができない株主、②略式合併で総会決議が省略される場合、特別支配会社以外の株主、である。会社は、株主からの事前通知により、株式買取請求権の行使可能性を予測することができる。その結果、合併を中止するという判断を行うかもしれない。その判断に際し、株主からの事前通知の情報は有用である。

　(ウ)　**権利行使の期間と制限**　　会社からの通知・公告（前述(ア)）、事前通

知・反対決議（前述(イ)）を経て、株主は株式買取請求を、①吸収合併では、効力発生日の20日前の日から効力発生日の前日までに、②新設合併では、通知・公告の日から20日以内に行う。

　株主は買取請求権を行使した場合、発行会社は当該株式を取得することができる（自己株式の取得。155条13号、施行規則27条5号）。請求権を行使した株主は会社の承諾がなければ行使の撤回をすることはできない（785条7項・797条7項・806条7項）。買取請求をしておいて株価が上がったときは撤回するといった投機行動を抑えるためである。株主が買取請求後に株式を売却してしまわないように、①株券の提出義務（785条6項・797条6項・806条6項）、②株主名簿の名義書換制限（133条）、等がある。

（3）　公正な価格

　買取価格は「公正な価格」である。会社との協議が整わない場合、裁判所が価格を決定する（786条・798条）。公正な価格は、「株式買取請求権がなされた日」を基準日として、①合併がなければ株式が有していたであろう客観的価値（ナカリセバ価格）、②合併によるシナジーを適切に反映した株式の客観的価値とを基礎として算定される（最決平23年4月19日民集65巻3号1311頁、最決平24年2月29日民集66巻3号1784頁）。

　合併は経営効率化、事業の多角化等を目的に実施され、合併当事会社の企業価値が増大することが多い。このような企業価値の変動を「シナジー効果」という。合併により企業価値が増加するときは、それを反映した価格で株式買取りが認められるべきといえる。他方、業績不振の会社を救済する合併では、存続会社の企業価値は減少するかもしれない。当該事案では、合併がなかったならば株式が有していたであろう価格で買い取りが認められる。価格の決定は、裁判所の裁量の範囲内である。

4　簡易・略式組織再編

　合併契約に関する総会の承認決議は、次の事案では省略できる。

　第1に、簡易組織再編である。吸収合併の存続会社が交付する対価の額（簿価）が、存続会社の純資産額の20％以下（定款で引き下げ可）である場合、当該存続会社の総会の承認決議は要しない（796条2項、施行規則196条）。事業

規模が格段に小さい会社との組織再編は、事業規模の大きい会社における株主の利害に与える影響が少なく、総会の承認決議を要求することは手間と費用の割に意味が乏しいからである。なお、存続会社の株主には買取請求権はない（797条1項ただし書）。

第2に、略式組織再編である。親会社（特別支配会社）がその議決権の90％以上を保有する子会社（特別被支配会社）を吸収合併する場合、子会社における総会決議を省略できる（784条1項・796条1項）。総会決議の結果がはっきりしており、総会を開催する意義が乏しいからである。特別被支配会社において株主総会は開催されないが、合併に反対する少数株主には買取請求権が与えられる（785条2項2号・797条2項2号）。

5　特殊な合併

（1）　債務超過会社との合併

債務超過会社を消滅会社とする吸収合併は、認められている（795条2項1号）。子会社の救済合併、または業績向上が見込まれるベンチャー企業の救済合併などが想定される。消滅会社となる債務超過会社の株主総会で無対価を承認したのであれば、無対価合併は可能であり、債務超過会社の株主に存続会社の株式・金銭等は交付されない。しかし、債務超過会社の反対株主は株式買取請求権を行使できる。債務超過会社の将来性に対し、株式評価がなされることがありうるからである。

存続会社の取締役は、株主総会では、その意義、対価、リスク等に関し説明を尽くす必要がある。そうしなければ、当該取締役の善管注意義務違反となる可能性がある。

（2）　対価を交付しない合併

合併比率を1対0にすれば、無対価合併（計算規則36条2項）となる。無対価合併の想定事案として、前記の債務超過会社を消滅会社とする合併に加え、①完全子会社同士の合併、②完全親子会社間の合併がある。

第1に、完全子会社同士の合併では、親会社は完全子会社間に共通の1人株主であり、親会社は合併比率をどのようにも定めることができる。第2に、完全親子会社間の合併では、1人株主である親会社への対価交付は

無意味である（749条1項3号参照）。

6　債権者保護手続

（1）　存続会社における公告手続

　合併により企業規模が拡大し、通常は存続会社等の財産は増加する。しかし、債権者にとり、業績不振の会社との合併、または合併対価として多額の金銭が流出するおそれなどにより、存続会社等による債務の不履行が懸念される。そのため、債権者保護手続が規定されている。

　第1に、合併当事会社は、一定事項を官報に公告し、かつ、知れている債権者に各別の催告を要する（789条1項2項・799条1項2項・810条1項2項）。官報によるのは、債権者は定款に拘束されないためである。

　一定事項とは、①吸収合併をする旨、②消滅会社の商号および住所、③当事会社の計算書類に関する事項、④債権者が1か月以上の範囲で定めた一定期間内に異議を述べることができる旨、である。また、催告方法の制限はない。一方的な催告でよく、異議の有無に関する返信までは要しない。

　第2に、前記の公告を、官報に加え、定款に規定する日刊新聞または電子公告によって行う場合（二重の公告）、各別の催告を要しない（789条3項・799条3項）。

（2）　異議の有無と対応

　債権者が期間内に異議を述べなかった場合、合併を承認したものとみなされる（789条4項・799条4項・810条4項）。債権者が異議を述べた場合、合併をしても当該債権者を害するおそれがないときを除き、①債権者に対する弁済、②相当の担保提供、または、③債権者への弁済目的として信託会社等に相当財産の信託を要する（789条5項・799条5項・810条5項）。社債権者が異議の申立てをするには、社債権者集会の決議を要する（716条）。しかし、現実に債権者が異議を述べることは稀であるとされる。

7　合併の差止請求と無効

（1）　合併の差止請求

　合併が法令または定款に違反し、株主が不利益を受けるおそれがあると

きは、株主は会社に対し、合併の差止めを請求できる（784条の2〔消滅会社側〕・796条の2〔存続会社側〕・805条の2〔新設合併の場合〕）。合併が法令・定款に違反するときとは、合併の手続違反をいう。取締役が善管注意義務・忠実義務に違反した場合を含まないとされる。

合併比率の不公正（対価の不当）は直ちに差止めの原因とならないが、合併を承認する総会決議に瑕疵があることは、合併の手続違反になる。例えば、「著しく不当な」合併比率が特別利害関係株主の議決権行使によって決定された場合、合併承認決議は取消事由となる（831条1項3号）。当該瑕疵は合併差止事由となると考えられる。

また、略式合併において合併対価が当事会社の財産状況等に照らし著しく不当である場合、存続会社・消滅会社の株主は、合併の差止めを請求できる（784条の2第2号・796条の2第2号）。略式合併では、原則として総会決議が省略されるため、合併対価が著しく不当な場合には、差止請求の対象となる。少数株主の保護のためである。

(2) 合併無効の訴え

(ア) **手続**　合併の無効は、訴えをもってのみ主張ができる（828条1項7号・8号）。取引の安全を保護するためである。出訴期間は登記の日から6か月以内であり、原告になれるのは、合併当事会社の株主、取締役、執行役、監査役、清算人、破産管財人、合併を承認しなかった債権者（同条2項7号・8号）である。キャッシュ・アウトされた（元）株主は、無効の訴えを提起する資格がある。

合併無効の判決が確定したときは、存続会社は変更の登記、消滅会社は回復の登記がなされる（937条3項2号・3号）。合併により存続会社が取得した財産は、回復した消滅会社に復帰する。合併後の取得財産は共有となり、当事会社の協議により分割する。合併後に生じた債務は当事会社が連帯して弁済する責任を負う（843条）。

(イ) **無効原因**　合併の無効原因は法定されておらず、狭く解釈されている。例えば、合併契約の錯誤無効（名古屋地判平19年11月21日金判1294号60頁）、合併承認に係る総会決議の不存在、債権者保護手続の欠如等がある。合併承認決議の手続上の瑕疵を理由として、合併無効を主張するためには、

前提として決議取消しの訴えを3か月以内に提起する必要がある。

　合併比率の不公正は、合併の無効原因とならないとされる（東京高判平2年1月31日資料版商事法務77号193頁）。判断が容易ではない合併比率の不公正が無効事由になるとすれば、法律関係の安定を害するからである。合併比率が不利な会社の株主は株式買取請求権の行使により対応する。合併無効とする判決は、関係者への混乱が大きい。合併が無効とされた例は、少なくとも上場会社では存在しないとされる。

> コラム2　組織変更
>
> 　組織再編とよく似た言葉に、「組織変更」がある。これは持分会社のいずれかが株式会社に、または株式会社が持分会社に変わることである（2条26号）。株式会社から持分会社への変更は、出資者および債権者の利害に大きく関わり、総株主の同意および債権者異議手続を要する。合名会社・合資会社から株式会社への変更では無限責任社員が消えるため、債権者への各別の催告が常に必要である。なお、合名会社・合資会社・合同会社が他の持分会社に変更することは、会社の「種類変更」であり、定款変更（総社員の同意）で済む（638条・639条。合同会社は640条に留意）。

第3節　会社分割

1　会社分割の区分

　会社分割は、1つの会社を2以上の会社に分ける行為である。会社分割の経済的機能として、①会社を事業部門別・地域別に分割して経営効率の向上を図ること、②業績優良な事業部門だけを別会社に移し、収益向上を図ることなどがある。②の事案では、分割会社に残存する債権者の保護に注意を要する。

　会社分割には、新設分割と吸収分割がある。新設分割は、分割をする会社（新設分割会社。次図A社）がその事業に関し有する権利義務の全部または一部を、分割により設立する会社（新設分割設立会社。次図B社）に承継させ

る。新設分割が多い。吸収分割は、分割をする会社（吸収分割会社。次図P社）の事業の全部または一部を既存の他の会社（吸収分割承継会社。次図Q社）に承継させる。経済実体は、Q社によるP社の事業の買収に近い。

　なお、会社分割は株式会社および合同会社に認められる。合名会社または合資会社は分割を要するほど複雑な事業規模になることは稀だからである。分割の受け皿となる新設分割の設立会社、吸収分割の承継会社は、株式会社か持分会社かを問わない（758条・760条・765条）。

新設分割

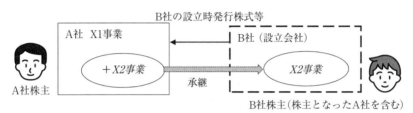

吸収分割

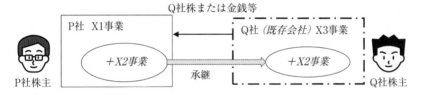

2　会社分割の手続

（1）　手続の概要

　(ア)　総会の特別決議　　会社分割の手続は、吸収合併で述べた内容が参考となる。会社分割をするためには、分割計画（新設分割）または分割契約（吸収分割）を作成・締結する（757条・762条）。新設分割は1社でもできるので、分割契約ではなく「分割計画」という。

　分割計画・分割契約の事前開示を経て（782条・803条）、株主総会の特別決議による承認を得る（783条・795条・309条2項12号）。合併と同じく、簡易・

略式手続が認められている。この場合、総会承認は不要である（784条・796条・805条）。

　　㈣　**反対株主の株式買取請求**　　分割に反対の株主には買取請求権が認められている（785条・797条・806条）。また、分割会社の新株予約権の新株予約権者は、買取請求権が認められている（対象新株予約権に関し、787条1項2号・808条1項2号）。具体的手続は、株式買取請求の場合と同じである（787条3項4項6項・808条3項4項6項）。

　　㈦　**分割の効力**　　会社分割の効力は、新設分割では設立会社の設立登記により発生する（764条1項）。吸収分割では分割契約に定めた効力発生日（分割期日）に発生する（759条1項・758条7号）。吸収分割は分割期日後2週間以内に、分割会社・承継会社において変更の登記を行う（923条）。

　吸収分割の分割会社および承継会社は効力発生日後遅滞なく、また新設分割の設立会社は成立の日後遅滞なく、事後の開示を行う（791条2項・801条3項・811条2項・815条3項）。

(2)　分割の対価

　承継会社または設立会社は、分割会社に対し対価（分割対価）を交付する。吸収分割の対価は、分割契約で自由に決定できる（758条4号・759条8項）。例えば、①承継会社の株式、承継会社の社債、承継会社の新株予約権、承継会社の新株予約権付社債、その他の財産（親会社の株式、金銭等）がある。

　他方、新設分割の対価は、設立会社の発行する株式または社債等に限定される（763条1項6号〜9号・764条8項9号）。

　コラム3　物的分割と人的分割

　　分割対価として設立会社または承継会社（設立会社等）が発行する株式が、分割会社に割り当てられることを「物的分割」という。発行する株式が分割会社の株主に割り当てられることを「人的分割」という。人的分割は、物的分割を実施した後、分割会社が対価として得た株式（承継会社・設立会社の発行株式）を分割会社の株主に分配する「剰余金の配当」による（758条8号・763条1項12号）。この剰余金の配当は、債権者異議手続を要するが、財源規制が適用されない。分配可能限度額がない場合でも、可能である。

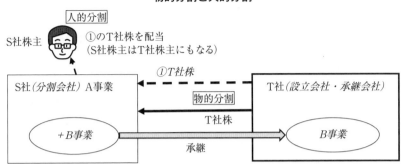

物的分割と人的分割

3 債権者保護手続

（1）　異議を述べることのできる債権者の範囲

　会社分割に対し異議を述べることのできる債権者の範囲は、次図のように
なる。合併より狭く、株式交換・株式移転より広い。

会社分割に対する債権者の対応

区　分	異議申立てが可能	異議申立てが不可
新設分割	設立会社に移転する債権者	分割会社が当該債務に連帯保証
	人的分割実施の分割会社の債権者	分割会社にとどまる債権者
吸収分割	承継会社の債権者	分割会社が当該債務に連帯保証
	人的分割実施の分割会社の債権者	分割会社にとどまる債権者

　㋐　**新設分割**　　新設分割では、設立会社に移転する債権者は、分割
に異議を述べることができる（810条1項2号）。債務者が交代するためであ
る。ただし、分割会社が当該債務の連帯保証をすれば、異議を述べること
はできない（同号かっこ書）。

　他方、分割会社にとどまる債権者（残存債権者）は、異議を述べることが
できない。「分割後分割会社に債務の履行を請求できる債権者」に該当し、
分割会社は設立会社の株式等を取得するので、両当事会社の財産状況に差

が生じないと考えられるためである。ただし、新設分割と同時に剰余金の配当を行い、人的分割を実現する場合、残存債権者は異議を述べることができる。新設会社の株式は分割会社の株主に分配され、同社資産が減少するためである。

　　(イ)　**吸収分割**　　吸収分割では、承継会社の債権者は異議を述べることができる（799条1項2号）。承継財産の額によっては承継債務を弁済できない状況が生じるためである。分割会社の債権者が異議を述べることができるかどうかは、新設分割の場合と同じである（789条1項2号）。

(2)　催告・弁済等

　　(ア)　**債権者への催告**　　異議を述べることのできる債権者がいるときは、一定事項を官報に公告し、かつ、知れている債権者に各別の催告を要する（789条1項2号・799条1項2号・810条1項2号）。分割会社の公告を、官報に加え、定款に規定する日刊新聞または電子公告によって行う場合（二重の公告）、各別の催告を要しない。しかし、分割会社に請求できなくなる「不法行為債権者」に対しては、二重の公告をしていても、各別の催告を要する（789条3項・810条3項）。

　　(イ)　**異議の有無と対応**　　債権者が期間内に異議を述べなかった場合、分割を承認したものとみなされる（789条4項・799条4項・810条4項）。債権者が異議を述べた場合、分割をしても債権者を害するおそれがないときを除き、①債権者に対する弁済、②相当の担保提供、または、③債権者への弁済を目的として信託会社等に相当財産の信託を要する（799条5項・789条5項・810条5項）。社債権者の異議は社債権者集会の決議を要する（716条）。

4　労働契約の特例

(1)　労働契約承継法による保護

　合併では、労働者と消滅会社間の労働契約は、存続会社または新設会社に承継される。会社分割では、当該労働契約は分割計画（新設分割）・分割契約（吸収分割）に記載された場合、分割会社の労働者の同意なく、設立会社または承継会社（設立会社等）に承継される（758条2号・759条1項・763条1項5号・764条1項）。

分割会社の規模は分割前より縮小する。労働者にとり労働契約がどの会社に継続・承継するのかは重大な関心事である。分割会社の労働者にとり、会社分割に対し異議を述べることができる対象が、未払の賃金債権に限られると十分な保護にならない。そのため、「会社分割に伴う労働契約の承継等に関する法律」（労働契約承継法）は、特別の規定を設けている。

(2) 主として承継事業に従事の有無による保護内容

労働契約承継法によれば、分割会社の労働者の保護を、主として承継事業に従事の有無により区分している。

第1に、分割会社の労働者が承継事業に主として従事している場合、分割計画・分割契約に承継される旨の定めがあれば、労働者の同意なく設立会社等に労働契約は承継される（労働契約承継法3条）。当該承継される定めがない場合、労働者が書面で異議を申し出ることにより承継される（同法4条）。

第2に、分割会社の労働者が承継事業に主として従事していない場合、分割計画等に承継される定めがあるときでも、労働者の異議申出があれば労働契約は承継されない（同法5条）。分割計画等に承継される定めがない場合、労働契約は承継されず、異議申出も認められない。

分割会社が労働者と協議を全く行わない、または分割会社の説明・協議の内容が著しく不十分であるために法が協議を求めた趣旨に反することが明らかなときは、労働者は会社分割無効の訴えによることなく、会社分割による労働契約承継の効力を争うことができる（最判平22年7月12日民集64巻5号1333頁）。

労働関係の変化

区　分	承継の対象となっている場合	承継の対象となっていない場合
主として承継事業に従事	労働者の同意なく、当然に承継	労働者の異議申出があれば承継
従として承継事業に従事	労働者の異議申出があれば承継されない	当然、承継されない

5　詐害分割と残存債権者保護

（1）　残存債権者の債務履行請求

　詐害分割（濫用的会社分割）とは、分割会社の優良事業・資産を設立会社または承継会社（設立会社等）に移転させて、分割会社の残存債権者のうち、設立会社等に債務を履行請求が「できる債権者」、または「できない債権者」を分割計画・分割契約の内容に従い恣意的に選別することである。実質的に債務を逃れる行為である。

　吸収分割では、分割会社が承継会社に承継されない「（残存）債権者を害する」ことを知って会社分割をした場合、継承会社が善意であるときを除き（主観要件）、債権者は、承継会社に対し、会社分割により「承継した財産の価額を限度」として債務履行の請求ができる（759条4項・764条4項）。新設分割では、設立会社の主観要件はなく、債務履行の請求ができる。

　債権者の債務履行請求に関し、設立会社等が分割会社から財産および債務の両方を承継した場合、承継債務は考慮せず、承継財産の価額が対象となる。財産の価額から債務額を控除した残額を対象とすれば、残存債権者が保護されないからである。

（2）　債務履行請求権の制限

　債務履行請求権を行使できない事案として、①吸収分割の承継会社が債権者を害する事実を知らなかった場合（759条4項ただし書・761条4項ただし書）、②債権者が詐害分割と知って2年経過した場合（759条6項）、③分割会社の

詐害分割の対応

B社の設立時発行株式

X社　P1事業（＝不採算事業）　← 承継 →　Y社（設立会社・承継会社）

＋P2事業（優良事業）　→　＋P2事業（優良事業）

残存債権者を害することを知って会社分割

債務の履行請求

X社の残存債権者

承継財産の価額を限度に、債務の履行請求可。吸収分割では、Y社の悪意が前提

倒産手続開始が決定した場合（759条7項・761条7項・764条7項・766条7項）、④
人的分割の場合、がある。承継会社の債権者との利害調整を図る趣旨である。

前記①の「債権者を害する」とは、分割会社が分割により債務超過となること、残存債権者が受領を期待できる弁済可能額の減少が明白であることなどが想定される。前記②では、2年以内に債務履行の請求または請求の予告（請求等）をしない場合、消滅する。請求の予告を加えているのは、債権者の債権に条件・期限が付され、2年以内の権利行使ができないことがあるためである。

前記③では、倒産手続開始後、管財人が否認権を行使して設立会社等に承継財産の返還等を求めることになるからである。前記④では、物的分割と異なり、すべての債権者が異議を述べることができるからである（789条1項2号・810条1項2号）。

(3) 詐害分割の対応策と課題

残存債権者の債務履行請求に加え、詐害分割への対応策として、①詐害行為取消権の行使、②法人格否認の法理の適用、③会社法上の債権者異議手続、が考えられる。

前記①に関し、判例上、新設分割に異議を述べることができない分割会社の残存債権者は民法の詐害行為取消権（民424条）に基づく分割取消しの主張ができるものとされている（最判平24年10月12日民集66巻10号3311頁）。課題として、ⅰ）裁判所に請求を要すること、ⅱ）残存債権者が承継資産を特定して返還させることの困難性、等がある。分割会社の債権者が新設会社に請求できる額は新設会社に承継された資産等の価額に制限される（福岡高判平23年10月27日金判1384号49頁）。

前記②に関し、法人格否認の法理の適用では、設立会社等の債権者が不利益を被るおそれに加え、一般に当該法理の適用は認められにくい。前記③に関し、債権者が一定期間内に異議申立て（789条・799条・810条）をしない場合、分割承認とみなされ、会社分割の無効の訴えができなくなる。金融機関のように長期貸付を行っている場合、貸付契約または約款で対応することが求められる。

6　違法な会社分割の対応

（1）　分割の差止請求

　法令または定款に違反する会社分割に対し、株主は分割差止めの請求ができる（805条の2〔新設分割会社〕・784条の2〔吸収分割会社〕・796条の2〔承継会社〕）。合併と同様、略式会社分割における特別被支配会社の株主は、分割比率が著しく不当であるときも分割差止めの請求ができる（784条の2第2号・796条の2第2号）。

（2）　分割無効の訴え

　違法な会社分割成立後は、分割無効の訴えにより対応する（828条1項9号・10号）。原告適格、提訴期間等は合併無効の訴えと同じである。原告適格を有する「新設分割・吸収分割について承認をしなかった債権者」とは、債権者異議手続において異議を述べた債権者が対象であり、異議を述べることのできない債権者を含まないと解される（東京高判平23年1月26日金判1363号30頁）。

　会社分割の無効判決が確定した場合、設立会社は解散し、分割の際に発行された株式は無効となる。設立会社・承継会社に移転した権利義務は分割会社に戻される。分割後に承継会社が取得した財産の扱いなどは、合併と同様である（843条2項）。

第4節　株式交換・株式移転

1　意　義

　株式交換・株式移転（株式交換等）は、完全親子会社を円滑に創設するための制度である。株式交換は、株式会社（B社）が既存の他の株式会社または合同会社（A社）に、その発行済株式の全部を取得させる行為である（2条31号）。他方、株式移転は、株式会社（Q社）の上に持株会社（P社）を設立し、その発行済株式の全部を取得させる行為である（同条32号）。

　既存の会社の発行済株式すべてを株主から譲り受けることは、多数の株主がいる上場会社等では困難である。しかし、株式交換等は、株主総会の特別決議をもって反対する株主の保有株式を含め、すべての株式を取得で

きるため、既存の会社の完全子会社化を可能とする。株式交換等により創設された完全親会社は、企業グループの効率的な運営のため、グループ全体の経営戦略に専念する純粋持株会社となる事例が多い。

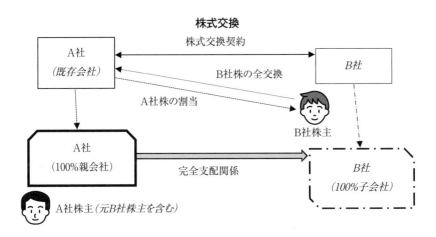

株式交換

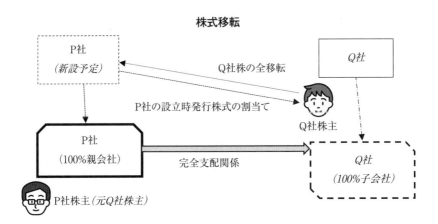

株式移転

2 株式交換・株式移転の手続

(1) 手続の概要

(ア) **株主総会の特別決議**　株式交換を実施する場合、完全親会社にな

る会社（株式交換完全親会社）と完全子会社になる会社（株式交換完全子会社）との間で、法定事項（768条）を定めた株式交換契約を締結する（767条）。株式交換契約の事前開示を経て（782条〔子会社側〕・794条〔親会社側〕）、各当事会社において株主総会の特別決議による承認を得る（783条1項・795条1項・309条2項12号）。完全子会社になる会社の株主に譲渡制限株式を割り当てる場合には、特殊決議を要する（783条3項・795条4項・309条3項2号）。

　他方、株式移転を実施する場合、株式移転の条件を定める株式移転計画（772条1項）を作成する。株式移転は1社でもできるので、株式移転契約ではなく「株式移転計画」という。株式移転計画には、前記の株式交換契約の内容に加え、完全親会社（株式移転設立完全親会社）を新設するため、当該会社の定款に定める事項および取締役・監査役・会計監査人の氏名・名称等を記載する（773条1項1号～4号）。株式移転計画の事前開示を経て（803条）、完全子会社となる会社において株主総会の特別決議による承認を得る（804条1項・309条2項12号）。

　　(イ)　**反対株主の株式買取請求**　　　株式交換等に反対の株主および新株予約権者には、買取請求権が認められる（785条・787条1項3号・797条・806条～809条）。例えば、株式交換完全子会社B社の新株予約権者が、株式交換後も、そのまま権利行使をB社に対して行えるとすると、株式交換完全親会社A社とB社間の完全親子関係の構築ができなくなる。A社以外に、B社の株主が誕生するからである。B社の新株予約権者にA社の新株予約権を交付することは可能であるが（768条1項4号）、B社は新株予約権の発行時に、将来の未確定な株式交換に係る移行条件まで規定すること（236条1項8号）はできないため、B社の新株予約権者にその買取請求権が付与される。

　　(ウ)　**株式交換等の効力**　　　株式交換の効力は、契約で定めた日に発生するが、債権者保護手続の終了を前提とする。間に合わない場合、効力発生日の変更を要する（769条・790条）。効力発生日に完全親子会社になる。B社（完全子会社）の元株主は、A社（完全親会社）の株主として、A社を通じてB社の経営に間接的に関与する。A社株主は、その権利行使のために必要あるときは、裁判所の許可を得て、B社の総会議事録、取締役会議事録、定款、株主名簿、会計帳簿等の閲覧を請求できる（318条5項・371条5項・31条

3項・125条4項・433条3項)。

　他方、株式移転の効力は、設立登記により完全親会社が成立した日に発生する。Q社（完全子会社）の元株主は全員がP社（完全親会社）の株主になるが、P社には他の株主が存在することもある。

　株式交換等の効力発生日後は、6か月間、株式交換等に関する書面等の事後の開示が必要である（791条2項・801条3項・811条1項・815条3項）。

（2）　株式交換等の対価

　株式交換では対価は柔軟である（768条1項2号イ～ホ）。親会社となる会社の株式、金銭等の交付でもよい。金銭交付の株式交換は、親会社となる会社との間に資本関係があれば、子会社少数株主を金銭で追い出すこと（スクイーズアウト）に近い。資本関係がなければ、株式譲渡による会社買収に近い。

　他方、株式移転では設立会社に財産がなく、株式移転完全子会社の株主に対価として金銭等を割り当てることはできない（773条1項5号～8号）。

（3）　簡易・略式手続

　株式交換でも、簡易・略式手続が認められる。B社（完全子会社）の株主に交付する対価の額（簿価）が、A社（完全親会社）の純資産額の20％以下（定款で引き下げ可）の場合、原則としてA社での総会決議は不要である（796条2項）。また、A社がB社の議決権の90％以上を保有しているときは、原則としてB社での総会決議は不要である（同条1項）。

　他方、株式移転では、簡易・略式手続が認められていない。完全子会社となる会社の株主は株式移転によって全員がその地位を失うため、簡易手続により総会承認を不要とすることはできない。また、完全親会社は設立予定の段階であり、特別支配会社とはなりえないため、略式株式移転もない。

3　債権者保護手続

　株式交換等が行われる場合、完全子会社となる会社の財産関係に変動はなく、完全親会社となる会社においても対価として自己の株式を交付するだけである。そのため、原則として、債権者保護手続は不要である。しか

し、債権者が害されることが想定される次の事案では、債権者保護手続を要する。

第1に、新株予約権付社債の承継である。完全子会社となる会社が発行している新株予約権付社債を株式交換・株式移転により完全親会社となる会社に承継させる場合における、当該社債権者がその対象となる（789条1項3号・810条1項3号）。

第2に、完全親会社の株式以外の交付である。株式交換において完全親会社となる会社が、完全子会社となる会社の株主に対し、完全親会社の株式その他これに準ずるものとして法務省令で定めるもの以外のものを交付する場合における、完全親会社となる会社の債権者がその対象となる（799条1項3号、施行規則198条）。ただし、株式交換比率に端数が生じる場合、端数についてのみ金銭を交付（端数調整金）するときは、債権者異議手続は不要である。

第3に、株式交換契約新株予約権付社債の承継である。株式交換において完全親会社となる会社が、株式交換契約の定めにより、完全子会社となる会社が発行している新株予約権付社債を承継する場合における、完全親会社となる会社の債権者がその対象となる（768条1項4号ハ・799条1項3号）。

債権者保護手続を要する事例

区　分	債権者保護手続を要する事例	対象債権者
新株予約権付社債の承継	完全子会社となる会社の新株予約権付社債を、株式交換・株式移転により、完全親会社となる会社に承継	当該社債権者（対完全子会社）
完全親会社の株式以外の交付	株式交換で、完全親会社となる会社が、完全子会社となる会社の株主に対し、完全親会社の株式以外を交付	完全親会社となる会社の債権者（対完全親会社）
株式交換契約新株予約権付社債の承継	株式交換で、完全親会社となる会社が、株式交換契約の定めにより、完全子会社となる会社の新株予約権付社債の承継	

4　違法な株式交換・株式移転の対応

（1）　株式交換等の差止請求

　法令または定款に違反する株式交換・株式移転に対し、株主は差止請求ができる（784条の2・796条の2・805条の2）。合併と同様、略式株式交換における特別被支配会社の株主は、交換比率が著しく不当であるときも株式交換の差止めを請求できる（784条の2第2号・796条の2第2号）。

（2）　株式交換等の無効の訴え

　違法な株式交換等の成立後は、無効の訴えにより対応する（828条1項11号12号・834条12号）。原告適格、提訴期間等は合併無効の訴えと同じである。株式交換等が無効とされた場合、発行した新株は将来に向かって効力を失う。株式交換等では、当事会社の資産および債務の承継が原則として生じないため、株式交換等が無効となっても、合併無効ほど関係者に大きな影響がないとされる。特別利害関係人の議決権行使により著しく不当な総会決議がなされ、総会決議に取消しの瑕疵があれば株式交換等の無効原因になると解される。

第5節　株式交付

1　意　義

　株式交付は、株式会社が他の株式会社をその子会社とするために当該他の株式会社の株式を譲り受け、当該株式の譲渡人に対して当該株式の対価として当該株式会社の株式を交付することをいう（2条32号の2）。令和元年改正により、新たに親子会社関係を創設する制度として規定された。

　例えば、A株式会社がB株式会社をA社の子会社とするために、B社の株主からB社株を譲り受け、対価としてA社株を交付する。株式交付をする株式会社（A社）が「株式交付親会社」、譲り受ける株式の発行会社（B社）が「株式交付子会社」となる。株式交付は、株式交付親会社A社と株式交付子会社B社の株主との強制取得ではない個別取引であり、B社は関与しない。しかし、B社の株式が譲渡制限株式の場合、B社の株式譲渡承認が必要となる（137条1項）。株式交換と異なり、B社を完全子会社とする

ことまでを企図していない場合、A社側で株式交付制度の利用が考えられる。

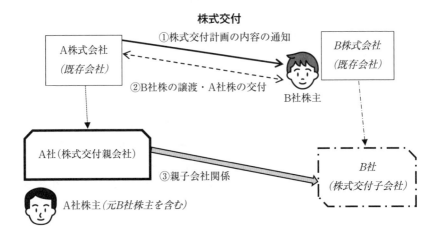

株式交付

①株式交付計画の内容の通知

A株式会社
（既存会社）

②B社株の譲渡・A社株の交付

B社株主

B株式会社
（既存会社）

A社（株式交付親会社）

③親子会社関係

B社
（株式交付子会社）

A社株主（元B社株主を含む）

2　株式交付の目的

（1）　従来の課題

　従来、他の会社を買収する場合、①株式交換による方法、または、②金銭または自社株を対価とする方法がある。株式交換は対象会社の発行済株式の全てを取得することになり、対象会社の過半数株式の取得を考えている場合、利用はできない。株式交換は持株会社の設立に向いている。金銭を買収対価とする場合、手持ちの資金が少ない会社は買収自体を断念しなければならないかもしれない。

　自社株を買収対価とする場合、その実質において、株式の発行者である買収会社（A社）は、被買収会社（B社）の株主が有するB社株を現物出資財産として、A社株の募集（199条1項3号）を行うことになる。しかし、被買収会社の株式（B社株）による現物出資は、原則として検査役の調査対象であり（207条1項）、株主または取締役が財産価格てん補責任を負う可能性（212条・213条）がある。総額500万円以下（33条10項1号）のB社株の取得では検査役の調査は不要であるが、当該金額の株式価値にとどまる企業を買

収することには実益を見出し難く、慎重になろう。

（2）　株式交付の利点

　株式交付は組織再編と位置付けられており、現物出資規制の適用外（時間・費用の軽減）である。Ａ社がＢ社を買収して子会社にしようとする際に、株式交換の場合（対象会社の完全子会社化）と、そうでない場合（対象会社の子会社化）とにおいて規律に大きな違いを設ける理由はないといえる。

　また、買収会社が発行する株式を買収対価とすることにより、金銭を対価とするときと異なり、資金調達の負担が軽減される。そのため、①大規模な買収が容易となり、②手元資金に余裕のない企業においても他社の買収を行いやすくなる。被買収会社の株主は株式交付に応じて買収会社の株式を保有することにより、買収会社および被買収会社の成長・業績向上からもたらされる利益を享受することができる。

コラム４　株式交付の対象外事案
　株式交付は、次の事案を対象外としている。第１に、株式交付は対象会社を「子会社とする」ための制度である。既存の子会社株式の追加取得は対象外である。例えば、対象会社Ｂ社の持株（議決権）割合を40％から51％に増加させる場合、株式交付制度を利用できる。しかし、持株（議決権）割合を52％から70％に増加させる場合、株式交付制度を利用できない。第２に、子会社化の基準は、議決権の過半数の取得（形式基準。施行規則３条３項１号）である。対象会社の財務・事業方針の決定する実質基準による子会社化は対象外である。第３に、株式交付の対象会社である株式交付子会社は、株式会社のみであり、持分会社は対象外である。

3　株式交付の手続

　株式交付は、①株式交付計画の作成、②事前開示手続、③株式交付子会社の株式の譲渡の申込み・株式交付親会社が譲り受けようとする株式交付子会社の株式の割当て、④株式交付親会社の株主総会における株式交付計画の承認、⑤株式交付の効力発生、⑥事後開示手続、からなる。

株式交付に関する法定手続

当事者	具体的内容
株式交付親会社→株式交付子会社の株主	株式交付親会社の商号、株式交付計画の内容等の通知（774条の4第1項）
株式交付子会社の株主（申込者）→株式交付親会社	申込期日までに、申込者は自己の氏名等および住所、譲渡する株式の内容および数を記載した書面を株式交付親会社に交付（同条2項3項）
株式交付親会社→株式交付子会社の株主（申込者）	①申込者の中から株式交付子会社株式を譲り受ける者およびその者から譲り受ける株式の数を決定(774条の5第1項)、②効力発生日の前日までに、申込者に対し、譲り受ける株式の数を通知（同条2項）
株式交付子会社の株主（株式の譲渡人）→株式交付親会社	株式の譲渡人となった者は、効力発生日に、株式交付親会社が通知した数の株式を給付（774条の7第2項）

（1） 株式交付計画の作成と開示

　株式交付は「株式交付計画」を作成することから始まる（774条の2）。作成義務者は株式交付親会社である。例えば、X_1社の子会社X_2社がY社を子会社にしたい場合、X_1社ではなく、X_2社が株式交付計画を作成する。作成に際し、株式交付親会社と株式交付子会社との協議は不要である。

　株式交付計画には、①株式交付子会社の商号および住所、②株式交付による譲り受ける株式交付子会社の株式の数の下限、③譲渡人に対する当該対価、株式交付親会社の資本金・準備金の額に関する定め、④譲渡しの申込みの期日、⑤効力発生日等を定める（絶対的記載事項。774条の3第1項）。株式交付計画は、その内容を記載した書面・電磁的記録を株式交付親会社の本店に備え置き、株式交付親会社の株主および債権者からの閲覧請求等に応じなければならない（816条の2）。

（2） 株主総会による承認

　株式交付親会社は株式交付計画について、株式交付の効力発生日の前日までに、株主総会の特別決議によって承認を要する（816条の3第1項）。株主総会においては、譲渡人に交付する金銭等帳簿価額が、株式交付親会社

が譲り受ける株式交付子会社の株式等の額を超える場合、その旨を説明しなければならない（同条2項）。

(3) 発行済株式総数の変動

株式交付の効力発生日において対象会社が子会社（2条3号）となるための株式数（株式交付子会社の株式の数の下限）を株式交付計画に記載する。株式交付子会社の発行済株式総数に変動があることを了知している場合、効力発生日現在の発行済株式総数を基準とする。

(4) 譲受けの対象と対価

譲受けの対象は、株式交付子会社が発行する、①株式（普通株式・種類株式）、②新株予約権・新株予約権付社債（新株予約権等）である。株式交付子会社の新株予約権等をそのままにしておくと、被買収会社の議決権の過半数の取得による支配権を掌握しても、新株予約権等の行使がなされ支配権を喪失する可能性がある。そのため、新株予約権等も譲受けの対象としているが、新株予約権等のみを譲受けの対象とすることはできない。

株式交付の対価は、株式交付親会社の株式を必須として、株式交付親会社の社債、新株予約権、新株予約権付社債、金銭等、またはその混合とすることが可能であり、これら金銭等の混合割合は自由である。株式交付親会社の「さらに親会社の株式」を対価の一部とすることも認められるが、株式交付親会社の株式を含むことが条件である。株式「交付」であるため、株式交付親会社は新株発行または自己株式の給付のいずれも選択可能である。なお、新株発行では株式交付親会社の資本金等が変動するため、資本金等の額に関する事項を株式交付計画に記載する。

(5) 株式交付子会社の株式の譲渡の申込み等

株式交付は買収会社（株式交付親会社）が被買収会社（株式交付子会社）の株主から任意でその保有する株式の譲渡を受ける組織再編上の制度である。会社法所定の株式譲渡に関する法定手続を要する。

第1に、株式交付親会社から株式交付子会社の株主への通知である。通知内容は、①株式交付親会社の商号、②株式交付計画の内容等（774条の4第1項）である。なお、株式交付子会社の株式の譲渡しに関する規定は、株式交付子会社の新株予約権の譲渡しについて準用する（774条の9）。また、

株式交付子会社が金融商品取引法上の公開買付制度の適用会社であれば、金融商品取引法上の公開買付規制が適用される。

　第2に、通知を受けた株主から株式交付親会社への株式譲渡の申込みである。①譲渡に応じる株主（申込者）の氏名・住所、②譲渡する株式等の数に関する書面を、株式交付親会社に交付する（774条の4第2項）。申込期日までに株式交付子会社の株式の総数が下限に満たない場合、株式交付親会社は、遅滞なく、株式交付をしない旨を通知しなければならない（774条の10）。なお、株式交付子会社の株式が譲渡制限株式である場合には、株式交付子会社の譲渡承認を要する。

　第3に、株式交付親会社の株式の割当てである。株式交付親会社は、申込者の中から、株式を譲り受ける者を定め、かつ、譲り受ける株式の数を定める（774条の5第1項前段）。株式交付計画に記載している「譲り受ける株式交付子会社の株式数の下限」を下回らない範囲で、申込者から譲り受ける株式の数を、申込数より減少させることは可能である（同項後段）。例えば、株式交付計画では「下限」として議決権割合の70％の株式譲受けを記載していた。実際には、85％の議決権に相当する株式譲渡の申込みがあった場合、「下限である議決権割合の70％」を下回らないのであれば、85％より少ない株式数の譲受けができる。

　第4に、株式交付親会社から申込者への譲受けの通知である。株式交付親会社は、効力発生日の前日までに、申込者に対し譲り受けることとした株式の数を通知する（774条の5第2項）。株式の「総数譲渡し契約」では、これら前記の申込みおよび通知は不要である（774条の6）。特定の株主との間で株式交付子会社の株式の総数を譲る受ける場合でも、株式交付制度の利用は可能である。

(6)　株式交付の効力発生と不成立

　株式交付親会社による株式交付子会社の株式の譲受けは、株式交付の効力発生日に効力が発生する。株式交付親会社は、株式交付計画に定めた当初の効力発生日から3か月以内を限度として、効力発生日の変更ができる（816条の9）。当該変更は株式交付親会社による単独の判断で可能である。

　株式交付親会社と株式交付子会社の株主との間の株式譲渡契約は、申込

みと承諾で成立するが、直ちに株式交付子会社の株式が株式交付親会社に移転するわけではない。株式交付の効力発生日に、①申込者（株式交付子会社の株主）は株式交付親会社に株式を給付し、②株式交付親会社は株式交付子会社の株主となり、③株式交付子会社の株主は株式交付親会社の株主となる（774条の7・774条の11）。

　他方、申込期日までに申し込みがなされた株式交付子会社の株式の総数が計画に定める下限に満たない場合、株式交付は不成立となる（774条の10前段）。例えば、下限が株式交付子会社の議決権割合の60％でありながら、51％の取得があっても（過半数取得）、株式交付は不成立となる。株式交付が不成立の場合、株式交付親会社は、遅滞なく、「株式交付をしない」旨を通知するとともに（同条後段）、株式交付親会社は譲り受けていた株式を譲渡人に返還する。株式交付が不成立の場合には、新株予約権等のみを譲り受けることはできない（774条の11第5項3号）。

(7)　事後開示手続

　株式交付親会社は、効力発生後遅滞なく、株式交付に際して譲り受けた株式交付子会社の株式の数等の事項を記載した書面・電磁的記録を作成し、株式交付の効力発生日から6か月間、本店に備え置く必要がある。また、株式交付親会社の株主および債権者には、当該書面等の閲覧請求等が認められている（816条の10）。

4　簡易株式交付

　株式交付親会社が公開会社であり、かつ株式交付において交付する対価の額が一定の水準に満たない（20％ルール）場合、株式交付計画に係る総会決議は不要である（816条の4第1項）。いわゆる「簡易株式交付」であり、株式交付親会社の取締役会の決議で可能である。

　具体的には、［株式交付子会社の株式等の譲渡人に対し交付する額（①株式交付親会社の株式の数に1株当たり純資産額を乗じて得た額＋②株式交付親会社の社債・新株予約権等の帳簿価額の合計額＋③株式交付親会社の株式等以外の財産の帳簿価額の合計額）］が、株式交付親会社の純資産額の5分の1（定款により、これを下回る割合の規定可）を超えないことが必要である。

株式交付と株式交換の比較

区　分	株式交付	株式交換
取得株式数	対象会社（株式交付子会社）の株式の過半数	対象会社（株式交換完全子会社）の株式の全て
取得対価	株式交付親会社の株式は必須＋金銭等（割合の自由）	株式交換完全子親会社の株式は任意＋金銭等（対価の自由）
書類作成・締結	株式交付親会社による株式交付計画の作成	当事会社間で株式交換契約の締結
承　認	株式交付親会社の株主総会の特別決議	各当事会社の株主総会の特別決議
債権者保護	株式交付の対価が金銭を含む場合、株式交付親会社の債権者保護手続	新株予約権付社債の承継に係る当該社債権者、完全親会社の株式以外の交付・株式交換契約新株予約権付社債の承継に係る完全親会社の各債権者（第4節3を参照）

　株式交付親会社が非公開会社の場合、簡易株式交付はできない（同項ただし書）。非公開会社では、簡易株式交付に該当する事案でも、株式交付の実施は必ず株主総会の決議を要する。

5　株式交付の債権者・反対株主の救済手続

（1）　債権者異議手続

　株式交付子会社の株式・新株予約権等の譲渡人に対し、金銭等（株式交付親会社の株式以外のもの）を対価として交付する場合、債権者異議手続が認められている（816条の8）。株式交付親会社の株式以外の財産が減少するためである。

（2）　反対株主の株式買取請求権

　株式交付親会社の株主は株式交付に反対した場合、株式交付親会社に対し、自己の有する株式を公正な価格で買い取ることを請求できる（816条の6第1項）。簡易株式交付（816条の4第1項）の場合は、この限りではない（同項ただし書）。

従来、募集株式の発行等における有利発行の場合に、反対株主の株式買取請求権は認められていない。株式交付は、その実質として株式交付子会社の株主が株式交付親会社に保有株式を現物出資して、株式交付親会社の株式を取得する制度であるが、組織再編と位置付けることにより、反対株主の株式買取請求権が認められている。

他方、株式交付子会社の株主には株式買取請求権を認めていない。株式交付は株式交付子会社の株主に対し株式譲渡の機会を新たに与えるものであり、当該株主は株式の譲渡に応じることなく、株式交付子会社に留まる自由が保障されているからである。

6 違法な株式交付の対応

(1) 株式交付の差止請求

株式交付が法令または定款に違反する場合において、株式交付親会社の株主が不利益を受けるおそれがあるときは、株式交付親会社の株主は、株式交付親会社に対し、株式交付の差止めを請求することができる（816条の5）。簡易株式交付の場合は、この限りではない（同条ただし書）。

他方、株式交付子会社の株主には、差止請求権が認められていない。株式交換の場合と異なり、株式交付は株式交付親会社が株式交付子会社から株式を譲り受ける制度だからである。

(2) 株式交付の無効の訴え

違法な株式交付の成立後は、無効の訴えにより対応する（828条1項13号）。提訴期間は株式交付の効力が生じた日から6か月以内である。原告適格は、①株式交付の効力が生じた日において株式交付親会社の株主等であった者、②株式交付に際して株式交付親会社に株式交付子会社の株式・新株予約権等を譲り渡した者または株式交付親会社の株主等、③破産管財人・株式交付について承認をしなかった債権者である（同条2項13号）。株式交付親会社の株主等であった者、当該会社の現株主、株式交付子会社の株式を譲渡した者にも原告適格が認められていることは注目される。

株式交付の無効事由を定めた明文規定は存在しないため、解釈に委ねられる。株式交付の無効事由として、例えば、①事前・事後の備置義務の不

履行、②開示対象の書類の重大な不備・不実記載、③株式交付を承認する株主総会の欠缺、④株式交付の対価の未支給等がある。交付条件の不公正は、それ自体では無効原因とならないと考えられる（東京高判平2年1月31日資料版商事法務77号193号参照）。交付条件の不公正は、損害賠償請求等により対応する。

第6節　事業譲渡

1　意　義

　事業譲渡とは、判例上、有機的一体として機能する財産（取引先・企業情報等の経済的価値のある事実関係を含む）の全部または重要な一部を譲渡し、譲渡会社が譲渡の限度に応じ、競業避止義務（21条、商16条）を負う結果を伴うものをいう（最判昭40年9月22日民集19巻6号1600頁）。

　例えば、X社がデパート業およびホテル業を営む場合、ホテル業だけを譲渡するのが事業の一部譲渡であり、両方を譲渡するのが事業の全部譲渡である。事業の全部譲渡をした会社でも当然には解散しない。定款の「目的」を変更し、別の事業を営むことが考えられる。解散するには別途、解散決議を要する。

　事業譲渡の経済的機能として、①事業の譲渡しは、競争力の弱い事業からの撤退、事業のスリム化等、②事業の譲受けは、新規事業への進出、技術・地域的な弱点の補完等、がある。経済的機能は合併と共通する面が多いが、事業譲渡は合併と異なり財産だけを承継するものであり、従業員を引き継ぐかどうかなどは契約による。

事業の一部譲渡

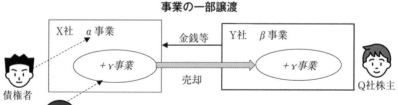

譲受会社が行う譲渡会社の債権取得・債務引受けは、原則として、事業譲渡契約による。商号の続用責任あり

2 事業譲渡の手続

(1) 譲渡の承認機関

　譲渡の対象が事業の全部または重要な一部にあたる場合、譲渡会社では株主総会の特別決議を要する（467条1項・309条2項11号）。判例上、株主総会の承認を得ない事業の譲り渡しは無効とされる（最判昭61年9月11日判時1215号125頁）。譲受会社では、事業の全部譲受けであれば総会決議を要するが（467条1項3号）、重要な一部譲受けは取締役会決議による。譲受人は会社に限定されない。

　事業譲渡においても、簡易・略式手続がある。第1に、株式会社が総資産の20％（定款で引下げ可）以下の資産を譲渡する場合、総会決議は不要である（467条1項2号かっこ書、施行規則134条）。また、資産の額が「総資産」の20％を超えても質的に見て重要でない場合、重要な一部の譲渡に当たらないため、総会決議は不要である（簡易事業譲渡）。第2に、事業譲渡等（467条1項1号～4号の行為）の相手方が、事業譲渡等をする会社の特別支配会社（他方の当事会社の議決権の90％以上を保有）である場合、総会決議は不要である（略式事業譲渡。468条1項）。例えば、Q社がP社に事業譲渡する場合、P社がQ社の特別支配会社であれば、Q社総会の決議は不要である。その逆であるときも同様である。第3に、事業全部の譲受けの対価が「純資産」の20％を超えない場合、譲渡会社の総会決議は不要である（468条1項・2項）。

(2) 重要な子会社の株式譲渡

　親会社が重要な子会社の株式・持分（株式等）を譲渡し、支配権を失う場合、譲渡の効力発生日の前日までに、親会社では総会の特別決議による譲渡契約の承認を要する（467条1項2号の2）。反対株主は、株式買取請求権の行使ができる（469条）。子会社は親会社の重要な事業部門と考えられるからである。

　当該規制が適用されるのは、①譲渡する子会社株式等の帳簿価額が親会社の総資産額の5分の1を超える場合（定款で引下げ可）、②子会社株式等の譲渡効力発生日に、親会社が子会社の議決権総数の過半数を有しなくなる場合、である。

（3） 事業全部の賃貸等

　株式会社が、事業全部の賃貸、事業全部の経営委任、他人と事業上の損益全部を共通にする契約等をするときは、原則として、賃貸・委託側の各会社において株主総会の特別決議を要する（467条1項4号・309条2項11号）。株主の利益に重大な影響を与えるためである。

　事業全部の賃貸とは、会社が事業財産の全部の占有を他の者に移転し、賃借人がその名義および計算において事業の経営を行い、賃貸会社が対価として賃料を受け取る行為をいう。

（4） 譲渡会社の競業避止義務

　事業の譲渡会社は、原則として、同一または隣接する市町村の区域内で、譲渡後20年間、譲渡した事業と同一の事業（競業）を行ってはならない（21条1項）。譲受会社に損失を与える可能性が大きいからである。特約により、競業規制の軽減・排除、加重が可能である。しかし、譲渡の日から30年を超える加重はできない（同条2項）。あまりに長期間の特約は、競争制限となり消費者の利益を損なうからである。

譲渡内容別の当事会社の承認

区　分	譲渡会社	譲受会社
事業の全部譲渡	総会の特別決議	総会の特別決議
重要な事業の一部譲渡	総会の特別決議	（取締役会の決議）
重要な子会社の株式譲渡	総会の特別決議	（取締役会の決議）
事業全部の賃貸等	総会の特別決議	（取締役会の決議）
全部譲受の対価が純資産の20％未満	総会の特別決議	（取締役会の決議）
総資産の20％以下の資産の譲渡	（取締役会の決議）	（取締役会の決議）
他方の当事会社が特別支配会社	譲受会社が特別支配会社の場合、総会決議が不要	譲渡会社が特別支配会社の場合、総会決議が不要

＊①事業譲渡が重要な財産の処分に該当する場合、②事業の譲受けが重要な財産の譲受けまたは多額の借財に該当する場合、③経営委任契約等がその他の重要な業務執行に該当する場合、原則として当事会社の取締役会の議決が必要（362条4項）

3　反対株主の株式買取請求

　事業の譲渡・譲受けに反対する株主は、株式の買取請求ができる（469条・470条）。しかし、次の事案では認められない。

　第1に、事業の全部譲渡において、譲渡の承認決議と同時に会社の解散を決議した場合である（469条1項1号・471条3号）。会社が解散・清算すれば、株主は残余財産があれば金銭の交付を受けることができるからである。

　第2に、譲受会社において簡易事業譲渡の要件（468条2項）を満たす場合である（469条1項2号）。譲受会社の株主の利益に与える影響が小さいからである。

4　債権者保護手続

（1）　債権者との対応

　㋐　契約による債務移転　　事業譲渡では、譲受会社による譲渡会社の債権取得または債務引受けは、原則として、事業譲渡契約に基づく。事業譲渡契約において、譲渡会社の事業によって生じた債権・債務を移転しない旨を定めた場合には、当該債権・債務についての債権者・債務者は依然として譲渡会社である。

　例えば、譲渡会社の事業によって生じた債務に関し、譲受会社が、①その全部を引き受ける（札幌地判平24・12・18金判1424号56頁）、②一部だけを引き受ける、③全く引き受けないとする、等が可能である。債務の移転には譲渡会社の債権者の承諾を要するため、債権者異議手続は不要である。なお、事業譲渡契約の当事会社の併存的な債務引受けは、債権者の合意がなくても効力を生じる。

　㋑　商号の続用責任　　事業譲渡では、譲受会社が譲渡会社の商号を引き続き使用する場合（商号の続用）、譲受会社は事業譲渡契約で債務引受けをしていないときでも、譲渡会社の事業によって生じた債務の弁済責任を負う（22条1項）。会社の「商号の続用」とは、譲受会社が定款変更により、商号を譲渡会社の従前の商号と同じものにすることである。

　商号の続用により、譲渡会社の債権者は事業譲渡の実施を知らないまま、①譲受会社を譲渡会社と同一主体であると信じる、または、②譲受会社が

譲渡会社の事業を債務も含めて承継したと信じるかもしれない。その信頼の保護が求められる。

　　(ウ)　**商号の続用責任が生じない事案**　　商号の続用責任が生じない事案として、次がある。第1に、事業を譲り受けた後、遅滞なく、譲受会社が「譲渡会社の債務を弁済する責任を負わない」旨を登記した場合（商登31条）、商号続用責任は生じない（会社22条2項前段）。第2に、事業譲渡後、遅滞なく、譲渡会社および譲受会社が債権者に「責任を負わない」旨の通知をした場合（同項後段）も同様である。なお、譲受会社が商号続用責任を負う場合、事業譲渡した日後2年以内に、債権者が譲渡会社に弁済請求等をしないのであれば譲渡会社の責任は消滅する（同条3項）。

　　(エ)　**譲受会社による債務引受けの広告**　　譲受会社が譲渡会社の商号を続用しない場合でも、「譲渡会社の事業によって生じた債務を引き受ける」旨の広告をしたときは、譲渡会社の債権者は譲受会社に対し弁済請求ができる（23条1項）。なお、譲受会社が債務引受けの広告をした場合、譲渡会社の責任は、広告があった日後2年以内に弁済請求等をしない債権者に対し消滅する（同条2項）。

(2)　詐害的事業譲渡の対処

　譲渡会社の債務が譲受会社に承継されない場合、残存債権者を害することを譲渡会社が知って事業譲渡をしたとき（詐害的事業譲渡）は、残存債権者は原則として譲受会社に対し、承継した財産の価額を限度として、債務の履行を請求ができる（23条の2第1項・24条1項2項、商18条の2第1項）。

　ただし、譲受会社が事業譲渡の効力発生時に、詐害性について善意である場合、履行請求権を行使できない。譲受会社に存在する元々の債権者と残存債権者の履行請求権との利害の調整を図る必要があるである。

　残存債権者の債務履行請求権は、詐害的事業譲渡であることを知った時から2年以内に請求等をしない場合、消滅する（23条の2第2項・24条1項2項、商18条の2第2項）。

譲渡会社の債権者への対応

区　分	譲渡会社	譲受会社
債務弁済責任の有無	原則、責任あり	原則、事業譲渡契約で定めれば責任あり
商号の続用による責任	原則、責任あり。なお、事業譲渡した日後2年以内に弁済請求等がされない場合、消滅	①事業譲渡契約で債務引受けをしていないときでも、譲渡会社の事業から生じた債務の弁済責任あり、②商号続用の場合でも、「弁済責任を負わない」旨の登記により免責
譲受会社による債務引受けの広告	原則、責任あり。なお、広告があった日後2年以内に弁済請求等がされない場合、消滅	商号続用しない場合でも、弁済責任あり
詐害的事業譲渡	原則、責任あり	詐害的事業譲渡に悪意の場合、弁済責任あり。ただし、詐害的事業譲渡であることを知った時から2年以内に弁済請求等がされない場合、消滅

5　違法な事業譲渡の対応

　合併無効のような事業譲渡の効力を争う制度はない。前述したように、総会の承認決議が必要であるにもかかわらず、総会決議を欠く事業譲渡・譲受けは無効であり、その無効の主張は譲受会社からも可能とされる（最判昭61年9月11日判時1215号125頁）。

第5章　会社の計算

第1節　会社の情報開示

1　会社の計算と決算

（1）　会社の計算

　会社の計算とは、対象会社の財政状態（財産・負債等の内容）および経営成績を明らかにして（情報開示）、関係者に報告する一連の過程をいう。会社の計算が重要な理由として、次のことが指摘できる。

　第1に、取締役等（指名委員会等設置会社の執行役を含む）は、自社の財政状態および経営成績を正確に把握することにより、適切な経営判断をすることができる。

　第2に、株主は、会社の財政状態等が良いと自社株を買い増し、悪いと売却するかもしれない。また、これら情報は株主総会で取締役・監査役を選解任するための参考となる。

　第3に、投資家は、「市場で株式の時価（相場）が形成される要素となるのは、開示される企業の会計情報である」ため、株価が上がるか下がるかを予測して、対象会社が発行する株式等の金融商品の売買をする。

　第4に、会社債権者は、相手会社の財政状態等により、取引を始めるか、または取引を継続するかを判断できる。株式会社では、株主は引受価額を限度とする責任しか負わないため、会社債権者にとり、会社の財産が唯一の担保である。財政状況等の情報は重要な意義を有する。

（2）　会社の決算

　株式会社は、決算をしなければならない。決算とは、会社が任意に1事業年度を定め、その期間における会社の財政状態および経営成績を明らかにすることである。多くの会社は、定款の定めにより、4月1日（期首）から翌年3月31日（期末）までを1事業年度と定めている。3月31日が決算日である会社を、3月決算会社という。東京証券取引所第1部の上場会社では、3月決算会社が全体の8割近くを占めている。

３月決算会社のスケジュール例

時　期	決算手続の内容
３月	決算日31日
４月	①計算書類等の作成、②監査役・会計監査人による計算書類等の監査
５月	①監査報告の提出、②計算書類等に関する取締役会の承認決議、③決算発表（非上場会社は不要）
６月	①株主に計算書類の提供、②定時株主総会で計算書類の承認決議（会計監査人設置会社では、承認ではなく報告）、③計算書類の公告等による開示、④剰余金の配当の支払開始

２　計算書類等の作成

（１）　計算書類等の概要

　１事業年度が終了すると、株式会社は当該事業年度に関する計算書類、事業報告およびこれらの附属明細書（以下、「計算書類等」という）を作成しなければならない（435条２項）。

　計算書類とは、①貸借対照表、②損益計算書、③株主資本等変動計算書および個別注記表（計算規則59条１項）、をいう。貸借対照表および損益計算

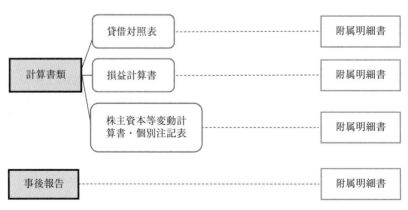

計算書類等の分類

書は、「一般に公正妥当と認められる企業会計の慣行」(431条)に従って作成されるが、会社計算規則に詳細が規定されている。

(2) 粉飾決算

　企業情報を偽って開示する会社が、少なくない。例えば、会社の業績が悪化し、利益が上がっていないのに、上がっているかのように資産を過大表示する、または負債を過小表示する。このような虚偽の会計処理を「粉飾決算」という。

　なぜ、粉飾決算を行うのか。会社の経営者が日々努力をしても、経営環境の変化などにより、経営が計画通りにいくとは限らない。計算書類に真実の数字を記載すると、取引先・銀行と従来の関係を維持できなくなるかもしれない。赤字決算の会社は公共事業の入札が制限されるため、それを回避したいと思うかもしれない。

　他方、取締役自身の利益のために、粉飾決算がなされることもある。例えば、取締役が多額の報酬を手に入れるため、または経営悪化の責任を回避し、取締役の地位を維持するためである。取締役が株主でもある場合、より多くの剰余金の配当（保有する株式数に応じ、会社が株主に金銭等を交付すること）を手に入れる、または株価が下落しないようにするためである。

　粉飾決算により、計算書類に架空の資産を計上して、分配可能額（後述第6節参照）がないのに、または分配可能額の限度額を超えて、株主に剰余金の配当をすると違法配当（実務では、「タコ配当」と呼ばれることがある）となる。その結果、取締役等の対会社責任が問われることになる。

　コラム1　逆粉飾決算
　　会社の業績が良く収益が上がっているのに、計算書類では収益が上がっていないように見せかける会社もある。会社に課される税金を逃れる、または納税額を低くしたいためである。実務では、これを「逆粉飾決算」という。利益隠しである。

第 2 節　計算書類等の内容

1　貸借対照表

（1）　概　要

　貸借対照表（Balance Sheet；B/S）とは、事業年度の末日（例えば 3 月31日）に、会社が有する資産、負債および純資産を記載し、会社の「財政状態」を示した書類である。貸借対照表書類の左側（借方）に資産の部、右側（貸方）に負債の部および純資産の部がある（計算規則73条 1 項）。

　貸借対照表の左側は会社にどれだけの資産があるのか、右側はその資産

貸借対照表

令和 X 年 3 月31日現在（ 3 月決算会社）　　　　（単位：百万円）

科　　目	金　額	科　　目	金　額
資産の部　A		負債の部　B	
流動資産	12,232	流動負債	19,513
現金及び預金	8,504	固定負債	85,228
受取手形及び売掛金	3,744	引当金	989
貸倒引当金	▲16	負債合計	105,730
固定資産	112,403	純資産の部　C	
有形固定資産	98,687	株主資本	30,284
機械	3,574	資本金	11,764
土地	85,710	資本剰余金	3,399
建物	9,403	利益剰余金	15,449
無形固定資産	2,129	自己株式	▲328
特許権	2,129	評価・換算差額等	598
投資その他の資産	11,587	新株予約権	1,430
繰延資産	13,407	純資産合計	32,312
資産合計	138,042	負債および純資産の合計	138,042

がどのように調達されたのかがわかるようになっている。「資産」の合計額と「負債＋純資産」の合計額が一致（バランス。前図では、A＝B＋C）するように記載される。

(2) 資産の部

(ｱ) **区分**　資産の部は、当該会社が決算期末に保有している現預金、有価証券、土地等の資産状況を金額に換算して表示している。流動資産・固定資産・繰延資産の各項目に区分される（計算規則74条1項）。流動資産は、決算期後1年以内に、現金化等により使用されることが予想される資産である（同条3項1号参照）。固定資産は経済的価値が1年以上あり、かつ1年以上の使用を目的とする資産である。1年を基準とすることから、「ワン・イヤー・ルール」という。

例えば、A社はB土地を所有している。B土地は流動資産または固定資産のいずれに区分されるのか。A社はB土地を本社ビルとして利用している場合、固定資産となる。他方、A社が不動産販売を業として、B土地を短期の転売目的で所有している場合、流動資産となろう。

(ｲ) **資産の評価**　資産の評価は、原則として、「原価主義」による。原価とは資産の取得価額を付すことである（計算規則5条1項）。原価主義は時価の変動を無視するため、帳簿に表れない損失（含み損）を伴うことがある。その結果、黒字決算をしていた会社が実は巨額の含み損を抱えていて、ある日突然倒産するかもしれない。

そのため、会社法は次の場合に「時価」を用いる。第1に、決算日の時価が取得原価より著しく低下し、回復が見込めない資産には時価を付すこととしている（同条3項1号）。第2に、市場価格がある資産（上場株式等）には時価を付すことを選択できる（同条6項2号）。なお、子会社・関連会社の株式等は長期保有のため取得価額を計上する。第3に、金融商品（デリバティブ取引等）は時価評価をして当期損益に反映させるのが原則である（「金融商品に関する会計基準」（企業会計審議会平成20年3月10日企業会計基準委員会・企業会計基準10号）Ⅱ.1.4）。投資家にとり、金融商品の価格変動リスクは同社の投資情報に重要な関心事であるといえる。

コラム2　繰延資産

　繰延資産とは、特定年度に多額の費用の支出が生じるが、その効果が後年に利益をもたらすものをいう。試験研究費、社債発行費等である。例えば、製品Xを商品化するため当期3億円を要した。全額を当期の費用としてもかまわないが、Xが収益をもたらす期間にならして当該3億円を配分するのである。支出された費用を将来の収益に対応さ せるため、本来換価できない費用を貸借対照表上の「資産」項目に計上することが認められている。通常の資産とは性格が異なる。計上は任意であるが、対象項目は企業会計原則が規定する。繰延資産は、現実には特定の年度に支払ったものを、次年度以降の負担として、少しずつ数年度にわたり支払ったものとするため、利益が平準化されて当期利益が増大する効果がある。

　　㈪　**減価償却**　　固定資産のなかでも、長期にわたり使用することにより価値が減少していくと考えられるもの（機械・設備等が対象。土地は除く）は、毎期その減少に応じて評価する。これを「減価償却」という。例えば、機械・設備は購入年度だけでなく、次年度以降も、会社の売上などに貢献する。複数年度にわたり、費用として配分することによって、費用と収益とを対応させるのである。

　減価償却の方法には、①定額法、②定率法、③生産高比例方式がある。企業の実態に即した方式が採用される。例えば、機械Xは取得原価が2,000万円、耐用年数が5年である。5年後、Xの残存価額（スクラップ価額）が150万円である場合、定額法では、毎年、370万円ずつ償却する（（2,000万円－150万円）÷5年）。3年後の貸借対照表には、890万円（2,000万円〔取得価額〕－1,110万円〔＝370万円×3年。減価償却累計〕）の形で資産の部に示す。370万円は、その年度の費用である。定額法は当該機械が毎年コンスタントに収益を生じさせる事案に採用され、定率法は当該機械の使用に際して修繕費がかさむため、早期に多くの償却をする事案に採用する。

(3)　負債の部

　負債の部は、外部からの資金調達（借入金等）を示している。流動負債・固定負債に各項目に区分される（計算規則75条1項）。流動負債は、買掛金・

支払手形等の営業取引によって生じた金銭債務、決算期後1年以内に履行期が来る借入金等である。これ以外が固定負債である（ワン・イヤー・ルール）。負債の評価は債務額を付さなければならず（計算規則6条1項）、引当金等は時価または適正な価格を付すことができる（同条2項）。

コラム3　引当金

　引当金とは、将来、支出されることが確実に予想される費用・損失を、それ以前の年度に少しずつ貸借対照表上の負債の部に計上しておくことである。例えば、P工場は4年後に大修理が必要であり、多額の費用（修繕費）を要することが見込まれる。修繕費を実際の支出年度だけに計上すると、支出年度の費用と収益の対応がいびつになり、株主への剰余金配当ができなくなるかもしれない。しかし、その修繕費は将来の収益に貢献することになる。そこで、実際の支出は4年後であるが、それ以前の事業年度に会計上4分の1ずつ負担させる。4年後に修理費を支出する用意として、特別修繕引当金（将来における工場の修繕費）を計上するのである。将来の支払いに関連する引当金を「負債性引当金」といい、他に退職給与引当金・損害補償損失引当金等がある。

（4）　純資産の部

　純資産の部は、資本の部と負債の部の差額であり、①株主資本（株主の拠出した資本とそこから生じた利益）、②評価・換算差額等（資産の時価評価等により増加した資産の部に対応する項目）、③新株予約権（新株予約権の発行価額）に区分される（計算規則76条1項1号）。

　会社の事業が好転した結果、資産が増加すれば「資産の部」が増加し、会社が利益を得ると、純資産の部の「利益剰余金」に表示される。

　例えば、株主から払い込まれた金銭が500万円、事業活動で200万円を消費した。しかし、利益が生じていない場合、貸借対照表では、どのように表記されるのか。当該事案では、資本金500万円、その他利益剰余金▲200万円という表記が考えられる。

　なお、負債額が資産額を超えた場合、債務超過と呼ばれる。会社の資産

をすべて換価しても負債額をすべて弁済することができない状態である。債務超過の状態を1年以内に解消できない場合、証券取引所の上場維持基準に抵触する。

「純資産の部」の内訳

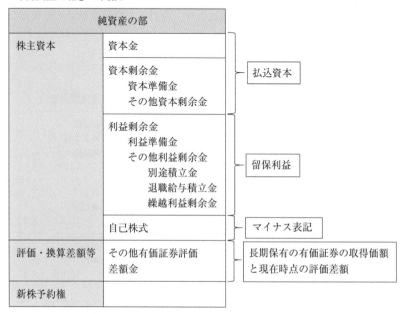

純資産の部		
株主資本	資本金	払込資本
	資本剰余金 　資本準備金 　その他資本剰余金	
	利益剰余金 　利益準備金 　その他利益剰余金 　　別途積立金 　　退職給与積立金 　　繰越利益剰余金	留保利益
	自己株式	マイナス表記
評価・換算差額等	その他有価証券評価差額金	長期保有の有価証券の取得価額と現在時点の評価差額
新株予約権		

2　損益計算書

（1）概　要

損益計算書（Profit and Loss Statement；P/L）とは、1事業年度（多くの場合、1年間）に生じた収益（売上）または損失とこれに対応する費用を記載・記録したものである。1事業年度の活動報告であり、会社が儲かっているかどうか（経営成績）を表す一覧表である。損益計算書は、経常損益の部および特別損益の部からなる（計算規則88条参照）。収益から費用を差し引き、会社の利益または損失を算定する。収益には商品売買益・受取手数料・受取利息等がある。費用には仕入・給料・支払家賃・旅費交通費・支払利息等

がある。収益と費用の差額は当期純利益・当期純損失となる。

(2) 業績の反映

損益計算書の当期純利益は、貸借対照表の「純資産の部」の「その他利益剰余金」を増加させる、「資産の部」を増加させる。本来の営業活動が好調であると、営業利益が増加する。しかし、災害により多大の損害を被った場合、特別損失を計上することになり、税引前当期利益がマイナスとなる可能性がある。

損益計算書

令和 X 年 4 月 1 日から令和（X ＋ 1）年 3 月31日まで（3 月決算会社）

①売上高	68,442
②売上原価▲　（控除項目）	▲47,034
③販売費及び一般管理費▲	▲3,410
営業利益（営業損失）A 1　（＝①－②－③）	17,998　（A 1）
④営業外収益	272
⑤営業外費用▲	▲1,296
経常利益（経常損失）A 2　（＝A 1 ＋④－⑤）	16,974　（A 2）
⑥特別利益	26
⑦特別損失▲	▲12
税引前当期純利益（税引前当期純損失）A 3	16,988　（A 3）
（＝A 2 ＋⑥－⑦）	
⑨法人税等▲	▲84
当期純利益（当期純損失）A 4　（＝A 3 －⑨）	16,904　（A 4）

※当該 P/L のうち、③として販売手数料・広告宣伝費等、④として受取利息・配当金等、⑤として支払利息・有価証券評価損等、⑥として固定資産売却益・投資有価証券売却益等、⑦として固定資産売却損・火災損失等

3　株主資本等変動計算書・注記表

株主資本等変動計算書は、（貸借対照表の）純資産の部が前期末から当期末にかけての 1 年間、どのような原因で、どれだけ増減したのかを項目別にまとめて説明した表である（計算規則96条）。当該増減および変動理由は株主にとり関心の高い事項である。

他方、注記表（個別注記表および連結注記表）は、継続企業の前提に関する注記、重要な会計方針に係る事項に関する注記など、注記事項をまとめて記載した計算書類である（計算規則97条・98条）。例えば、対象会社が事業を継続できるか疑わしい場合、改善しても事業の継続に重要な不確実性があるかなどが注記される。利害関係者には重要な情報となる。

4　事業報告

　事業報告は、会社の状況について文章の形でわかりやすく説明した書類である（施行規則118条1号）。事業報告は会計に関する部分が除かれ、計算書類ではないため会計監査人の監査対象ではないが（436条2項2号）、利害関係者には重要な情報となる。すべての株式会社が対象となる事業報告の記載事項に加え（施行規則118条）、公開会社では、会社の状況に関する事項が法定されている（施行規則119条〜124条）。

事業報告の記載事項

区　分	記載事項
全ての株式会社	①会社の状況に関する重要な事項、②内部統制システムの内容および運用状況の概要、③会社支配のあり方に関する基本方針、④特定子会社がある場合、その名称・住所、株式の帳簿価額、資産の各合合計額、⑤親会社等との重要な取引で、会社の利益を害しかねないものにつき、その決定にあたって配慮した事項
公開会社	前記内容に加え、①会社の現況に関する事項（主要な事業内容、重要な資金調達等）、②役員に関する事項（氏名、地位、報酬の決定方針等）、③株式に関する事項（議決権数で上位10名の株主の氏名等）、④新株予約権等に関する事項（ストックオプションの発行量等）

5　附属明細書

　附属明細書は、計算書類および事業報告の内訳明細を記載する書類である。計算書類の附属明細書では、固定資産・引当金・販売管理費及び一般管理費の各明細を記載することが求められる（計算規則117条）。他方、事業報告の附属明細書では、業務執行取締役等の兼職の状況、子会社との取引

の明細等が記載される（施行規則128条）。

　なお、会計に関する部分は、会計監査人の監査対象となる。

6　連結計算書類

　連結計算書類とは、大会社およびその支配下にある子会社および連結子会社からなる企業集団を1つの会社とみなして、財産状況および損益状況を示すものである。連結計算書類には、連結貸借対照表、連結損益計算書、連結株主資本等変動計算書、連結注記表がある（計算規則61条）。

　会計監査人設置会社は、各事業年度に関する連結計算書類を作成することができる(444条1項)。他方、各事業年度の末日において大会社であり、かつ金融商品取引法24条1項に基づく有価証券報告書の提出会社（上場会社）は連結計算書類の作成義務を負う（同条3項）。

第3節　会計帳簿

1　会計帳簿の作成と保存

（1）　会計帳簿とは

　計算書類等を作成するうえで基礎となる書類を、会計帳簿という。具体的に、①全ての取引を記録した主要簿（総勘定元帳・仕訳帳）、②特定種類の取引を記録した補助簿（現金出納帳等）がある。株主は会計帳簿の閲覧謄写請求権（433条）を有する。また、会計帳簿の記録材料となった会計資料（会計帳簿に含まれない伝票、受取証、契約書および信書等）もまた、閲覧謄写対象となる（横浜地判平3年4月19日判時1397号114頁参照）。

　株式会社は会計帳簿の作成義務（432条1項）に加え、会計帳簿の閉鎖時から10年間、会計帳簿およびその事業に関する重要資料の保存義務を負う(同条2項)。そのため、株主は過去10年間の会計帳簿を閲覧請求できることになる。

（2）　公正妥当な企業会計の慣行

　株式会社の会計は、「一般に公正妥当と認められる企業会計の慣行」に従うものとする（431条）。会計帳簿の作成においては、当該原則に従う。一般

に公正妥当と認められる企業会計の慣行とは、主として企業会計審議会が公表した企業会計原則その他の会計基準に加え、財団法人財務会計基準機構の企業会計基準委員会が公表した企業会計適用指針等がそれに当たるものとされている。

2　会計帳簿の閲覧謄写請求権

(1)　制度の趣旨

　株主が、取締役等による会社財産の不正使用・粉飾決算等を防止し、それに対する責任追及を行うためには、会社の財務内容に関する情報をいかに収集するかが問題となる。すべての株主に開示される計算書類および監査報告だけでは、取締役等の違法行為を知ることは困難である。

　株主は取締役に対する違法行為差止請求権、解任請求権および代表訴訟提起権を適切に行使することにより、経営者による会社の運営を監督是正することができる。また、株主が株式譲渡または株式買取請求等のため株式評価を行うことがある。公益権および自益権を行使する前提として、経理状況を知る必要がある。そのため、株主は会計帳簿の閲覧謄写請求権（433条）を有し、会社の財務内容に関し詳細な知識を得ることができる。

(2)　行使要件

　会計帳簿の閲覧謄写請求権を行使できるのは、①総株主の議決権の100分の3以上の議決権を有する株主、または、②発行済株式（自己株式を除く）の100分の3以上の数の株式を有する株主（定款により、要件緩和が可能）である（433条1項柱書前段）。株主1人が要件を満たせば単独で請求ができ、数人で要件を満たせば共同して請求することができる。

　また、会社の親会社社員（例えば、親会社の株主）は、その権利を行使するため必要があるときは、裁判所の許可を得て、会計帳簿またはこれに関する資料の閲覧または謄写の請求をすることができる（同条3項）。裁判所の許可を必要とするが、その権利行使において議決権数要件または持株数要件はない。なお、取締役は会計帳簿の閲覧謄写請求権を有しないと解されている（東京地判平23年10月18日金判1421号60頁）。

(3) 請求理由の明示

会計帳簿の閲覧謄写権を行使する場合、請求の理由を明らかにしてしなければならない（433条1項柱書後段）。請求理由は、閲覧目的の具体的記載（例えば、取締役が行ったグループ企業への無担保融資とそれが会社に損害を与えるおそれのための調査等）を要するが、記載された請求理由を基礎づける事実が客観的に存在することの立証は不要である。最判平成16年7月1日民集58巻5号1214頁は、「株主が保有する譲渡制限株式の適正価格を算定する目的で行った会計帳簿等の閲覧請求権は、特段の事情が存しない限り、株主の権利確保または行使に関し調査をするために行われたものであり、会計帳簿等の拒絶理由に該当しない」とした。

株主等が会社の財政状況等を確認し、誤った経営についての疑いを調査するために会計帳簿の閲覧請求をする場合、具体的に特定の行為が違法または不当である旨を記載することで足りる。

3　閲覧謄写請求の拒絶と対処

会計帳簿には、会社の営業秘密に関する内容が含まれ、その開示により競合他社を優位にし、会社の社会的信用を低下させることもある。営業秘密の保護に基づく会社の利益と開示による株主の利益を比較衡量することが必要となる。会社法は請求の拒絶を一定の範囲で認めている。

(1) 請求の拒絶事由

会計帳簿の閲覧謄写請求の拒絶事由は、①権利確保等の調査以外の目的、②株主共同の利益を害する目的、③請求者が会社業務と実質的に競争関係、④会計帳簿等で知り得た事実につき利益を得て第三者に通報する目的、または⑤前記④を過去2年以内に実行の存在である（433条2項）。当該拒絶事由がないにもかかわらず、会社が帳簿閲覧請求を拒絶した場合、株主は会社に対し、閲覧請求の訴えを提起できる。

(2) 拒絶事由の各要素

(ア)　**株主の権利確保等の調査**　　株主の権利確保等のための調査以外の請求かどうかを判断するための基準となる「権利」とは、株主が会社に対し有する権利である。株主の資格を離れた売買契約上の権利などを含まな

い。株主資格で有する権利の確保・行使に関する調査をなすという主観的要素を欠いた場合、請求拒絶できる。拒絶の際には会社に対する利益を害する意図の立証は不要である。

　　(イ)　**株主の共同の利益を害する目的**　　　株主の共同の利益を害する目的の有無は、客観的にみて会社業務の遂行・運営を害するかどうかによる。株主が繰り返し帳簿閲覧請求をした事案等も該当する（東京高判平28年3月28日金判1491号16頁）。

　　(ウ)　**実質的な競争関係**　　　実質的な競争関係は、次の要素から認定される。第1に、近い将来の関係である。請求者が会社の業務と実質的に競争関係にあるとは、近い将来、対象会社と競業を行う蓋然性の高い会社のことである（東京地決平6年3月4日判時1495号139頁）、第2に、加害の意図等の主観的意図は不要である。子会社の会計帳簿等の閲覧請求をした親会社の株主につき、子会社と競業をなす者であるなどの客観的事実があれば請求を拒絶でき、主観的意図があることまでは要しないとされる（最決平21年1月15日民集63巻1号1頁）。第3に、危険性の具体的存在である。拒絶の対象者は競業者の社員・株主、取締役、従業員等の特定の属性に限定されない。拒絶制度の趣旨は、請求者の地位を利用した、他の競争者による会社の秘密事項の利用防止することにあり、具体的事案に即した危険性の存在が求められる。

　　(エ)　**秘密事項の他者への売込み**　　　これら拒絶事由は、請求者が会計帳簿閲覧等により知り得た秘密事項を他に売込むための請求を防止するものである。情報業者対策である。過去2年以内に、会計帳簿閲覧に係る情報を利得目的で第三者に通報した前歴のある請求者は、主観的意図を問題にすることなく、客観的事実で拒絶できる。救済の必要性がないためである。

第4節　計算書類等の監査と開示

1　計算書類等の監査
(1)　監査役設置会社
監査役設置会社（会計監査人設置会社を除く）では、毎決算期に計算書類等

（次図Ａ表の①～⑥の全て）について、監査役の監査を受けなければならない（436条1項）。監査役は、監査報告を作成する（計算規則122条1項）。計算書類は、取締役会の承認を経て、定時株主総会の承認（普通決議）により確定する（438条2項・309条1項）。

（2） 会計監査人設置会社

会計監査人設置会社かつ監査役設置会社では、次のように監査がなされる。第1に、計算書類およびその附属明細書（次図Ａ表の①～④）に関し、会

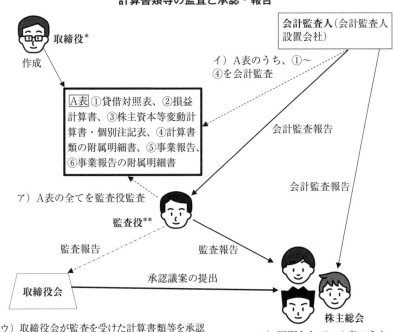

計算書類等の監査と承認・報告

ア）Ａ表の全てを監査役監査

イ）Ａ表のうち、①～④を会計監査

ウ）取締役会が監査を受けた計算書類等を承認

エ）原則として、Ａ表のうち、①～③を株主総会で承認決議、⑤は報告

オ）会計監査人の会計監査報告（無限定適正意見あり）＋監査役の監査報告（不相当意見なし）により、Ａ表の①～③を、取締役会の承認で確定し、株主総会で報告

＊指名委員会等設置会社では執行役、会計参与設置会社では取締役・会計参与が作成
＊＊指名委員会等設置会社では監査委員会、監査等委員会設置会社では監査等委員会が監査

計監査人および監査役（指名委員会等設置会社では監査委員会、監査等委員会設置会社では監査等委員会）による監査を受け、会計監査人は会計監査報告（計算規則126条・130条）を作成する。

　第2に、事業報告およびその附属明細書（前図A表の⑤・⑥）に関し監査役等の監査を受ける（436条1項・2項）。監査役は、計算書類および会計監査報告を受領したときは、監査報告（計算規則127条）を作成する。事業報告は、計算書類ではないため、会計監査人監査の対象ではない。

　会計監査人は会計監査を主として行い、監査役は業務監査を主とする。監査役会設置会社では、監査役会は各監査役が作成した監査役監査報告の内容について1回以上、その内容を審議する（施行規則130条）。会計監査人の監査方法または監査結果を不相当と認めた場合、監査役（会）が独自に監査することになる。

　会計監査人の無限定適正意見（計算規則126条1項2号イ）があり、これを不相当とする監査役の意見の付記がない場合（計算規則135条2号）、計算書類は取締役会の承認で確定し、代表取締役は計算書類の内容を株主総会で報告するだけで足りる（439条。承認特則規定）。会計監査の専門家と監査役等が適正と判断した計算書類を、専門知識があるとは限らない株主の多数決で承認させる意義は見出せないからである。

2　総会の事前開示書類

　取締役会設置会社では、取締役会の承認を受けた計算書類等（附属明細書を除く）は、監査報告・会計監査報告とともに、定時株主総会の招集通知に添付され、株主に送付（電磁的方法による提供可能）される（437条）。これらは、定時株主総会の日の2週間前から5年間、本店に備え置き、支店があればその写しを支店に3年間備え置いて、株主・会社債権者等の閲覧に供する（442条）。

3　計算書類の公告

（1）　公告方法の分類

　すべての株式会社は、定時株主総会の終結後、遅滞なく貸借対照表（大

会社は、損益計算書を含む）を公告する義務を負う（440条1項、計算規則137条以下）。計算書類の公告方法として、①電子公告、②官報または日刊新聞紙による公告、③計算書類のみ電磁的方法による公告、④EDINET による開示（後述(2)）、がある。

公告方法は定款で定めるが、定款による定めがない会社の公告方法は、官報に記載する方法とされる（939条1項・4項）。公告方法についての定款の定めは、登記事項である（911条3項27号）。持分会社には決算公告義務はない。

(2) 会社の公告方法

第1に、電子公告（939条1項3号）は定款の定めを要し、会社のホームページ等のアドレス（URL）を登記する（施行規則220条）。電子公告では貸借対照表（大会社は損益計算書を含む。以下、同じ）の全文を掲載するとともに、定時総会の終結の日後5年を経過する日までの間、継続して行う（440条1項3項・940条1項2号）。

第2に、官報または日刊新聞紙（時事に関する事項を掲載）による公告（939条1項1号・2号）では、貸借対照表の要旨を公告することで足りる（440条2項）。費用負担を軽減するためである。官報公告は約6万円であり、電子公告と官報公告のいずれがコスト節約かは一概にいえない。なお、定款に公

会社の公告方法

定款の定めの有無	公告方法	計算書類の開示対象
定款の定め無し	官報	BS（大会社はPLを含む。以下、BS等）の要旨
定款の定め有り	電子公告	5年間継続してBS等の全文を掲載
	官報または日刊新聞紙	BS等の要旨
		（決算公告についてのみ「電磁的方法」を採用する場合、5年間継続してBS等の全文を掲載）
（上場会社は金商法の規制）	EDINET等	EDINETによる有価証券報告書の開示。別途に、定款で日刊新聞紙を決算公告としている場合、BS等の要旨

告の定めがない場合、官報公告による（939条4項）。

　第3に、公告方法を定款で官報または日刊新聞紙としている（電子公告を公告方法としない）場合であっても、貸借対照表の内容である情報を、定時総会の終結の日後5年を経過する日までの間、継続して電磁的方法により不特定多数の者が提供を受けることができる状態にする措置をとることで、適法な決算公告となる（440条3項・940条1項2号）。貸借対照表の全文を掲載する。電磁的方法を採用する場合、電子公告と同じく会社のホームページ等のアドレスを登記する。

　第4に、金融商品取引法24条1項に基づき有価証券報告書の提出会社（上場会社）は、金融庁が運営・管理するEDINET（上場会社の開示書類をWeb上で閲覧可能とする電子開示システム）において詳細に開示されるため、会社法上の決算公告を要しない（440条4項）。

第5節　資本金と準備金

1　資本金の意義と計上

　資本金の額は、原則として、株主となる者が行った株式の払込（金銭出資）または給付（現物出資）した財産の額である（445条1項）。払い込まれた金銭等は事業に費やされ、経営環境等により会社財産は増減する。

　株式会社では、株主は引受価額を限度とする有限責任のみを負うため（出資の履行義務のみであり、対会社・対第三者責任を負わない）、会社債権者にとり会社財産だけが自己の債権に対する支払いの担保となる。

　株式会社は、新株発行に際して得た金銭等を自由に事業に使うことができるが、会社債権者を保護するために、一定金額に相当する財産を会社に維持することが求められる。この一定金額が資本金の額であり、それは登記事項である（911条3項5号）。

　資本金は会社財産を維持する基準額（計算上の数字）であり、必ずしもその額に相当する財産が会社に現に存在することを意味するものではない。

2 準備金の意義と計上

(1) 準備金の意義

準備金は、資本金の額に相当するものが会社に留保されることを、より確実にするために積み立てられるものである。準備金は大別して、法定準備金および任意準備金がある。法定準備金は法律が積立てを強制する（445条3項・4項）。法が準備金というときは、「法定準備金」を指す。

法定準備金には、資本準備金および利益準備金がある。資本準備金は資本金と同じく株主の払込金等を原資とする。利益準備金は会社が得た利益の一部を留保するものである。利益準備金は本来、剰余金配当してもよいはずのものを政策的見地から流出させないようにしている。将来の損失に備えるためであるが、両者の機能に現実的差異は大きくない。

他方、任意準備金（任意積立金）は会社が定款または株主総会の決議により自主的に積み立てるものである。財源は利益等からなる。①目的が特定されるもの（退職給与積立金・事業拡張積立金等）、②目的が特定されないもの（別途積立金等）がある（計算規則76条6項）。総会決議等により取り崩し、剰余

準備金の概要

金として配当することができる。

（2）準備金の計上

準備金の計上は、次のように義務付けられている。

第1に、株主の払込み・給付額の2分の1を超えない額は、資本金に計上しないことができるが、資本準備金として計上しなければならない（445条2項・3項）。例えば、1株5,000円で1万株の発行をした場合、①原則として、資本金の額として増加する額はいくらか、②資本金に計上しないことができる額はいくらか。①に関し、原則として、資本金の額として増加する額は5,000万円、②に関し、このうち、2,500万円までは資本金として計上しなくても良い。ただし、（資本金計上しない）当該額は、資本準備金として計上する必要がある。

第2に、剰余金を配当する場合には、法務省令で定めるところにより、剰余金配当により減少する剰余金の額に、10分の1を乗じて得た額を「資本準備金または利益準備金」として計上しなければならない（445条4項、計算規則22条2項）。ただし、計上が義務付けられるのは資本準備金および利益準備金の合計額が資本金の4分の1になるまでである。

3　資本金・準備金の減少

（1）資本金の額の減少の目的

資本金の額を減少させる目的に制限はない。資本金の額の減少を行う主たる理由としては、資本の欠損（会社の純資産が資本金の額と法定準備金より少ない）のてん補等がある。これは、第1に、欠損により分配可能額がマイナスである場合、資本金を取り崩し、その他資本剰余金に計上して、分配可能額をプラスとする。この結果、剰余金の配当または自己株式取得が可能となる。第2に、会社の規模・業績に照らして、資本金の額が大きい場合、剰余金の配当に伴う利益準備金の積立てが必要以上に負担となるので、配当原資がその分減少して、剰余金の配当または自己株式の取得が困難となる。そのため、資本金の額を減少させる。

（2）資本金の額の減少の手続

資本金の額の減少は、原則として、株主総会の特別決議による（447条1

項・309条2項9号）。しかし、資本金の額の減少後も、「配当可能な剰余金が生じない」とき（負の分配可能額）には、普通決議でよい（309条2項9号ロ、施行規則68条）。また、募集株式の発行と同時に資本金の額の減少をする場合、資本金の額の減少の効力日の資本金の額が、従前の資本金の額を下回らないときは、取締役会の決議でよい（447条3項）。

（3）　準備金の額の減少規制

準備金の額を減少して、その全部または一部を資本金に計上できる（448条1項2号）。また、減少する準備金の額をその他資本剰余金またはその他利益剰余金に計上することができる（446条4号）。通常、資本準備金の額の減少分はその他資本剰余金を、利益準備金の額の減少分はその他利益剰余金を増加させる。

準備金の額の減少

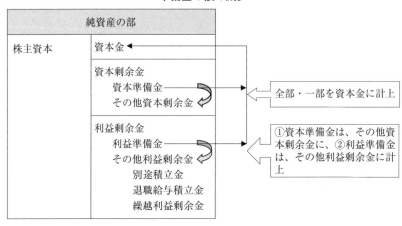

減少する準備金の額を、①資本金に計上する場合、または、②その他資本剰余金・その他利益剰余金に計上する場合、株主総会の普通決議を要する（448条1項・309条1項）。しかし、募集株式の発行と同時に準備金の額を減少する場合、準備金の額の減少の効力が生ずる日後の準備金の額が、従前の準備金の額を下回らないときは、取締役会の決議による（448条3項）。準備金の額の減少をしながら、募集株式を発行するため、結果として準備

金が増加するような場合である。

（4） 債権者保護の手続

　資本金・準備金（資本金等）の額の減少には、債権者保護手続を要する（449条1項本文）。しかし、欠損のてん補とするため、資本準備金の額を減少させ、その他資本剰余金が増加したが、それでも分配可能額がマイナスである場合等には、債権者保護手続は不要である。すなわち、①準備金だけを減少し、②定時株主総会で決議し、③準備金の減少額が定時株主総会の日における欠損の額として、法務省令で定める方法により算定される額を超えない場合、債権者保護手続は不要である（同項柱書）。

　例えば、X社では、資本金5,000万円、資本準備金3,000万円、その他資本剰余金0円、その他利益剰余金▲3,500万円、自己株式0円の場合、分配可能額は▲3,500万円の欠損である（後述6節3(2)）。そこで、株主総会で資本準備金3,000万円を取り崩し、その他資本剰余金3,000万円としたい。この場合、分配可能額は▲500万円の欠損であるため、債権者保護手続は不要である。その後、さらに資本金のうち1,500万円を取り崩し、その金額を振り替えて、その他資本剰余金4,500万円として、分配可能額を1,000万円とするのであれば、債権者保護手続を要する。

第6節　剰余金の配当等

1　剰余金の分配とは

（1）　会社財産の払戻しに対する規制の統一

　会社が得た利益は配当として株主に分配されるが、会社債権者にとり弁済原資である会社財産が減少することになり、その利益を害することにもなる。会社法は、「剰余金の分配限度額」を定め、会社債権者と株主の利益調整を図っている。

　株主に対する金銭等の分配方法には、①株主に対する剰余金の配当、②自己株式の有償取得、③譲渡制限株式の買取りなどがある。このうち、①は「利益配当」と呼ばれることが多いが、会社が配当できる金額には、会社が得た利益の額以外のものを含む。そのため、剰余金の配当と呼ぶこと

が正確であろう。会社法はこれらを「剰余金の分配」（剰余金の配当等）として統一的に財源規制を定めている（461条）。

2　株主への配当方法

(1)　手続規制

　株主に対する剰余金の配当は、株主総会の普通決議が必要である（454条1項）。株主総会（定時総会・臨時総会の両方可）では、①配当財産の種類および帳簿価額の総額、②株主に対する配当財産の割当に関する事項、③剰余金の配当がその効力を生ずる日を定める。

　このうち、①に関し、配当財産の種類とは金銭または現物のことであり、当該会社の株式、社債、新株予約権を除く。②に関し、原則として、配当財産の割当は株主の株式数（種類株式では各種類の株式数）に応じたものであることを要する（株主平等の原則。同条3項）。

　通常、1事業年度の末日（決算期）から2か月以内に決算をして、定時株主総会で配当額を決定することになる（期末配当）。配当支払請求権は株主名簿上の株主に帰属する。多くの会社では、決算期を基準日（124条）とし、配当は基準日現在の株主に帰属すると定めている。配当金は通常、株主が会社に通知した金融機関の口座に交付（振込み）される。支払に係る費用は、会社が負担する。配当金支払請求権は原則として、10年の時効で消滅する（民166条1項2号）。しかし、多くの会社は、株主が一定期間（5年・3年等）内に配当金を受け取らないと、会社が支払義務を免れる旨を定款に定めている。

(2)　現物配当

　現物配当とは、金銭以外の財産を配当することである。株主に、現物配当をする場合、株主総会の特別決議（309条2項10号）により、次の事項を定めることができる（454条4項）。

　①株主に対して金銭分配請求権を与えるときは、その旨および金銭分配請求権を行使することができる期間、②一定数（基準株式数）未満の株式数の株主に対し、配当財産の割当てをしないこととするときは、その旨およびその数、である。

　前記①に関し、「金銭分配請求権」とは、現物配当に代えて金銭の交付を

会社に請求することができる権利である。金銭分配請求権に基づき、株主は現物配当または金銭配当のいずれかを選択できる。

前記②に関し、例えば、基準株式数を200株と定めた場合、900株を有する株主には、4口の現物（900株÷200株）および1口の50%（100株÷200株）相当の金銭が交付される（454条4項2号・456条）。少数株主が剰余金配当請求権を実質的に剥奪されることがないように、基準株式数を適正に定める趣旨である。

株主総会の決議要件は、第1に、現物配当で、かつ、金銭分配請求権を与えない場合、「特別決議」を要する。株主保護のためである。第2に、現物配当で、かつ金銭分配請求権を与える場合、「普通決議」による。

株主への配当

```
                    ┌─ 金銭配当 ─────┬→ 現物配当のみ(株主総
株主の剰余金の ─────┤                │  会の特別決議)      ┌─ 金銭配当
  配当請求権         │                │                    │         or (株主の選択)
                    └─ 現物配当 ─────┴→ 金銭分配請求権の付与 ┤
                                                            └─ 現物配当
```

（3） 取締役会への委任

剰余金の配当は、株主総会決議を前提とする。しかし、次の①または②の要件を満たす場合、定款に定めることにより、剰余金の配当（現物配当かつ金銭分配請求権を与えない場合を除く）は、取締役会決議とすることができる（459条1項）。

①会計監査人会社かつ監査役会設置会社であり、取締役（監査等委員会設置会社では監査等委員である取締役を除く）の任期を1年と定めている場合、または、②監査等委員会設置会社または指名委員会等設置会社の場合、である。

前記①の「取締役の任期1年」という要件を定めているのは、配当政策に関し、株主の意向に沿わない取締役を排除することができるためである。また、取締役会への委任に関する定款の定めが効力を有するには、当該会社において、会計監査人の会計監査報告に無限定適正意見があり、かつ、

監査役会等の監査報告に会計監査人の監査方法に不相当な意見がないことが前提となる（同条2項、計算規則155条）。

　剰余金の配当決議に関し、取締役会の権限とする定款規定を設けた場合、「剰余金の配当等に関する事項は、株主総会の決議によっては定めない」旨を、定款で定めることが可能となる（460条2項）。この定めには、剰余金の配当に係る株主提案権を排除する効果がある。

　なお、以上の要件を定めていない会社であっても、取締役会設置会社は、1事業年度の途中で1回に限り、定款の定めにより、取締役会の決議に基づき、中間配当をすることができる（454条5項）。中間配当は、金銭に限る。

（4）　臨時計算書類

　配当の時期に関する規制はなく、年に何回でも剰余金の配当が可能である。その場合、配当までの期間損益を分配可能額に反映させるため、臨時計算書類を作成することができる。作成義務を負うものではない。しかし、臨時決算日に基づき剰余金配当をする場合、臨時計算書類を作成する。臨時決算日までの損益を剰余金の配当等の分配可能額に含めることができる。中間配当のための臨時決算日以外に、事業年度中の一定の日を臨時決算日として、決算をすることが認められている（441条1項）。臨時計算書類は株主総会の承認を要する（同条2項）。

3　剰余金の配当と分配可能額

（1）　配当の要件

　株式会社は、株主に対し剰余金の配当等をする場合、第1に、財源規制に服し、分配可能額を算出し、その限度額においてのみ可能である（461条1項）。第2に、純資産額規制に服し、剰余金の配当は、純資産額が300万円を下回る場合にはできない（458条）。第3に、準備金規制に服し、配当により減少する剰余金の額の10分の1を乗じて得た額は、準備金の合計が資本金の4分の1になるまでは、資本準備金または利益準備金として計上する必要がある（445条4項、計算規則22条）。

（2）　分配可能額の算定

　剰余金として株主に交付する金銭または現物（自己株式を除く）の帳簿価

額の総額は、「効力発生日における分配可能額」を超えることはできない（461条1項）。剰余金の配当・自己株式取得等は、分配可能額という財源規制に服する。

　分配可能額の概算方法（次図）は、［剰余金の額（＝その他資本剰余金の額＋その他利益剰余金の額）−自己株式の帳簿価額］である（446条、計算規則149条）。

　「その他資本剰余金」とは、資本剰余金のうち、資本準備金以外の部分のことである。資本金・資本準備金の減少等により、その他資本剰余金を増加させることができる。また、「その他利益剰余金の額」とは、通常は会社が対外的な活動により得た利益のことである。前期まで生じた剰余金のうち、配当として株主に分配されなかった部分は、その他利益剰余金として蓄積されている。

　別の概算方法として、①剰余金の額（446条）は、（会社法446条1号＋2号＋3号＋4号）−（同条5号＋6号＋7号）として算定し、②そこから自己株式の帳簿価額を控除する。結果に変わりはない。

　計算上、分配可能額が存在しても、純資産額が300万円を下回る場合、剰余金の配当はできない。

分配可能額の算定方法

分配可能額の概算 ← 剰余金の額（＝その他資本剰余金の額＋その他利益剰余金の額）−自己株式の帳簿価額

(3)　分配可能額の変動

　㋐　**分配可能額の増減の反映**　剰余金の配当は、いつでも可能である。分配可能額算定の基準時は、決算期ではなく分配時である。そのため、決算期に係る貸借対照表から算出される分配可能額に、決算期後から分配を行う時までの間の分配可能額の増減を反映させる必要がある。

　なお、①最終事業年度の末日後に自己株式を処分した場合、当該自己株式の対価額（処分価額）を控除し、②純資産の部の「その他有価証券評価差額金」がマイナス計上の場合、分配可能額から差額金を控除する（計算規則

158条2号)。

しかし、臨時決算をして期の途中の損益を反映させようとする会社法461条2項2号および5号等の実例は多くないようである。また、分配可能額の操作がなされないように、期末後に自己株式を処分しても分配可能額に変化はない（461条2項参照）。

(イ) **具体的算定**　例えば、決算日（3月31日）の貸借対照表では、その他資本剰余金が4,000万円、その他利益剰余金が▲1,000万円、自己株式の帳簿価額が▲2,000万円である。当該事実を前提に、設問1として、期末の分配可能額は、どのように算定されるのか。設問2として、同年5月15日に自己株式のうち4分の1（簿価500万円分）を800万円で処分した場合はどうか。

設問1では、1,000万円（＝4,000万円−1,000万円−2,000万円）となる。設問2では、自己株式のうち4分の1（500万円分）を800万円で処分すると、自己株式処分差益300万円がその他資本剰余金に加算され、自己株式から500万円が消去される。そのため、自己株式処分後の分配配可能額は、1,000万円（＝(3,000万円＋300万円)−800万円−(2,000万円−500万円)）となる。

4　違法な剰余金の配当

粉飾決算等により分配可能額がないのに、または分配可能額の限度額を超えて、株主に剰余金の配当をすると違法配当として、無効とされる。違法な剰余金配当では、次の責任追及が可能である。

違法な剰余金配当による責任

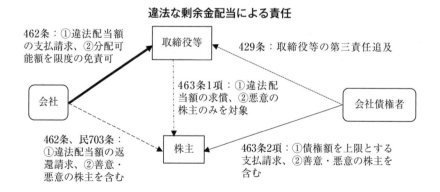

462条：①違法配当額の支払請求、②分配可能額を限度の免責可

429条：取締役等の第三責任追及

463条1項：①違法配当額の求償、②悪意の株主のみを対象

462条、民703条：①違法配当額の返還請求、②善意・悪意の株主を含む

463条2項：①債権額を上限とする支払請求、②善意・悪意の株主を含む

取締役等

会社

会社債権者

株主

（1）　会社から株主への返還請求

会社は、①分配可能額がないにも関わらず剰余金を配当し、または、②分配可能額を超えて剰余金を配当した場合、違法な剰余金の配当を受け取った株主に対し、不当利得として返還請求ができる（民703条）。剰余金配当の違法性に関し、株主の善意または悪意を問わない。しかし、多数の株主から、受け取った配当金を返還させることは極めて困難である。

（2）　会社から取締役等への支払請求

会社は、違法な剰余金配当に関する職務を行った取締役等に対し、交付した金銭等の帳簿価額に相当する額の支払責任を追及できる（462条1項6号）。過失責任（その職務を行うについて注意を怠らなかったことを証明したときは免責）であるが（同条2項）、代表訴訟の対象となる（847条1項）。

責任対象者は、①当該行為に関する職務を行った業務執行者（指名委員会等設置会社では執行役）、②違法な剰余金の配当に係る株主総会の議案を提案した取締役、③違法な剰余金の配当に係る取締役会の議案を提案した取締役である（462条1項、計算規則159条〜161条）。

会社法462条1項の責任を負う取締役等の義務は、原則として、免除ができない。ただし、総株主の同意がある場合、分配可能額を限度として当該義務の免除ができる（462条3項）。剰余金の分配規制は債権者保護の機能を有しているため、分配可能額を超えて配当した金銭等の帳簿価額に相当する額は免責の対象外である。なお、違法配当をした取締役は、刑事責任の対象となる（963条・976条）。

（3）　取締役等から悪意の株主への求償権

会社に違法配当額を弁済した取締役等は、違法配当であることに悪意の株主に対してのみ求償することができる（463条1項）。悪意の株主に対してのみ求償権の行使を認めたのは、取締役自らが違法配当をしておきながら、善意の株主に対し不当利得返還請求をするのは、禁反言の法理に照らし許容されないからである。

（4）　会社債権者から株主への支払請求

会社債権者は、違法な剰余金配当を受領した株主に対し、違法分配額（債権額を上限）を自ら（会社債権者）に直接支払わせることができる（463条2項）。

会社債権者の返還請求は、会社の権利を代位行使するものではなく、債権者固有の権利行使である。会社債権者が、株主に返還を求める場合、株主の善意または悪意を問わない。会社債権者は遠慮をする必要がないからである。

第6章　設立・解散

1　株式会社の設立方法の概要と種類

　どんな株式会社も、会社の基本ルールを定め、構成員の確定により「人的基礎」を確立し、その出資によって会社財産を形成することで「物的基礎」を確立し、会社の手足となる機関を形成することで「行為の基礎」を確立し、最後に設立登記をすれば、でき上がる。すなわち、株主会社は、発起人が集まり、会社の基本ルールである定款を作成し、株式引受人を定め払込をさせることで会社財産を築いて、会社の機関を整え、設立登記することによって成立する。以上の設立登記によって会社が成立するまでの過程を会社の設立という。

　株式会社には、2種類の会社設立の方法がある。設立の企画者として定款に記載された者を発起人というが、設立時発行株式の全部を発起人が引き受けて会社を設立する場合を「発起設立」といい、発起人がその一部のみを引き受けて、残りについては他から引受人を募集する場合を「募集設立」という（25条1項）。

2　設立中の会社と発起人組合

　会社は設立登記によって成立するが、その実態は一瞬にしてできあがるものではなく、発起人が設立のために様々な行為をしなければならない。会社の設立登記前に、会社の発起人によって取得された権利は、どのようにして成立後の会社に帰属するのかについて、論理的に説明する概念として「設立中の会社」という概念が用いられる。現在の通説によると、設立中の会社とは、会社として成立することを目的とする権利能力なき社団であり、発起人はその執行機関である。会社は設立中の会社が成長し、権利能力を付与されて完全な会社になったものであるから、設立中の会社と成立した会社とは実質的には同一の存在である（同一性説）。

　発起人は、会社を設立することを他の発起人と合意して、定款の作成などの設立のために必要な事務を行う。学説上、右の発起人間の合意は、民

法上の組合（民667条）であり、これを発起人組合と呼ぶ。発起人組合と設立中の会社とは併存し別個独立の関係にある。発起人による定款の作成や株式の引受は、設立中の会社を創設する行為である。募集設立における株式引受人確定行為は、設立中の会社への入社契約であり、出資の履行は、設立中の会社の業務執行行為である。これらの行為は、発起人組合から見れば、組合契約の履行行為に他ならない。

3　定款の作成

発起設立および募集設立のいずれの場合にも、設立の第一歩は発起人による定款の作成である。

（1）　発起人

発起人は、会社設立の企画者として定款に署名した者である。定款上に発起人として署名した者は、実質的には会社設立の企画者でなくとも、法律上、発起人である。発起人として署名しない者は、会社設立の企画者であっても法律上の発起人でない。

発起人は、少なくとも１株の株式を引き受けなければならない。また、発起人は、自ら設立事務を執行して、定款作成・株式引受等によって、創立した未完成な会社を完全な会社へと成長発展させる義務を負う。発起人は、この意味で、設立中の会社の原始的構成員であるとともに、その執行機関である。発起人の資格には制限がなく、無能力者や法人でもよい。

発起人にいかなる権限があるかについては、これを一般的に定める法令上の規定はなく、学説上の争いがある。発起人に過大な権限が認められるとすると、会社が成立前に過大な債務を負うことになりかねないし、逆に、発起人の権限を制限しすぎると、会社の成立に支障をきたすことになる。学説上、①会社の成立それ自体を直接の目的とする行為（例えば、定款作成）のみが発起人の権限に属すると解する説、②会社の成立にとって事実上・経済上必要な行為（例えば、設立事務を行うための事務所の賃借など）も発起人の権限に属すると解する説、および③開業準備行為をなす権限も発起人は有すると解する説がある。判例・通説は①ないし②の考えをとる。現行法の下では、発起人が１人でも株式会社を設立することが認められている。

（2）　定款の作成

　定款を作成するには、発起人が定款に署名または記名押印等するほか（26条）、公証人の認証を要する（30条）。公証人の認証とは、発起人またはその代理人が公証人の面前で定款二通につきその署名または記名押印を自認し、公証人がその旨を記載することである。公証人の認証を欠く定款は無効である。

（3）　定款の内容

　定款の規定の内容は、絶対的記載事項・相対的記載事項・任意的記載事項に分けられる。絶対的記載事項とは定款に必ず規定しなければならない事項であり、その記載を欠くときは定款全体が無効になる事項である（27条・37条1項）。相対的記載事項とは、定款で規定されなくとも定款自体の効力には影響がないが、定款に定めないと効力が認められない記載事項である。任意的記載事項とは、絶対的または相対的記載事項以外の事項で、定款に任意に記載されている事項である。

　定款の記載の事項と登記事項は一致しない。目的、商号、本店所在地、授権資本は定款の絶対的記載事項でありながら、登記事項でもある（911条3項）。しかし、設立に際して出資される財産の価額またはその最低額、発起人の氏名住所は定款の絶対的記載事項ではあるが登記事項ではない。これに対して、資本金の額は登記されるが（911条3項5号）、定款の絶対的記載事項ではない。

　絶対的記載事項としては、発行可能株式総数すなわち授権資本(授権株式)が挙げられる（37条1項）。公開会社では、授権資本について、4倍ルール(設立時発行株式の総数は発行可能株式総数の4分の1以上でなければならない)が適用される（37条3項）。このルールの趣旨は、公開会社において取締役が大きな新株発行権限をもつことを防止する点にある。

　任意的記載事項とは、上述のように、絶対的または相対的記載事項以外の事項で、定款に任意に記載されている事項である。この任意的記載事項は、定款外で決めても効力があるが、定款で定めた方が事を明確にし、かつ、定款変更によらないかぎり変更できないという効果がある。例えば、「定時総会は、毎年6月に招集する」、「株主総会の議長は社長がこれに任ず

る」等は、任意的記載事項の例である。

　相対的記載事項とは、上述のように、定款に定めなくても定款自体の効力には関係ないが、定款に定めないときはその事項の効力が認められない事項を指す。会社法28条は相対的記載事項として、いわゆる変態設立事項を掲げる。定款に会社法28条列挙の事項が定められた場合には、裁判所選任の検査役の調査が行われ（33条）、その結果その定めが不当と認められると、定款変更が強制される。このように特別の手続が付加されるので、このような設立を変態設立という。以下において変態設立事項の重要なものを概観する。

　　(ア)　現物出資（28条1号）　　金銭以外の財産をもってする出資である。会社が現物出資の目的物を過大に評価して不当に多くの株式を与えるときは、会社の財産的基礎を危うくして会社債権者を害するとともに、他方金銭出資をした他の株主を害することにもなる。このため法は現物出資を変態設立事項として、現物出資者の氏名、出資の目的である財産、その価格、これに対して与える株式の種類および数を定款に記載させる。また、現物の実価が定款所定の額より著しく不足する場合には当該現物出資者に一種の瑕疵担保責任（52条2項本文かっこ書き）を課すのが妥当であるとの考え方から、発起人のみが現物出資をできるとしている（63条1項）。

　　(イ)　財産引受（28条2号）　　財産引受とは、発起人が会社のため会社の成立を条件として特定の財産を譲り受けることを約する契約をいう。現物出資は、出資者が特定の財産を出資として提供して株式の付与を受けるものであり社員関係の問題である。これに対して、財産引受の場合、譲受人は売買等の契約により特定の財産を給付して対価を受け取るものであり、財産引受は本来取引法上の問題である。しかし、目的物を過大に評価して不当に多くの株式を与えるときは、会社の財産的基礎を危うくして会社債権者を害するとともに、もし譲渡人が発起人であれば、他の株式との関係においても不公平であり、財産引受にも実質的には現物出資と同様の危険があり、かつ、これを自由にすれば現物出資を潜脱する方法としても用いられるおそれが多いので、定款に譲渡の目的たる財産、その価額、譲渡人の氏名の記載を命じ、変態設立事項とした。財産引受は会社の設立自体の

ために必要な行為ではなく、会社の開業準備のための行為である。例えば、工場用地の買い入れは財産引受であり、開業準備行為に該当する。

　開業準備行為がそもそも発起人の権限に属するか否かによって会社法28条1項の財産引受の規制の意味が違ってくる。第1説によると、設立中の会社の目的は完全な株式会社として成立することにあるのであり、設立中の会社の能力は、この設立の目的によって制限され、設立中の会社の執行機関である発起人は、本来、開業準備行為をなす権限を有しない。この第1説によると、財産引受は設立のために特に必要とされる行為だから、会社法は、厳格な要件の下に、これを例外的に発起人の権限に加えた。これに対して、第2説によると、発起人には開業準備行為をなす権限があるが、財産引受は濫用の危険が大きいから、これだけ特に要件を厳しくする意味で会社法28条1項の規定は設けられている。両説の実質上の差異は、発起人のした開業準備行為に成立後の会社が拘束されるか否かにあり、第1説が会社の財産的基礎を確実なものとする見地からこれを否定するのに対し、第2説は、会社の事業が円滑に行われるという見地からこれを肯定する。現在の判例・通説は、第1説を採っている。

　　(ウ)　**設立費用（28条4号）**　　設立費用とは、発起人が設立中の会社の機関として会社設立のため支出した費用である。具体的には、事務所の賃借料、株式の募集広告費、株式申込証の印刷費などである。設立費用は、本来からいえば、会社が成立したときは、これを支出した発起人が会社に求償できるはずのものであるが、無制限な支出を許すと会社の財産的基礎が害されるので、定款の相対的記載事項とし、検査役の調査を行うべきものとした（33条）。したがって、定款に記載された金額の限度内で、しかも調査を通った金額のみが会社に求償できるのであって、定款に記載のない額、記載超過額、調査を通らなかった額は求償できない。発起人が会社設立中に支出した費用については右のように処理されるが、発起人がその債務をまだ履行していない場合には、成立した会社がその債務を引き継ぐことになるかどうかについて争いがある。

　判例は、発起人の負担した設立費用債務は、定款に記載され、かつ、創立総会で承認された金額の限度において、会社成立とともに会社の債務と

なり、発起人はその責任を免れると判示した（大審院昭2年7月4日民集6巻428頁）。この判例の考え方によれば、設立費用の債権者にとっては、自己の債権が定款に記載され創立総会で承認された金額の範囲内であるか否かによって、会社が債権者になるか、それとも、依然として発起人が債務を負うのかが、決まることになる。したがって、判例の考えによると、設立費用債権の総額が定款記載の限度を越えた場合には、各債権者は、債権額の案分比例で、一部は会社に請求し一部は発起人に請求すると考えるのか、それとも、債権発生の時間的前後によって、先に取引した者は会社に対して請求できるが、限度額に達した後に発生した設立費用債権については、発起人が責任を負うことになるのか、という困難な問題が生ずる。これは、発起人との間で設立費用債権を取得するような取引をした第三者の立場を、極めて不安定なものにする。したがって、今日の裁判所は、上記大審院判決のような考え方をとることはなく、この判決の考え方は既に克服されたと考えてよい。

　学説は、3つに分かれる。第1説である「発起人責任説」によると、対外的にはあくまでも発起人が行為の主体である以上、会社が成立しても会社が債務を引き継ぐことなく、依然として発起人が債務者であり、発起人は定款に記載しかつ調査を通った金額を会社に求償しうるにすぎない。第2説である「会社責任説」によると、このような債務は実質的に設立中の会社の債務であり、ただ設立中の会社が法人格を有しないため発起人が責任を負わざるをえなかっただけのことであるから、会社が成立して法人格を取得した以上、形式的障害が除かれて会社の債務となるのが当然であり、会社の成立により発起人は責任を免れ、会社は、定款に記載がないか、調査を通らなかった金額を発起人に求償しうるにすぎない。第3の学説である「会社・発起人重畳責任説」によると、一般に権利能力なき社団の場合には、当該社団が対外的にその社団の財産をもって責めに任ずるとともに、その代表者も責めに任じなければならないことからすると、設立中の会社の債務はそのまま会社に引き継がれるが、そのことは設立中の会社の債務について責任を負わされた発起人の免責を許すものでなく、したがって両者の重畳的責任を認める。

第1説については、設立費用とは会社設立のための費用であるから、債権者としても、会社成立後は会社に対して履行を求めうると合理的に期待しうるのであり、会社の免責を認めることは妥当でないという問題がある。第2説については、設立費用の契約の当事者になっているのは発起人であるから、会社の成立により発起人が責任を負わないことになっては、債権者の期待を裏切るという問題がある。したがって、発起人と会社の双方に重畳的責任を負わせる第3説が妥当である。それは、第1説と第2説には問題があり、第3説が取引の実態に最も適合するからである。

4　株式発行事項の決定

（1）　発起設立

定款の作成・認証によって開始された設立手続は、発起設立では次のような段階をたどる。

　(ア)　**株式の引受**　　設立に際して発行する株式は、発起人がその全部を引き受ける。この株式引受は原則として書面によることを要し、口頭の引受は無効である。

　(イ)　**出資の履行**　　次に発起人はできるだけ早い日を払込期日と定め、その日までに、各自引き受けた各株につき発行価額全額の払込をし、また現物出資もその全部給付することを要する。

仮装払込を防止するための規制がある。預合（あずけあい）とは、発起人が銀行から資金を借入れ、これを会社の貯金として、株式の払込をするとともに、会社は、銀行に対して、発起人が借入金を返済するまでは、会社の貯金を引き出さないと約束することをいう。つまり、発起人は、一方において発起人の資格で銀行から借入れをし、それをその銀行に設けた設立中の会社の口座に振り込んで株式の払込に充てるとともに、その発起人が会社の取締役になった後も、自己の借入金を銀行に返済するまでは、会社の貯金を銀行から引き出さない、という約束をするのである。この場合には、払込があった形式は整えられているが、会社は、払込資金を運用することができない。このような仮装払込は有効な払込とは認められないから、これによって株式引受人の払込義務は消滅しない。預合は犯罪であり、法は預合

に対して重い制裁を課している（965条）。そして、このような払込の仮装を防止するため、発起人は銀行または信託会社を払込取扱機関として定めることを要し（34条2項）、払込は必ず払込取扱機関になすべきものとし、募集設立において払込取扱機関が払込金保管証明書を交付すると、その証明した金額は、実は払込がなかったとか、預合のような返還に関する制限があるとかの主張をして、会社に対してその返還を拒むことができない（64条2項）という規定を置いている。この規定により、払込取扱銀行としては、無条件で会社の返還請求に応じうる払込金が確実に払い込まれたときしか、払込保管証明書を発行しないことになる。これにより、預合という悪い慣習は根絶されるに至った。

　預合がこのように厳しく規制されるため、「見せ金」の方法による払込の仮装が横行するようになった。いわゆる見せ金による会社設立とは、発起人がA銀行に行ってお金を借り、B銀行に行って株式の払込をし、B銀行から、払込金保管証書をもらって、会社を設立・登記し、会社成立後これを引き出してA銀行からの借金を返すというやり方である。したがって形式的に見れば預合と違って正当に設立された会社の取締役の任務違反行為があるだけのようだが、実質的に見れば、払込があったといってもそれは発起人が当初から仕組んだ仮装の払込にすぎない。見せ金が無効であるか否かについては争いがある。しかし、いずれの立場に立っても、見せ金のように、設立に際して払込を仮装した発起人（募集設立の場合には株式引受人も）は、仮装した払込金額全額の支払義務を負う（52条の2第1項）。会社側で払込の仮装に関与した設立時取締役（株式会社の設立によって取締役になる者）等も、同様の支払義務を負う（52条の2第2項本文・103条2項、施行規則7条の2）。

5　取締役・監査役の選任

　創立総会の招集は不要であるが、発起人は一株につき一議決権を有し、その議決権の過半数をもって設立時取締役および設立時監査役を選任する。

6 変態設立事項の調査

　変態設立事項がある場合には、取締役の請求にもとづいて裁判所が選任した検査役の調査を要する（33条）。ただし、現物出資および財産引受については、現物出資または財産引受がなされる財産の価額が500万円を越えないときには、検査役の調査がなされなくてもよい（33条10項1号）。また、検査役の調査は、目的物の過大評価を防ぐためにあるから、現物出資または財産引受がなされる財産が、取引所の相場ある有価証券のような場合には、定款で定めた評価額が、当該有価証券の相場を越えないときは、同様に、検査役の調査を省略できる（33条10項2号）。また、現物出資または財産引受がなされる財産が、不動産である場合にも、定款に記載された評価額が相当であるという弁護士の証明を受け、かつ不動産鑑定士の鑑定評価を受ける場合には、検査役の調査を省略できる（33条10項3号）。検査役の調査の結果、変態設立事項が不当であると認められる場合、裁判所がこれを変更する決定をする（33条7項）。

7 設立時取締役・設立時監査役による設立経過の調査

　設立時取締役・設立時監査役は、発行価額全額の引受・払込および現物出資全部の履行があったかどうかについて調査する（46条1項）。現物出資および財産引受について検査役の調査が不要な場合には（33条10項3号）、設立時取締役・設立時監査役が監査法人等による証明が相当であることを調査する（46条1項2号）。調査の結果、法令・定款の違反または不当な事項があった場合には設立時取締役は各発起人に通告することを要し（46条2項）、発起人が善処する。

8 募集設立

（1）株式引受

　　(ア) **発起人の引受**　　まず発起人が株式を引き受ける。

　　(イ) **株主の募集**　　発起人が引き受けた残りの株式については、発起人が株主を募集する。金融商品取引法は、一般投資家の保護のために、公募を行う場合には、内閣総理大臣に対する届出を義務づけ（金融商品取引4

条)、かつ、目論見書を作成することを義務づけている（金融商品取引13条）。

　　(ウ)　**株式申込**　　現在、募集に応じて株式の引き受けの申し込みをする者は、書面を発起人に交付しなければならない（59条3項）。実務では、払込金額全額を申込み証拠金として徴収し、申し込みが募集株式総数に達すると募集が打ち切られる。錯誤による無効の主張および詐欺・強迫による取消については、一定の時期以後（会社の成立後または創立総会に出席して権利行使したとき）は認められない（102条4項）。

　　(エ)　**割当**　　募集した株式総数に対する申込があると、発起人は割当、すなわち特定の申込人に株式を引き受けさせるかどうか、また幾株引き受けさせるかの決定をする。発起人は、割当については、最も適当と認める者を自由に選ぶことができ、これを割当自由の原則という。いずれにせよ、発起人による割当の決定により、株式申込人の設立中の会社に対する入社が確定し、株式申込人は、株式引受人となる。株式引受人は割り当てられた株式数に応じて払込義務を負う（63条1項）。

(2)　出資の履行

　　募集設立では発起人は株式の払込期日を定めなければならない（58条1項3号）。株式引受人は、払込期日までに、各自引き受けた株式につき発行価額全額の払込をなし、また現物出資も全部給付しなければならない（63条1項）。募集設立では、株式引受人は払込期日までに払い込みをしない場合には、株主となる権利を失う（63条3項）。これにより、他の出資者により出資された財産の価額が定款で定めた「設立に際して出資される財産の価額またはその最低額」（27条4号）を満たさない場合、発起人は追加の引受人の募集を行って設立手続を続行する。

9　変態設立事項の調査

　　変態設立事項がある場合には、発起人の請求に基づいて裁判所が選任した検査役の調査を要するが、現物出資および財産引受については、一定の場合にこの調査が不要であることは、発起設立の場合と同様である。

10　創立総会

　創立総会は、会社の設立登記前の募集設立手続の最終段階である。募集設立では創立総会を経て会社の実体が形成される。

　募集設立では、発起人が株式を引受ける以外に、他から株主を募集する。株式の申込みがあると、だれにどれだけの数の株式を引き受けさせるか発起人が割当を行う。この割当により、株式を申し込んだ者は、株式引受人となり、払い込みをなす義務を負う。出資の履行がすべて終了すると、創立総会が招集される。

　創立総会とは、設立中の会社の議決機関であって、設立後の会社における株主総会に相当する。創立総会は会社の設立に関する事項に限り決議をすることができる。創立総会で決定されなければならない事項としては、会社の機関の形成があり、会社法は、かかる事項として設立時取締役などの選任を挙げる（88条）。創立総会で決議することができる事項として定款変更（73条4項ただし書）と設立廃止（66条）がある。

　創立総会は大体次のような過程で行われる。まず発起人が設立に関し報告する。次に設立時取締役・設立時監査役を選任する。ついで設立時取締役・設立時監査役は発行価額全額の引受・払込および現物出資全部の履行があったかどうかを調査し、また現物出資、財産引受について検査役の調査が不要な場合にも調査する。そして、設立時取締役・設立時監査役は、その調査結果および変態設立事項に関する検査役の報告書ならびに不動産につき現物出資がなされた場合の弁護士の報告書についての意見を創立総会に報告する。そして創立総会はこの調査結果を聞き、変態設立事項を不当と認めたときは、これを変更することができる。以上の他、定款変更と設立廃止を決議することができる。

　創立総会の決議方法は、株主総会の決議事項と異なり、当該創立総会で議決権を行使することができる設立時株主の議決権の過半数であって、出席した当該設立時株主の議決権の3分の2以上にあたる多数決で行う（73条1項）。創立総会の決議の要件は、当該創立総会で議決権を行使することができる設立時株主の議決権の過半数の賛成を得なければならない点で、株主総会の特別決議の要件（309条2項）より厳重である。

11　設立登記

　会社の設立は、発起設立でも、募集設立でも、定款の作成・認証に始まり、登記によって終了する。発起設立と募集設立の場合とを問わず、設立の登記により会社は法人格を取得する。

12　設立に関する責任

　発起人・設立時取締役・設立時監査役は、現物出資・財産引受の不足額支払責任（財産価額塡補責任）（52条）と、任務懈怠責任（対会社〔53条1項〕、対第三者〔53条2項〕）という2つの種類の責任を負う。

13　設立無効および不成立

　株式会社の設立が法定の要件を欠く場合には、一般原則によれば無効の会社であるからはじめから法律上存在せず、したがって無効を主張する方法に制限がなく、また会社を相手として取引をした第三者は、会社に対して権利を有せず、ただ会社を代表した個人に対し無権代理人の責任を問いうるにすぎない。しかし、会社が設立登記によって外見上有効に成立すると、事実上活動を開始し、会社の内外において多数の法律関係が生ずるにいたるから、右のような一般原則では会社の設立無効のような特殊関係をとうてい妥当に処理することができない。そこで法は、会社をめぐる関係者が多数なことを考慮して設立の無効を画一的に確定し、かつ、法律上は無効でも事実上の会社が存在する事実を尊重して無効の効果を遡及させないため、設立無効の訴えの制度（828条1項1号）を設けるに至った。

（1）　無効原因

　一般に無効原因には、設立に参加した個々の社員の設立行為が無効なことによるもの（主観的無効原因）と、設立が法の要求する準則に合致しないことによるもの（客観的無効原因）とが考えられるが、株式会社では株式引受が無効でも、その者が会社に加入しないだけで、会社の設立自体はこのような人的理由により影響をうけないから、主観的無効原因が存しない。これに対して客観的無効原因は、株式会社の設立につき複雑な準則が設けられているため、これに応じて多岐にわたっている。①定款の絶対的記載

事項の記載がないかまたはその記載が違法なこと、②定款に公証人の認証がないこと、③株式発行事項につき発起人全員の同意がない場合、④創立総会が適法に開催されない場合、⑤設立登記が無効な場合、が主なものである。設立に際して発行する株式の引受・払込または給付がないことは、当然無効原因となるべきものであるが、発起人および設立時取締役の資本充実責任により、引受または払込の欠缺がみたされ、また不足額が塡補されるかぎり、設立無効にならないですむ。

(2) 設立無効の訴え

設立無効の主張は、会社成立の日から2年以内に、株主、取締役または監査役が会社に対し訴えを提起する方法によってのみ認められる（828条1項1号・2項1号）。これは、無効原因があるにせよ設立登記によって会社が成立して社会的に活動している以上、無効を主張しうる者、期間および方法を厳重に制限して、いたずらに無効が主張されるのを防止したものである。

(3) 設立無効判決

設立無効の訴えで原告が勝訴し、設立を無効とする裁判が確定した場合には、その判決は当事者のみならず、第三者にも効力を及ぼし、したがって何人もこれを争いえなくなる(838条)。これは会社を中心とする多数の法律関係が画一的確定を要請することを考慮したものである。これに対し原告が敗訴した場合には、判決の効力は一般原則によって当事者間に生ずるにすぎず、したがって提訴期間経過前ならば他の者がさらに敗訴の訴えを提起することを妨げない。思うに、原告が敗訴しても積極的に設立を有効とする判決がなされたわけでなく、ただ原告の主張が理由なしと認められたにすぎないからである。

設立を無効とする判決があってもすでに会社・株主および第三者の間に生じた権利義務に影響はなく（839条）、ただ判決は解散に準じる効力を生じて、会社は清算すべきこととなる。つまり会社を無効とする判決には遡及効がない。これは会社の外観上の存在を尊重し、既存の関係ではこれを有効な会社と同視しようとしたのである。これに対し、原告敗訴の場合には、悪意または重大な過失のあった原告は、会社に対し損害賠償責任を負わさ

れる（836条）。

14　解散・清算

　株式会社の一生は、設立に始まり、通常、解散・清算や吸収合併等によって終わる。会社の解散とは、会社の法人格を消滅させる原因となる事実をいう。株式会社は株主総会の特別決議（309条2項11号）によりいつでも解散することができる（471条3号）。その他の解散事由についても、会社法471条各号において定められている。一例を挙げれば、株式会社は解散命令により解散する。例えば、株式会社が刑罰法規に触れる行為をなし、法務大臣の警告にもかかわらず、当該違法行為を反復継続した場合、法務大臣等の申立により裁判所は株式会社の解散を命じることができる（824条1項3号）。この解散命令により、会社は解散する（471条6号）。

　会社が解散すると、合併もしくは破産の場合を除き、清算の手続が開始される（475条1項）。清算とは、会社解散の後始末をする手続であり、この手続では、①会社の現務の結了、②債務の弁済、③債権の取立、④残余財産分配を行う（481条）。

　株式会社の清算は、原則的な形態である「通常清算」と「特別清算」とに分かれる。特別清算は、清算の遂行に著しい支障を来すべき事情がある場合および債務超過の疑いがあるときに行われる特別な清算形態であり（510条）、裁判所の強い監督の下に行われる。

第7章　企業結合等

1　平成26年改正における企業結合等の規制の概観

(1)　企業結合形成規制

　企業結合等の規制の整備は、コーポレート・ガバナンス規制の整備と並んで、平成26年会社法改正の最も重要な課題であった。以下では、平成26年改正により導入された企業結合等の規制について、親子会社の形成に際して発動する「企業結合形成規制」と企業結合状態が形成された後に発動する「企業結合状態規制」とに分けて、それぞれ概説する。

　まず、「企業結合形成規制」から概観する。株式には通常議決権が伴う（308条1項）。議決権は会社経営に対する影響力を意味するため、新株の第三者に対する発行に伴い、既存株主の意に反して、経営支配権の移転が生ずる場合がある。経営の支配権の取得を巡り争いが生じている場合、現経営者側が新株の第三者割当により自派の株主に新株を割り当て、会社の支配権を維持することが、過去しばしば問題となってきた（東京地決平元年7月25日判時1317号28頁〔いなげや・忠実屋事件〕、東京高決平16年8月4日金融・商事判例1201号4頁〔ベルシステム24事件〕）。この場合、反対派株主はかかる新株発行を不公正な方法による発行として差し止める（210条2号）以外に事実上有効な救済の道は与えられていなかった。平成26年改正法は、次に示す「支配株主の異動を伴う募集株式の発行等」の規制（206条の2）を導入し、支配権の移転を伴う新株発行における既存株主の保護を強化した。

　公開会社では、募集株式の引受人が総株主の議決権の過半数を有することになる場合には、そのような引受人に関する情報を払込期日等の2週間前までに株主に通知しなければならない（206条の2第1項）。この通知は公告または有価証券報告書の提出等により代替することができる（206条の2第2項・第3項）。この通知の日から2週間以内に、総株主の議決権の10％以上を有する株主が反対の通知をしたときには、当該公開会社は、払込期日の前日までに、当該特定引受人に対する募集株式の割当等について、株主総会の普通決議（309条1項）による承認を受けなければならない（206条の2

第4項）。ただし、当該公開会社の財産の状況が著しく悪化している場合において、当該会社の事業の継続のため緊急の必要のあるときは、株主総会決議による承認は要しない（同項）。これは新株の第三者発行による資金調達に必要性および緊急性が認められる場合には、当該第三者割当につき、10％以上の議決権を有する株主の反対の通知があっても、総会決議による承認を不要とする趣旨である。

　同様の規定が、募集新株予約権の発行に関しても設けられている（244条の2）。これは、近年、敵対的企業買収に直面した経営者が新株予約権発行等により会社を子会社化したことが、敵対的企業買収に対する防衛措置として機能したことに着目した規制である（東京高決平17年3月23日判時1899号56頁〔ニッポン放送事件〕）。

　会社法206条の2および同法244条の2は新株の第三者割当により公開会社が子会社化される場合にも発動するという意味では企業結合形成規制である。

　「支配株主の異動を伴う募集株式の発行等」の規制（206条の2）によると、支配権の移動を伴う新株等発行につき、10％以上の議決権を有する株主が反対した場合、当該新株等の発行は原則として、買収前の既存の株主が出席する株主総会の過半数決議が必要になる（206条の2第4項）。これは、新株等の第三者割当による会社の支配権の移転に対して少数株主から疑義が出された場合、会社の支配権の移転を最終的に決するのは、公開会社で新株等の発行権限を有する取締役会ではなく、株式会社の最高の意思決定機関である株主総会であるべきであるという株式会社の権限分配秩序論に基づく規制である。

　従来、公開会社の新株発行では募集事項の通知または公告の制度が存在した（201条3項・4項）。これにより公開会社では、既存の株主が気づかないままに会社の経営支配権が新株第三者割当によって第三者に移転することが防止されてきた。平成26年改正法により導入された公開会社を対象とする「支配株主の異動を伴う募集株式の発行等」の規制（206条の2）では、既存の株主の決定権限および開示機能を強化し、新株発行により株式引受人が議決権の過半数を有する場合、かかる株式引受人に関する情報が既存

の株主に事前に通知される。これにより、新株等の第三者割当を用いた会社支配権の移転に際して、既存の株主は、新しく経営支配権を握る者に関する情報を得て、当該新株等発行を承認すべきか判断する機会が与えられることとなった。

以上が、平成26年改正により導入された「企業結合形成規制」の概要である。以下においては平成26年改正により導入された「企業結合状態規制」につき概観する。

(2) 多重代表訴訟

A株式会社はB株式会社の完全子会社であり、B株式会社はC株式会社の完全子会社である場合、B社はA社の「完全親会社等」、C社はA社の「最終完全親会社等」と定義される（847条の3第1項・第2項）。このコンツェルンにおいては、単なる親会社・子会社の関係ではなく、多重的な支配関係が生じている。この多重的な支配関係を前提にしている代表訴訟が多重代表訴訟制度である。

かかる多重的支配関係において、A社の取締役（D）が、違法な取引を行い、A社が1億円の損害を被ったとする。A社が被った1億円の損害は同時に、A社の全株式を間接的に保有する最終完全親会社であるC社の損害でもある。判例によると、完全子会社が損害を被った場合、特段の事情がない限り完全親会社は同額の損害を被る（最判平5年9月9日民集47巻7号4814頁〔三井鉱山事件〕）。当該違法取引に関わったA会社の取締役Dは善管注意義務（330条・民644条）・忠実義務（355条）に違反し、A社に対して損害賠償責任（423条1項）を負う。A社の監査役Eは、A社を代表してDに対して損害賠償を提起する権限を有する（847条1項）。Eが訴訟を提起しない場合、A社の株主であるB社の取締役（代表取締役）は、A社を代表して通常の株主代表訴訟（847条3項）を提起する権限を有する。しかし、B社の監査役・取締役（代表取締役）が、Dとの同じグループ企業に属する役員であるという連帯意識から、代表訴訟を提起しないことがありうる。かかる問題に対応するため、多重代表訴訟という制度が平成26年改正により導入された。すなわち、A社の最終完全親会社であるC社の議決権または発行済株式の1％を有する株主は、多重代表訴訟を提起して、DのA社に対する責任を

追及することができる（847条の3第1項）。DのA社に対する責任はC社の総株主全員の同意がなければ免除されない（847条の3第10項）。

多重代表訴訟は、最終完全親会社において完全子会社の株式が占める帳簿価値が、最終完全親会社の総資産額の20％を超える場合にのみ認められる（847条の3第4項）。最終完全親会社が巨大な規模の持株会社である場合で、その完全子会社の占める割合が少ない場合、かかる最終完全親会社からみて割合の少ない完全子会社に生じた損害による影響は小さく、あえて多重代表訴訟を認める必要はないという見地に立っている。

(3) 企業集団内部統制システム

平成26年改正法は、法律により、親会社の取締役または取締役会は、親会社またはその子会社からなる企業集団の業務の適正を確保するために必要なものとして法務省令で定める体制の整備についての決定を親会社の各取締役（代表取締役・業務執行取締役等を指す）に委任することができないものと定めた（348条3項4号、362条4項6号、416条1項1号・3号）。これは、親会社の企業集団内部統制システムの決定を、親会社の代表取締役等に委ねることができないとし、この決定を親会社の取締役会等に行わせることにより、企業集団内部統制システムの決定に対する親会社の株主のコントロールが、より直接的に反映しやすくするための法律上の規定である。

平成26年改正法は、従来法務省令上の制度であった企業集団内部統制システムを、会社法上の制度とした。企業集団内部統制システムが有効に機能する場合、多重代表訴訟によらずして、親会社の株主は未然に保護される。

(4) 株式交換にかかわらずに生ずる代表訴訟の継続

株主は、株主としての地位を失った場合であっても、①株式交換・株式移転により親会社の株式を有する場合、あるいは、②吸収合併により会社が消滅しても消滅会社の完全親会社の株式を有する場合には、代表訴訟を継続して提起することができる（847条の2第1項）。ただし、この規定により代表訴訟を継続して提起できるためには、代表訴訟の原因となった事実が、当該株式交換等が生ずる前に、発生していなければならない。会社法847条の2第1項は、会社の取締役が自らを訴える代表訴訟が提起された

場合に、それへの対抗措置として、他の会社との株式交換等を行うことにより、当該代表訴訟を提起している株主の提訴要件を欠落させ、自己への訴訟を不適格とすることを防止する趣旨の規定である。すなわち、本規定は、代表訴訟により会社に対する損害賠償責任を追及されている取締役が、株式交換等の組織再編行為を、代表訴訟による責任追及回避のために用いることを防止することを目的とする。

(5) 親会社による子会社株式の譲渡等

親会社は子会社の株式を譲渡する場合、①譲渡する子会社株式の帳簿価格が親会社の総資産額の20％を超え、かつ、②親会社が子会社の議決権の過半数を有しないときは、親会社の株主総会の特別決議（309条2項）によって、譲渡の承認を得なければならない（467条1項2号の2）。本規定により親会社の株主総会決議が必要となる典型例としては、親会社としての純粋持株会社が自己の企業グループの中核となる子会社の株式等を第三者に譲渡し、その結果、当該子会社の議決権の過半数の保有を失う場合を想定している。

親会社によるその保有する子会社株式の譲渡は、親会社の株主としての影響力にしばしば重大な変更をもたらす。会社法467条1項2号の2と支配株主の移動を伴う募集株式の発行規制（206条の2）は、議決権の過半数保有による会社の支配権を、会社法上の法益と認めて、これを保護する規定である。

(6) 特別支配株主の株式等売渡請求権

特別支配株主の株式等売渡請求権とは、株式会社の議決権の90％以上を直接または間接に保有する株主（以下「特別支配株主」という）は、対象会社のその他の少数派株主に対して現金を対価として売り渡すことを請求できるものとする制度である（以下「株式等売渡請求」という。179条1項）。特別支配株主の株式等売渡請求に際して、特別支配株主はいかなる額の現金が支払われるのか、あるいはいつ特別支配株主が締め出される少数派株主（以下「売渡株主」という）の有する株式を取得するのか等、株式等売渡請求による売渡株式等の全部取得の条件を定めなければならない（179条の2第1項）。

株式等売渡請求には当該会社（取締役会設置会社にあっては取締役会）の承認

を要する（179条の3第1項・第3項）。承認をした対象会社は、売渡株主等に
対し通知または公告する（179条の4、社債、株式等の振替に関する法律161条2項）。
会社は、通知または公告の日から取得日の6か月後まで、売渡株主が営業
時間内にいつでも閲覧できるように、特別支配株主の氏名等を記載等した
書面等を会社の本店に「事前備置」する（179条の5）。売渡株主であった者
が営業時間内にいつでも閲覧できるように、会社は、売渡株式の取得後遅
滞なく、特別支配株主が取得した売渡株式の数等を記載した書面等を会社
の本店に「事後備置」する（179条の10）。売渡株主に対する通知等により、株
式等売渡請求がされたとみなされ（179条の4第3項）、特別支配株主は、株
式等売渡請求による売渡株式等の全部取得の条件として定められた取得日
に、売渡株式等を取得する（179条の9第1項）。

　株式売渡請求が法令に違反する場合または売渡株主に交付される対価が
著しく不当である等の場合であって、売渡株主が不利益を受けるおそれが
あるときは、売渡株主は株式等売渡請求による売渡株式等の全部取得の差
止を請求することができる（179条の7第1項）。

　また、売渡株主は、取得日の20日前から取得日の前日までに、裁判所に
対し、売渡株式の売買価格の決定の申立をなすことができる（179条の8第1
項）。また、取得日において株主であった者や対象会社の取締役等は、取得
日から6か月以内に、株式等売渡請求による「売渡株式等の全部取得の無
効の訴え」によってのみ主張することができる（846条の2）。

2　平成26年改正法下での解釈論上の課題

　平成26年会社法改正においては、子会社の少数派株主・債権者の保護の
規制は導入されなかった。ここでは、平成26年改正法下での解釈論上の課
題として、親会社の子会社に対する損害賠償責任の問題について概観する。

　親会社による子会社利益の侵害があった際に、子会社の親会社に対する
損害賠償請求権を基礎づけるための会社法解釈上の一般条項としては、事
実上の取締役および株主の誠実義務が存在する。次にみるように、どちら
の法理にも、法技術的な難点がある。

　まず、事実上の取締役の法理の親子会社関係への適用には、株式会社に

おいて法人取締役が認められていない現状で（331条1項1号）、親会社を取締役としてみるという問題点がある。

　株主の誠実義務という考え方自体が、株主有限責任原則（104条）に反する。すなわち、株主有限責任原則（104条）により、株主は会社に対しては何らの責任をも負わないのが現行法の前提であり、株主が会社に対してあるいは他の株主に対して「誠実義務」を負うという考え方は、会社法104条に反する。また、株主の誠実義務には、多層的な支配構造を有するコンツェルンにおいて頂点に立つ親会社が孫会社の利益を侵害した場合には、両社には直接の法律関係が存在しないために、親会社の責任を基礎づけることが、法技術的に困難であるという問題もある。

　そこで、通説は、親会社が子会社の取締役に子会社に不利益な行為をさせるように仕向けることが、子会社の取締役に対し子会社に対する債務不履行（330条、民644条、355条）をなすことを加功することを意味し、債権侵害として親会社は子会社に対し不法行為責任（民709条）を負うと説く。

最終章　事例問題の解き方

　日本の従来の会社法の教育は、講義において「理論的な説明」がなされ、期末試験においては、受講生は「事例問題」を解くというかたちで行われてきた。学生にとって、講義で習った「知識」をどのように使ったら、事例問題を解くことができるのか、についてはほとんどの大学で、講義されてこなかった。そこで、この最終章では、簡単な事例を用いて事例問題の解き方を解説したい。

　本書を用いた講義で会社法を学んだ諸君が、講義の期末試験で、次の問題が出されたらどのように答案を書くだろうか。

　「東京を本社とするＡ社は、雑誌の製作・販売を定款上の目的とする株式会社（取締役会設置会社）である。Ａ社の代表取締役Ｂは、当時の土地を用いた騰貴の一環として、Ａ社を代表して、山梨県に居住する地主Ｃから、その所有する山梨県に所在する別荘地100坪（以下、「本件土地」という）を500万円で買い上げた。その後、Ｃは、この土地を安く売りすぎたと考えて、本件土地の購入代金500万円と取り戻したいと考えるようになった。Ｃは会社法上どのような主張がありうるのか、Ｃの顧問弁護士Ｄの立場で論じなさい。また、かかる主張は裁判所によって認められうるかについて、論じなさい。」

　事例問題の解き方で一番重要なことは、出題者の出題意図を見抜くことである。試験の目標は、通常の学術論文と異なり、良い成績をとるということにある。例えば、諸君が、最新の会社法研究の成果を用いて、学問上秀れた答案を書いたとしても、出題者が諸君の答案を理解できず、悪い成績をつけられたら、それは諸君にとってマイナスでしかない。試験では「真

に正しい答え」を答案にしようという意識を捨てなければならない。試験は、採点する出題者が良い成績をつけられるように、出題者が求めるものを書くということに徹するべきである。

　私はドイツで試験演習をした経験があるが、ある国の人が、刑事法の試験で、自分は答案用紙いっぱいに書いたのに、自分より少なくしかかけなかった人が合格して、自分は不合格であったと教官に抗議をしたという話を耳にしたことがある。その答案の採点を担当した助手の話によると、その人は、刑事法の分野で自分の知っていることをたくさん書いたのだが、問題とはまったく関係のないことを書いていたため、不合格となったそうである。試験では、自分の知っていることをいっぱい書けばよいというものではない。出題者が求めるものを「ズバリ」書くことが、良い成績につながる。

　さて、本問に戻ろう。「出題者の意図」はこの問題のどこに隠されているのであろうか。「出題者の意図」を示す言葉はすべて、事例問題の中にある。この問題では「定款上の目的」という言葉に反応できなければ、諸君は「負け」であり、この試験に合格できない。本書では、総論・会社法と会社・「会社の権利能力」の中の「判例・学説上、争点となるのが、会社の権利能力が定款所定の目的によって制限されるか、という問題である。」という箇所を参照して頂きたい（本書10頁）。本問は、株式会社の権利能力が定款所定の目的により制限されるのか、という点を主題とする。

　諸君が出題者の意図に気づけるのか、は諸君が授業でどれだけ熱心に勉強したか、基本書をどれだけ読み込んだかによる。授業では、講義室の一番前の中央に座って講義を聴くことをお勧めする。テキストだけで、勉強している諸君は、声を出してテキストを読んだり、手を使って、テキストの内容を要約したり（「サブノート」づくり）、要するに「五感」をすべて用いた勉強をすることをお勧めする。サブノート作成とともに、自分のテキストや条文を音読して、それをボイスコーダーに録音して、家事をするとき等に、流しておくという方法もお勧めである。注意して聴かなくともいいのである。何度も繰り返し、ただ流しておく。勉強で教科書を読んでいても、内容が頭に入ってこないということもある。このような時なども耳を

使って学習することが有効である。私はドイツで事例問題を解く演習をした際に、この方法で試験を乗り切った。

　本問が、株式会社の権利能力が定款所定の能力により制限されるかということを論点とすることを諸君がわかったら、次にどうすればよいであろうか。事例問題はいきなり書き始めてはならない。まず、答案をどのようにして書くかについて、自分の考えをまとめなければならない。「答案を書き始める前に、まず、答案構成をする」と司法試験の受験界ではいわれているのがこれである。

　答案構成はどのようにしてするのか？　「答案構成」とは、この問題に対する解答のあらましを書くということである。つまり、自分の主張のあらましをデッサンするということである。これは、問題用紙の余白などで行う。

　通常の答案構成は、複数の論点がある問題の場合、論じる順序や論じ方をまとめるためにも用いられる。初学者の場合には、事例問題で問題になってきそうな言葉を書き出すのがいいだろう。

　権利能力・無効・民法34条などの言葉とともに、デッサンで書くべきことは、最高裁の公式である。この問題で注目して頂きたいのは「かかる主張は裁判所によって認められうるか」ということが問われていることである。ここでは、どういう場合に、代表取締役が会社を代表して行った行為が当該会社の権利能力の範囲内となるか否かに関する最高裁の基準を示して、顧問弁護士としての自分の主張が、裁判所によって、認められるか否かについて論じることが求められる。その際に、諸君は、裁判所が通常最高裁の判例に従うことを前提に、裁判所が最高裁のどのような公式を用いて、当該行為が定款の目的の範囲内となるか否について、判断するであろうかについて書く必要がある。ここでは、目的達成のために「直接または間接に必要な」行為が定款の目的の範囲内の行為に含まれ、しかも、目的の範囲内か否かは「客観的・抽象的」に判断するというキーワードを出題者は欲しがっている。これらの単語等は、試験で「オウム返し」できるくらいにひたすら暗記をする必要がある。

　これに気づくにはどうしたらよいのか？　これはひたすらに問題を注意

深く読むということに尽きる。

　先ほど、出題者の意図は問題文の中に隠されているという言い方をした。出題者は、後でこの問題は間違いであると言われることを最も恐れている。自分の問題が出題ミスと言われないように、本当に一言一句、よく考えて問題文を作成する。それを理解し、問題文のどこに出題者の意図を示すヒントが隠されていないか、目を皿のようにして、問題文をよく読むことが重要である。

　答案構成ができたら、実際に解答を書き始める。最初の文はどのようにすればよいであろうか。本問のように、論点が１つの問題は、「本問は、○○の問題である」という文で始めることが重要である。採点者は、何百枚の答案を採点するのである。採点しなければならない答案の冒頭に「本問は会社の権利能力に関する問題である」という言葉に出会った場合、採点者は、「この答案はできているな」という第一印象を持つ。そうすると「できている」という前提で、目の前の答案を読み始めることができるのである。採点の作業は出題者にとって、大変労力のいる作業である。採点者は、論点が１つの事例問題の答案の冒頭に「ズバリ」出題意図の本質を突く答案に出会うと、本当に嬉しい。諸君も、勝敗を決めてしまう最初の一文を書くと良い成績をとれるであろう。

　この事例問題の合格答案は、大体以下のようになる。

　「本問は会社の権利能力に関する問題である。
　１　Ｄの主張について
　　株式会社の権利能力が、当該会社の定款所定の目的によって制限されるかについては、かつて学説上争いがあった。現在の通説は、判例・通説は、民法33条２項により民法34条が営利社団法人たる株式会社に「直接適用」されるため、会社の権利能力は当該会社の定款上の目的により制限される。その結果として、判例・通説は、会社が目的外の行為を行う場合、この行為が無効になると解する。
　　そこで、Ｄは、Ｃの訴訟代理人として、本件土地の売買がＡ社の目的の範囲外であり無効であると裁判上主張することが考えられる。

２　裁判所がＤの主張を認めるか否かについて

　　最高裁判例は目的の範囲を極めて広く解し、目的を達成するために直接
または間接に必要な行為も目的内の行為であり、目的の範囲内か否かは行
為の客観的・抽象的に判断されるという。この判例の基準を本問に適用す
るとどうなるのか。

　　本問のＡ社は、「雑誌の製作・販売」を定款上の目的とする株式会社で
ある。Ａ社の代表取締役ＢがＡ社を代表して行った行為は「別荘地の買い
入れ」である。たしかに、「別荘地の買い入れ」は「雑誌の製作・販売」と
いう目的とは何らの関係のない行為であるかのようにみえる。しかし、別
荘地を安く買い入れ、買い入れた別荘地を高値で売却などすれば、Ａ社は
これによって利益を得ることができる。「別荘地の買い入れ」は、営利社団
法人としてのＡ社の事業である「雑誌の製作・販売」に間接に必要な行為
であると、客観的・抽象的観点からは、考えられる。よって、最高裁の基
準によると、「別荘地の買い入れ」は、Ａ社にとって、その定款上の目的の
範囲内である。

　　よって、Ｄの主張は、裁判所により認められないと予想される。」

　この答案で注目して頂きたいのは、Ａ社の代表取締役であるＢが行った
「別荘地の買い入れ」がＡ社の定款上の目的である「雑誌の製作・販売」の
範囲内に入るのかについて、具体的に考察している点である。これが受験
界で言われる「あてはめをしっかりやることが司法試験の高得点の鍵にな
る」という点である。これは正しい。本問の採点者は、「直接的・間接的に
必要」という言葉と「客観的・抽象的に判断」するという言葉を求めてい
る、しかし、ただ、その言葉を書いて、判例の立場とし、よって、目的の
範囲内であり有効であると論じるだけでは、合格点しかつかない。高得点
をとるためには、この判例の基準を具体的事例に「当てはめ」て、結論を
導かなければならない。司法試験・予備試験を目指す諸君は、この点に特
に気をつけて頂きたい。

　学部生にとっては、大学の期末試験でＡプラス、ＡＡもしくはＳなどの
90点以上（大学によって異なる）をもらうことは夢である。これを実現するに
はどうしたらよいであろうか。教官が、これらの最上級点をつけるのは、

答案を作成した者が自分よりもできる、あるいはそこまでいかなくとも「参った」と思える程にできる答案に出会ったときである。本問でこれらの最上級点をとるのにはどうしたらよいのか。

　私ならば、既に示した答案に加えて、会社判例上近年認められた「一方からのみ主張できる無効」の法理（最判平21年4月17日民集63巻4号535頁）の適用可能性について論じていれば最上級点をつける。

　例えば、既に示した答案に

「3　「一方からのみ主張できる無効」の法理について
　民法34条の能力外の法理の保護の目的は会社の社員である株主の利益の保護にある。かかる民法34条の規範の保護目的からすると、民法34条違反の無効は、会社側からのみ主張できると解すべきである。
　本問で、民法34条違反の無効の主張者は、民法34条の保護の客体たるA社ではなく、その取引相手C（ないしその訴訟代理人D）であるため、いわゆる会社判例法上の「一方からのみ主張できる無効」の法理が適用できる局面であるとも考えられる。よって、民法34条を根拠とした本件土地取引の無効を、民法34条の保護客体である会社ではないDはCの代理人として主張できないことになる。ただし、判例上、「一方からのみ主張できる無効」の法理が民法34条違反の無効に適用された裁判例はまだない。」

　最後の論点は、日本の会社法学でも、まだ十分に認められていない論点であるため、書くか書かないかは、採点者の許容にもよる。採点者が、新しい論点の発見を重視するタイプの研究者であるならば、私と同じように最高水準の点をつけるかもしれない。しかし、判例・通説のみを重視する実務家タイプの研究者ならば、「このような考え方は未だ会社法上認められたとはいえない」と逆にマイナス点にするかもしれない。会社法学は常識の学でもある。自分の知っている新しい知識を答案に書く際には注意を要する。

事項索引

編著者・執筆者紹介

◎　編著者

高橋　英治（たかはし　えいじ）

担当：Ⅰ総論、Ⅱ第2章第4節・第6章・第7章・最終章

1987年　東北大学法学部卒業

1993年9月　ゲッチンゲン大学大学院修了（Magister iuris；Doktor der Rechte）

1995年3月　東北大学大学院法学研究科後期博士課程修了（博士（法学））

2009年　大隅健一郎賞受賞

2016年　司法試験考査委員

現在、大阪市立大学大学院法学研究科教授

【主　著】

『会社法概説（第4版）』〔中央経済社・2020〕

『ヨーロッパ会社法概説』〔中央経済社・2020〕

『日本とドイツにおける株式会社法の発展』〔中央経済社・2018〕

Die Rezeption und Konvergenz des deutschen Handels- und Gesellschaftsrechts in Japan：Gesammelte Schriften, Nomos（2017）

◎　執筆者（50音順）

伊藤　吉洋（いとう　よしひろ）

担当：Ⅱ第2章第3節

2010年3月　東北大学大学院法学研究科後期博士課程修了（博士（法学））

現在、関西大学法学部准教授

主著「利益相反構造のある二段階買収における株式価格決定申立権者の範囲（一）～（四・未完）」関西大学法学論集68巻4号（2018年）794頁・5号（2019年）1208頁・69巻1号（2019年）21頁・4号（2019年）769頁

今川　嘉文（いまがわ　よしふみ）

担当：Ⅱ第4章・第5章

1992年3月　大阪市立大学法学部卒業

1996年9月　神戸大学大学院法学研究科後期博士課程中退

2002年3月　博士（法学）神戸大学

現在、龍谷大学法学部教授

主著『中小企業オーナーのための財産・株式管理と承継の法律実務』〔単著・弘文堂・2020〕

大川　済植（おおかわ　すみうえ）

担当：Ⅱ第1章

1998年3月　大阪市立大学法学部卒業

2004年3月　大阪市立大学大学院法学研究科後期博士課程単位取得満期退学

現在、桃山学院大学法学部教授

主著「企業のディスクロージャーに関する一考察——韓国法との比較検討を中心に」関西法律特許事務所開設五十五周年記念論文集『民事特別法の諸問題—第六巻—』〔第一法規・2020〕

坂本　達也（さかもと　たつや）

担当：Ⅱ第3章

2004年3月　大阪市立大学大学院法学研究科後期博士課程単位取得退学

2008年9月　博士（法学）大阪市立大学

現在、駒澤大学法学部教授

主著『影の取締役の基礎的考察』〔多賀出版・2009〕

古川　朋雄（ふるかわ　ともお）

担当：Ⅱ第2章第1節・第2節

2002年3月　神戸大学法学部卒業

2009年9月　神戸大学大学院法学研究科後期博士課程単位取得

現在、大阪府立大学経済学研究科准教授

主著「買収対象会社取締役に対する責任追及訴訟におけるデラウェア州の判断枠組み：Corwin事件最高裁判決を中心に（1）～（3・完）」『大阪府立大学経済研究』63巻1-4号～65巻1-4号（大阪府立大学経済学研究科・2018～2020年）

プリンシプル会社法

2020(令和2)年9月30日　　初版1刷発行

編著者　高橋　英治

発行者　鯉渕　友南

発行所　株式 弘　文　堂　　101 0062　東京都千代田区神田駿河台1の7
会社　　　　　　　　　　 TEL 03(3294)4801　　振替 00120-6-53909
　　　　　　　　　　　　 https://www.koubundou.co.jp

装　幀　後藤トシノブ
印　刷　三報社印刷
製　本　井上製本所

ISBN 978-4-335-35837-1